고종, 캐딜락을 타다

고종, 캐딜락을 타다

ⓒ 전영선, 2010

2010년 9월 3일 1쇄 찍음
2010년 9월 9일 1쇄 펴냄

지은이 | 전영선
펴낸이 | 강준우
기획편집 | 이혜미, 박김문숙, 이연희, 이동국
디자인 | 김경미
마케팅 | 이태준, 최현수
관리 | 김수연

펴낸곳 | 인물과사상사
출판등록 | 제17-204호 1998년 3월 11일

주소 | (121-839) 서울시 마포구 서교동 392-4 삼양E&R빌딩 2층
전화 | 02-325-6364
팩스 | 02-474-1413

www.inmul.co.kr | insa@inmul.co.kr

ISBN 978-89-5906-158-7 04300
        978-89-5906-013-9 (세트)

값15,000원

고종 캐딜락을 타다

한국 자동차 110년의 이야기

전영선 | 지음

인물과
사상사

한국 자동차 110년 역사의 희로애락

자동차 보유 대수나 생산능력에서 우리나라도 이제 선진 5강 대열에 올라섰다. 자동차를 자신의 부와 권위의 상징으로 여기며 과시하던 시대를 지나 자동차의 편리성과 가치를 일상 생활 속에서 구현하는 자동차 문화 강국으로 거듭나고 있다. 이 시점에서 한국 자동차의 뿌리를 더듬어 보는 것도 의의가 있으리라 생각한다. 이에 부족하나마 그동안 모은 자료와 연구 조사한 결과를 하나의 책자로 엮어보았다. 구판을 개정하며 자료들을 대폭 추가해 더욱 소상히 다루었고 한국 자동차 110년의 과거와 현재 그리고 미래를 두루 살펴보았다.

구한말 개화된 문명을 받아들이기 위해 들여온 임금님의 첫 자동차를 시작으로 조정의 대신, 선교사, 부유층 들이 도입해 타기 시작하면서 이 땅에 자동차 시대가 개막됐다 이어 자동차 대수가 늘어나면서 일반 서민들도 탈 수 있는 택시와 승합차, 버스, 트럭 영업이 차례로 시작되었고 신속한 대량수송으로 육로 교통의 혁명을 가져왔다.

이렇게 등장한 자동차는 운전수와 조수라는 신식 직업을 만드는가

하면 상류층과 요정 기생들이 즐겨 타 한때 서민들의 질시의 대상이 되는 부작용을 낳기도 했다. 일제강점기하의 우리 자동차 공업은 발전·번영할 수 없었으며 제2차 세계대전을 도발한 일본에 자동차와 휘발유를 징발·착취당하는 수난을 겪기도 했다.

우리의 자동차는 광복을 맞으면서 자유를 찾았지만 대부분 폐차 직전의 고물차라 탈것이 매우 귀했다. 그 시절은 말 그대로 '교통 지옥'을 방불케 했다. 게다가 곧이어 몰아닥친 6·25전쟁의 수난은 얼마 남지 않은 차량들마저 전선으로 징발해 갔다. 가까스로 휴전이 되자 미군 등 연합군이 전장에서 쓰고 버린 군용 폐차와 거리에 굴러다니는 드럼통을 이용해 고물 자동차를 만들었다. 아무런 장비도 없이 오직 망치로 두들겨 만든 수공품 재생 자동차였다. 한국의 자동차 공업은 이렇게 고물 자동차를 짜깁기해 만들면서 싹트기 시작하였다. 당시 미국인들은 손으로 만든 고물 자동차를 보고 깜짝 놀라며 '한국인은 신기의 손을 가졌다'고 경탄을 금치 못했다.

이후 우리의 자동차 산업은 정부의 자동차 공업 육성과 고속도로 개통에 힘입어 반세기라는 짧은 기간에 세계 정상으로 올라섰다. 현재 우리나라는 운전면허증을 가진 사람이 2590만 명, 자동차 총 보유 대수 1740만 대로 인구 3명당 1대꼴로 자동차를 가진 자동차 대국이다.

이제 잠시라도 자동차가 없으면 생활이 몹시 불편할 정도로, 자동차는 필수적인 교통수단이 되었다. 하지만 자동차를 잘못 이용하여 '교통사고 대국'이라는 오명에서 벗어나지 못하고 있는 것 또한 우리 사회의 현실이다. 이 책은 진정한 자동차 대국의 국민이자 자동차 문화인으로서 필요한 자동차의 가치에 대한 올바른 이해를 돕고자 쓰여졌다. 한국 자동차 110년의 역사와 그 속에 얽힌 희로애락을 음미해보는 것도 매우 뜻 깊은 일이라는 생각이 든다. 책을 집필하는 데 자료를 지원하고 조언을 해주신 여러분께 깊이 감사드린다.

2010년 8월

전 영 선

제 **1** 장

'바퀴 넷 달린 쇠 귀신'의 등장

'전차'를 본 사람들의 충격과 공포

1899년 음력 4월 초파일(양력 5월 4일), 집채만한 전기로차(電氣路車)가 지나가는 것을 보고 서울 장안에 모인 사람들의 눈이 모두 휘둥그레졌다. 지난 1년간 서대문과 청량리 사이에 길을 파고 웬 쇠로 된 철가치(철로)를 놓는가 싶더니, 그렇게 어마어마한 '쇠 당나귀'가 달리는 모습이 도저히 믿어지지 않았다. 1876년 강화도 조약으로 인천, 군산, 부산, 원산의 4개 항구가 개방된 이래 많은 서양 문물이 들어왔지만, 서울 장안에 전기가 설치되고 또 제 스스로 달리는 전기로차(전차)까지 등장한 것은 당시 조선 사람들에게는 천지가 개벽할 만한 충격적인 사건이었다.

전차의 등장은 곧 이어질 조선의 교통혁명에 대한 예고나 다름없었다. 조선이 처음 들여온 전차는 8대였으며 모두 몸체 따로, 하체 따로 분리된 상태로 미국에서 선적하여 인천항을 거쳐 한강으로 운반되었다. 분리된 전차는 소달구지에 실려 마포나루에서 동대문 옆 전기회사로 운반되었고, 미국 사람들에 의해 조립되었다.

전차 조립이 끝나고 종로에서 개통식을 한다는 소문이 퍼지자 이를 구경하려고 수많은 사람들이 몰려들어 인산인해를 이루었다.

개통식에서 임금(고종)이 친히 서양 쇠 당나귀에 시승한다는 소문 때문에 더욱 그러했다.

"쉬, 물렀거라. 상감마마 납신다."

고종은 말을 탄 순검들의 호위를 받으며 서양 마차를 타고 나타나 태극 마크가 선명하고, 가운데에 유리창 객실이 달린 고종 전용 전차에 올랐다.

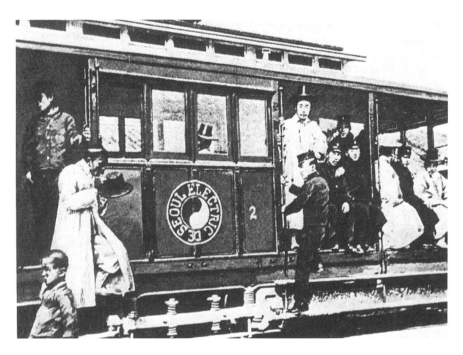

1900년 전차 관광을 하는 사람들. 태극 문양이 그려지고 유리창 객실이 달려 있다.

"어, 상감께서 쇠 당나귀를 타시네!"

"그러게 말일세. 세상 개벽하는 것 같으이!"

20여 명의 대신들과 임금을 태운 전차를 본 백성들은 놀라움을 금치 못했다. 수십 명을 태운 전차가 전깃줄에 이어진 긴 쇠막대기 끝에서 번갯불을 번쩍번쩍 튀기며, 청량리를 향해 제 스스로 슬금슬금 달리기 시작했기 때문이다. 그러나 전차가 운행을 시작한 지 6일 만에 (1899년 5월 26일) 5살짜리 어린아이가 전차에 치여 즉사하는 끔찍한 사고가 발생하자 전차에 대한 사람들의 반감이 극에 달하게 되었다. 군중들은 처참한 교통사고 광경에 흥분해 전차를 에워싸며 달려들었고 성난 군중들을 보고 겁을 먹은 일본인 전차 운전수는 서둘러 도망갔다.

사실 당시 사람들은 처음부터 전차에 대해 몹시 불쾌한 감정을 갖고 있었다. 난생 처음 보는 괴상한 모습도 그렇거니와 조선에 처음 전차를 가설한 미국인 콜브란(H. Collbran)이 '가뜩이나 빈궁한 국고를 박박 긁어 가설한 전차를 미국 회사에다 등록시켜 자기들 재산으로 만들어버렸다', '땅속에 묻힌 철가치와 공중에 매달린 전깃줄이 번갯불을 튀겨 그렇지 않아도 가물어 비가 안 오는 땅과 하늘의 물 기운을 몽땅 빨아들이고 있다'는 풍문 때문이었다. 게다가 전차는 삯이 너무 비싸서 서양사람 아니면 돈 많은 부호나 세도가들만 탈 수 있었는데, 이들은 기생을 태우고 희희낙락 종로거리를 돌아다녀 백성들의 큰 불만을 샀다. 울분에 쌓인 백성들은 어린아이 교통사고를 계기로 감정이 폭발했다.

"너 잘 만났다. 이놈의 쇠 당나귀, 어디 맛 좀 봐라!"

1899년 교통사고 후 성난 군중들이 불태워 없애버린 전차의 잔해.

"저놈의 전기로차를 때려 부숴라!"

몹시 화가 난 군중들은 두 대의 전차를 넘어뜨리고 모두 불살라버렸다. 그래도 화가 덜 풀린 군중들은 동대문 전차회사로 달려가 겹겹이 둘러싸고 "사람 죽인 쇠 당나귀 운전수 내놓아라!" 며 항의했다. 깜짝 놀란 전차 회사 미국인 사장 콜브란은 일본 군대를 동원해 총을 쏘며 군중들을 쫓았고, 이 일로 생명의 위협을 느낀 일본인 전차 운전수들은 운전을 거부했다. 회사는 할 수 없이 서양인 운전수를 데려다 전차를 운행시켰는데 서양인 전차 운전수는 한동안 또 다른 구경거리가 되었다.

세도가들이나 기생들의 탈 것으로 변해 서민들의 미움을 샀던 전차는 1905년을 넘어서면서 차츰 장안의 백성들과도 가까워졌다. 그 첫째 이유는 서대문–청량리 간 전차 공사에 이어 을지로, 남대문, 태평로 등에 전차궤도 부설공사가 뒤따르면서 장안의 백성들이 인부로 고용되어 밥술이나 얻어먹게 되었고, 둘째 이유는 전차요금이 갈수록 싸졌기 때문이다. 이즈음의 전차는 서대문에서 종로까지 양반 상민 가릴 것 없이 5전만 내면 누구나 탈 수 있었다.

초기에 전차는 서대문–청량리 간 노선을 세 구간으로 나누어 구간마다 5전씩 받았다. 또 일반 전차는 상등 칸과 하등 칸을 두어 일반 서민들과 양반·고관대작이 타는 곳을 구분했다. 상등 칸은 전차의 가운데 칸으로 나무의자를 설치하여 8인이 앉아서 갈 수 있도록 했고, 하등 칸은 전차의 앞뒤 칸으로 유리창과 의자가 없이 서서 가도록 했다.

그러나 명동 진고개 골목 중국집의 자장면 한 그릇이 3전 하던 때이니, 전차요금 5전은 가난한 백성들에게 결코 싼 것이 아니었다. 부잣집 도령들은 주먹밥까지 싸 들고서 전차를 타며 하루 종일 왔다갔다 '전차 호강'을 했다. 해질 무렵 종로 뒷골목 주막에 들러 술 한 잔 얼큰하게 걸치며 자랑을 늘어놓곤 하는 그들에 비해, 서민들은 전차 한번 타 보는 것이 큰 소원이자 호사였다. 자식들은 연로하신 부모님에게 전차 한번 태워드릴 요량으로 '효도 전차계'를 들기도 했고, 시골 사람이

1902년 '효도 전차계'를 들어 전차를 타보는 시골의 부인들.

어쩌다 서울에 와서 전차를 한번 타보기라도 하면 그 집 사랑방에서는 전차 경험담을 풀어놓느라 밤늦도록 불이 꺼지지 않았다.

서울에서 인천까지 2시간 만에 달리는 '화륜거'

1899년 9월 18일은 한국에서 두 번째 교통혁명이 일어난 날이다. 이날 아침 일찍 인천(제물포)을 떠난 한국 최초의 기차는 서울(노량진)을 향해 힘차게 달리기 시작했다. 개통식을 보려고 구름처럼 모여든 구경꾼들은 모두 얼이 빠져 입을 다물 줄 몰랐다. '화륜거'라 불린 이 최초의 기차는 미국에서 들여온 증기 기관차(모갈 1호)로 객차 4량, 화차 2량을 달고 있었으며, 칙칙폭폭 시커먼 연기를 내뿜으며 쏜살같이 달렸다.

이날 개통식에 참석해 처음으로 기차를 탄 『독립신문』의 한 기자는 그 소감을 다음과 같이 썼다.

"경인철도회사는 작일 개업예식을 거행하였는바 인천에서 화륜거가 떠나 영등포에 도달하여 경성의 내외 귀빈을 화륜거에 영접하여 승좌시킨 후 오전 9시에 출발하여 인천으로 향하였는데, 화륜거의 구르는 소리는 우레 같아 천지가 진동하고 기관거의 굴뚝연기는 반공에 솟아올라 구름과 화친하더라. 수레 속에 앉아 영창을 내다보니 산천초목이 모두 내닫는 것 같고, 나는 새도 미처 따르지 못하더라. 80리 되는 인천에 순식간에 당도하여 일제히 하거하여 각기 유람하다가 정오에 정거장으로 들어가 예식을 행하였도다."

이 땅에 처음으로 철로가 놓이고 기차가 달리게 되기까지는 많은 우여곡절이 있었다. 1896년 2월 아관파천(고종황제가 친일파에 쫓겨 러시아 공사관으로 피신한 일)이 있은 후 고종을 감금한 러시아 공사는 한국의 이권을 제 마음대로 주물러

1899년 한국 최초로 놓인 철도(경인선) 위의 열차.

댔다. 미국인 사업가 제임스 모스(James R. Morse)가 러시아 공사를 꼬드겨 경인철도부설권을 따낸 것도 이때였다. 그러나 자금도 충분하지 않고 미국 자본가들의 투자도 유치하지 못한 모스는 미국에서 겨우 기차 레일만 조금 구입해 돌아왔다.

1897년 3월, 모스는 인천에서 기공식을 올리고 350명의 우리 노동자를 투입해 철로를 놓기 시작했다. 하지만 공사를 시작한 지 얼마 안 되어 그나마 달랑달랑하던 자금이 뚝 떨어져 철로 놓을 땅을 살 수가 없었다. 게다가 일본이 '경인철도인수조합'이라는 것을 만들어 훼방을 놓았다. 뒤늦게 경인선 부설 공사가 대륙 침략을 위해 중요하다는 사실을 깨달은 일본이 모스가 자금이 떨어졌다는 것을 알고 방해하기 시작한 것이다.

일본 측의 술수로 철도가 지나갈 연변의 땅을 몽땅 사들여 턱없이 비싼 값으로 내놓는 일이 계속되자 견디다 못한 모스는 결국 경인철도인수조합에 두 손을 들고 말았다. 경인철도인수조합이 모스에게 공사비 70만 원을 주는 대신 18개월 내에 철로를 완공해 일본에 넘긴다

는 조건이었다. 이렇게 하여 경인선의 철도 운영권과 이권을 일본이 갖게 된 것이다.

일본은 철로를 폭이 좁은 일본식 협궤로 부설할 것을 주장했다. 하지만 모스와 우리 조정이 고집을 부려 폭이 넓은 미국식 광궤로 놓게 되었다. 이때 부설한 광궤는 국제표준규격이어서 인천에서 기차를 타면 중국, 소련을 거쳐 유럽까지 기차를 바꾸지 않은 채 여행하는 것이 가능했다. 당시 철로를 인천에서 서울 노량진까지만 놓은 것은 한강에 철교를 놓지 못했기 때문이다. 33.2km의 경인선은 착공한 지 2년 6개월 만에 완공되어 이 땅에 대량수송이라는 교통혁명을 일으켰다.

개통 초기에는 제물포, 소사, 영등포, 노량진 등 4곳에 기차역이 설치되었지만, 철로변 아무 데서나 승객이 손을 들면 가던 길을 멈추고 태워주기도 했다. 단선철도인 초기 경인선의 운행은 오전 오후 각각 1회씩 왕복했으며 객차 7량을 달고 운행했다. 그중 1량은 황실전용으로 왕족이나 대신들이 타고 다녔다. 그러다가 1900년 7월 한강철교가 준공되어 서대문역이 생겨나면서 기차가 서울 중심부까지 들어오게 되었다. 이후 승객과 화물 수송량이 점차 늘어 하루 4회 왕복했고, 1902년 남대문역(서울역)이 생기고 나서는 하루 5회 운행했다.

기차의 등장으로 곳곳에서 웃지 못할 촌극이 벌어졌다. 기차 개통식 날 화장실에 갔다가 기차를 놓친 학부대신(교육부 장관) 신기선 대감의 일화다. 하인이 헐레벌떡 달려와 '대감나리 화륜거가 떠나려 합니다!' 아뢰자 학부대신은 "내 아직 볼일을 다 보지 못했으니 냉큼 가서 잠시 지체하라 해라" 했다. 하지만 기차는 삐익 힘찬 기적소리를 내며 시간 맞춰 떠났고 깜짝 놀란 학부대신은 허리띠도 매지 않은 채 바지 춤을 움켜쥐고 뛰어나왔다. 얼굴이 새파랗게 질린 학부대신이 고래고래 소리쳤다.

"저놈 잡아라! 저 고얀 화통을 당장 잡아오지 못하겠느냐!"

말 한마디에 산천초목도 벌벌 떤다는 세도 높은 대신이라도 제시간에 떠나는 기차만은 멈추지 못했던 것이다. 난생 처음 기차를 본 백성들의 놀라움도 컸다. 다음은 화륜거에 대한 만평이다.

"양반나리를 태우고 가던 하인들은 달려오는 산채만한 시커먼 화륜거를 보고 기절초풍하여 가마를 논두렁에 내 팽개치고는 걸음아 날 살려라 달아나는 바람에 '어이쿠, 나 죽는다' 비명이요, 점잔을 빼며 당나귀를 타고 가던 아전나리도 기차를 보고 놀라 하늘로 치솟는 말 때문에 말에서 떨어져 땅에 나뒹굴며 '내 다리 절단 났네' 하는 비명소리 등 온갖 소동이 여기저기서 난무했다."

비싼 기차 삯을 깎느라 손님과 차장이 옥식각신 하는 일도 벌어졌다. "여보 차장, 내가 돈이 좀 모자라니 몇 푼만 깎아주구려." "안 됩니다. 노인장. 화륜거 삯은 한 푼도 깎지 못해요." 상등석이 1원 50전, 중등석·하등석이 각각 80전, 40전이었는데, 당시 쌀 한 말이 50전이니 먹고살기도 빠듯한 서민들에게 기차 타기는 '그림의 떡' 이었다.

경인선 개통 후 두 달이 지나도록 구경꾼만 연일 구름처럼 모여들었다. 나중에는 구경꾼들이 별의별 장난을 치는 바람에 열차 운행에 큰 지장을 받았다. 레일을 베고 낮잠 자는 사람, 기차가 힘센가 보려고 철로 위에 바위를 굴려다 놓거나 멍석을 몰래 깔아 놓는 등 훼방도 가지가지였다. 참다못한 경인철도회사가 관청에 '인파 정리를 해달라'고 요청한 결과 철도경찰이 생겨나 철로를 지켰을 정도였다.

하지만 요금이 비싸서 구경꾼만 우글거리고 진짜 손님은 드물었기 때문에 철도회사는 손님을 끄는 광고까지 냈다.

"경성 장안에서 마포나 용산을 갔다 오는 시간이면 인천을 쾌속하게 왕래할 것이며 화륜거 삯도 싸려니와 차내에는 상·중·하등석 구별이 있어 편리하며, 상등실은 유리창이 바람을 막고 교의(의자)는 앉기에 편하고 대소변까지 할 수 있는 별방(別房)을 설비하였으니, 화륜거는 증기와 기계의 힘으로 사람과 화물을 많이 싣고 경성−인천 간 80리 길에 부설한 철로 위를 쾌주하는데 그 속함은 비할 바가 없음이라…."

1899년 첫 경인선 열차 구경.

시간이 흐름에 따라 일본의 군사적 침략과 외국 문물의 도입이 가속화 되자 서울-인천 간의 교통량은 점차 늘어나 교통이 혼잡해졌다. 따라서 열차의 운행 횟수도 대폭 늘었다. 영업 초기에는 하루 2회 운행했지만 1920년에 이르러서는 매일 9회 왕복 운행했다. 이 같은 상황을 1920년 6월 『매일신보』는 다음과 같이 보도했다.

"경인선의 열차운행 횟수를 현행과 같이 아홉 번 왕복하나 각 열차의 시간 안배에 유의하고 또 경인 양 역 사이의 교통상태를 참작하야 남대문이나 인천 두 곳에서 모두 아침과 저녁에 각 한 번씩 운전하며 또 정거시간을 단축하기 위하여 용산, 영등포와 측현 정거장에만 정거하여 겨우 오십분만에 달리는 고속의 급행열차를 운전케 하는 동시에 이등 열차를 연결하기로 한고로……."

교통량이 늘어나고 기차를 이용하는 사람의 수가 많아지면서 그에 따라 교통사고도 빈번하게 발생했다. 이를 예방하기 위해 인천역 광장 도로에 1904년 당시로서는 매우 특이한 모습이 나타났는데, 도로가의 한쪽 끝에 줄을 매고 도로 건너편 다른 한쪽에 줄을 쥔 사람을 배치한 것이다. 기차가 도로를 가로질러 지나가면 줄을 쥐고 앉아 있던 사람이 일어서서 줄을 팽팽하게 잡아당겨 올려 사람이나 우마차가 지나가지 못하도록 막았다. 교통사고로 인한 인명 피해를 줄이기 위한 일종의 차단기 역할을 했는데 이것이 오늘날 교통 신호등의 시초였다.

줄을 잡아 올려 차단기를 만들던 1904년 당시의 모습과 1910년대 일본 철도경찰의 모습.

칭경예식과 임금님의 첫 자동차

"폐하."

"말씀하시오, 탁지대신."

"아뢰옵기 황송하오나 금번 칭경예식(稱慶禮式)은 개화문명에 맞도록 신식으로 거행함이 지당한 줄 아옵니다."

"어떻게 말씀이오?"

"폐하께서는 지금 서양에서 타고 다닌다는 자동거에 대한 소식을 아시옵는지요?"

"그야 외국공사들로부터 들어 대강은 알고 있소. 그리고 작년에 영국왕 에드워드 7세의 대관식에 사절로 참관했던 청안군과 의양군에게 들은 적도 있소만…."

"그 자동거라는 것이 빠를 뿐만 아니라 매우 편리하다고 하옵니다. 원하옵건대 이번 칭경예식을 기념하는 뜻에서 서양으로부터 자동거를 한 대 들여와 폐하를 예식장까지 모시고저 하오니 윤허하여 주시옵소서."

"그렇지 않아도 궁한 나라살림에 칭경식까지 열어 짐의 마음이 무거운데 내가 어떻게 그 비싼 자동거까지 타겠소."

"폐하! 이것은 폐하께서 날로 개명하는 밝은 뜻을 몸소 백성들에게 보이시어 이 나라에 개화 문명을 펼치시는 길이오니 아무쪼록 소신들의 주청을 거두어 주옵소서."

1902년 12월은 조선 왕가에 있어 매우 뜻 깊은 해였다. 고종이 재위 40주년을 맞았기 때문이다. 그는 조선 역대 임금 중에서 가장 오랫동안 왕좌를 지켜왔던 것이다. 그러나 재위기간 중 고종만큼 내외적으로 풍파를 겪은 임금도 드물었다. 1876년 자의 반 타의 반으로 인천, 군산, 원산, 부산, 등의 항구가 개항되면서 외세가 물밀 듯이 들어와 충격적인 사건들이 연이어 일어났다.

천주교 탄압, 임오군란, 갑신정변, 동학란이 일어났고 일본의 침략으로 청일전쟁의 싸움터가 되었는가 하면, 민비가 일본낭인들과 친일파의 손에 시해당하고, 친일—친러파 사이의 알력 때문에 본의 아니게 고종이 러시아 공사관으로 피신하는 등 고난이 끊이지 않았다. 이 와중에서도 큰 빙고 없이 40년간 임금의 자리를 지켜 왔다는 것은 매우 뜻깊은 일이어서 대신들이 뜻을 모아 큰 잔치를 베풀어 고종을 위로하려 했던 것이다.

칭경예식 때 들여왔다는 고종 임금의 첫 자동차.

이 잔치를 이름하여 '칭경예식(稱慶禮式)' 이라 했는데 대신들로부터 자동차 도입 허락의 주청을 받은 고종은 처음에는 승낙하지 않았다. 당시 유럽을 다녀 온 조정의 사신들이나 국내에 주제하고 있던 외국 공사와 선교사, 외국 기술자들로부터 자동차의 편리함을 익히 들어 알고 있었던 고종도 흥미는 있었지만 나라가 편치 않고 국고가 빈약한 상황에서 백성들에게 누를 끼치지 않으려는 뜻이었다.

하지만 대신들의 거듭된 주청 끝에 자동차의 도입을 허락하고 말았다. 1902년 영국왕 에드워드 7세의 대관식에 사절로 파견했던 왕자 청안군 이재순과 의양군 이재각으로부터 영국과 프랑스에서는 이미 자동차가 실용화되고 있더라는 이야기를 들은 적이 있어, 고종 역시 자동차에 대해 관심을 가지고 있었다.

이어 거국적인 잔치준비로 나라 안이 떠들썩했다. 서울 광화문, 지금의 새문안교회 자리 언덕에 '광무대' 라는 최초의 노천무대가 세워졌고, 팔도 광대와 기녀들을 뽑아 장악원에서 풍악과 가무를 가르치며 고종을 위한 기념공연을 준비했다.

탁지부 대신 이용익은 고종의 자동차 구입을 미국 공사 호러스 알렌(Horace N. Allen)에게 부탁했고, 그는 샌프란시스코의 프레이저라는 자동차 판매상에게 승용차를 한 대 보내달라 전보를 쳤다. 알렌은 선교사이자 의사로서 한미수교 직후인 1884년에 우리나라로 들어와 선교사업과 함께 우리나라 최초의 서양 병원인 제중원을 설립하여 의술을 전파했으며 이후 고종의 주치의를 맡았다. 그 후 정계로 진출하여 미국을 대표하는 주한 공사까지 겸임했다.

그 시절 임금님과 대신들의 탈것은 서양 마차와 인력거뿐이었다. 개화바람에 눈을 뜨게 된 갑오경장(1894년) 때부터 대신들에게 옛날의 평교자, 초헌, 가마 등을 못 타게 했다. 전차, 기차, 화륜선(증기선)이 나타난 세상에 옛날의 탈것을 고집한다는 것은 시대에 뒤떨어진다는 이유에서였다.

하지만 칭경예식 때만 해도 쌍두마차 또는 사두마차는 고종이나 그 직세손과 일급 대신들 외에는 탈 수 없었다. 그러나 당시 관례를 볼 때 기념공연장인 광무대까지 고급관리나 기녀들을 걸어가게 할 수도 없었다. 그 때문인지 고종은 대신들과 기녀들을 태울 인력거 100대도 같이 구입하도록 명했다.

"여보시오, 탁지부 대신."

"부르셨습니까, 폐하."

"칭경식장까지 조정의 대신들과 국내의 귀빈들을 걸어가게 할 수 없으니 이왕이면 인력거를 한 100대쯤 사들여와 그들과 기녀들을 태우는 것이 어떻겠소? 그리고 잔치가 끝나거든 인력거들을 여러 대신과 고급 관리들에게 나눠주도록 하시오."

"황공하옵니다, 폐하! 분부대로 거행하겠습니다."

그러나 1902년 12월에 거행할 예정이었던 칭경예식은 이듬해 봄으로 연기되었다. 그해 겨울이 너무나 춥고 흉년이 들어 잔치를 베풀 수 없었기 때문이다. 하지만 미국에서 건너온 자동차는 비행기가 없던 시절이라 이마저도 때를 맞추지 못하고 칭경예식이 끝난 4개월 후에야 인천항에 도착했다. 고종의 자동차는 인천항에서 경인선 기차에 실려 남대문역으로 운반되었고, 미국 사람이 운전해 궁 안으로 몰고 갔다. 다행히 한강철교가 칭경예식 1년 전인 1902년에 개통되어 노량진역에서 한강 나루터의 쪽배를 타고 강을 건너는 수고는 면했던 것이다. 선대 자동차인들의 증언에 따르면, 경인부사나 경성부사에는 이 사실을 "고종 어용으로 미국에서 자동차 한 채를 도입하였다지만 명확치는 않다.

어떤 사람들은 이때 미국에서 들여왔다는 고종의 첫 자동차가 '포드' 아니면 '캐딜락'이라고 주장한다. 하지만 두 회사 모두 칭경예식이 열렸던 1903년에 설립되었기 때문에 그런 가능성은 거의 없다. 당시는 두 회사 모두 원시적인 2인승 차만 겨우 몇십 대 만들어 낼 정도여서, 임금님이 탈 수 있는 호화판 4인승 이상의 리무진 승용차를 만들기에는 역부족이었다.

따라서 고종의 자동차는 알렌의 부탁을 받은 미국인이 유럽 쪽에서 사 온 것이 아닌가 한다. 포드나 캐딜락에서는 호화스러운 리무진을 만들지 못했지만 당시 영국이나 독일, 프랑스에서는 임금이 운전석 뒤에 편안히 앉을 수 있는 4인승 세단을 생산했던 사실이 있기 때문이다.

그러나 백성들은 고종이 자동차를 타고 달리는 모습을 볼 수 없었다. 모름지기 임금님의 행차는 법도를 갖추고 장엄해야 하는데, 자동차 하나만 달랑 타고 납신다는 것은 '경망스럽다'는 수구파 대신들의 거센 반대 때문이었다. 임금님의 행차는 적어도 말 네 마리가 끄는 서양 마차 앞뒤에서 기마병이 호위하고 문무백관들이 뒤따르는 것이 관례인데, 냄새나고 시끄럽게 까불어대는 조그만 자동차를 임금님이 탈 수는 없다는 것이었다.

결국 자동차는 궁궐 안에서 구경거리와 노리개 신세가 되고 말았다. 함께 왔던 미국 운전수는 운전법을 가르쳐줄 조선 사람이 없어 이따금씩 왕자들을 태우고 대궐 안에서만 돌아다녔다. 그리고 얼마 후 휘발유와 부속품을 구하기가 어렵다는 것을 이유로 자기 나라로 귀국해버렸다.

자동차가 궁궐 한쪽 구석에 방치되고 있었기 때문인지 서울 장안에는 '궁궐 안에 귀신소리를 내며 돌아다니는 쇠 망아지가 있다'는 소문이 퍼졌다.

"언니, 저 말이야, 대궐 안에 괴상하게 생긴 쇠 귀신이 이상한 소리를 내면서 슬금슬금 돌아다닌데."

"다 큰 계집애가 웬 호들갑일까, 귀신은 무슨 귀신?"

"저 아랫집에 사는 이 상궁 동생이 대궐에 들어갔다가 봤다는데 인력거 비슷한 것이 바퀴가 네 개나 달렸대."

"그래서?"

"아, 그 쇠 귀신 위에 코 큰 서양 사람이 올라 앉아설랑 동그란 도랑테를 이리저리 돌리니까, 제 혼자 막 달아나면서 나팔 울음소리를 냅다 질러대는 바람에 기겁을 하고 도망쳐 나왔대지 뭐유!"

"정말이야? 예, 그건 쇠 귀신이 아니고 쇠 망아지 아니냐?"

그러나 이 자동차는 1904년 2월 러일전쟁이 터지면서 온데간데없이 사라져버려, 전시라는 비상 상황을 틈타 누군가 일본으로 가져간게 아닌가 하는 사람도 있다. 당시는 일본 사람들도 자동차 갖기에 혈안이 되어 있었기 때문이다.

2002년 새롭게 발견된 어느 외국 신문의 보도 내용을 보면, 임금님의 첫 자동차가 사라졌던 그해 서울 거리에 두 번째로 자동차가 나타나 장안의 백성들이 혼비백산한 일이 있었다고 한다. 우리나라는 일제강점기 35년과 6 · 25전쟁, 급속한 근대화 개발 과정을 겪으면서 100여 년 전 조상들의 생활상과 문화에 대한 많은 기록과 자료를 잃어버렸다. 하지만 개화 초기에 조선을 찾았던 외국인들의 기록이나 저서들이 새롭게 발견되면서 잃어버린 그 시절 우리 민족의 모습을 복원하는 데 힘이 되고 있다.

서양인들에게 조선이 알려진 것은 쇄국정책을 폐기하고 문호개방을 한 직후인 1880년 서양 선교사와 상인, 기술자들이 상륙하면서부터다. 이들은 조선의 모습을 그림이나 사진으로 서양에 알렸다. 특히 영국의 『더 그래픽』이나 주간 화보인 『런던 그래픽』 그리고 파리의 『르 쁘띠 파리지엔』 등이 당시 조선의 소식을 유럽에 전했던 대표적인 신문들이다. 그중 1904년 발간된 『르 쁘띠 파리지엔』에는 서울 남대문을 배경으로 서양인이 타고 달려오는 자동차를 본 조선백성들이 놀라 허둥대는 모습을 풍자한 그림을 실었다. 다만 그림만 실리고 이 자동차의 상륙에 대한 상세한 기록은 없어 기록을 찾는 중이지만, 어쨌든 이해에 자동차가 서울에 나타났던 것만은 사실인 듯하다.

물거품으로 돌아간 자동차 회사 설립

1906년 5월 경성의 경무청(경찰국)에서 총순(경무관)을 지냈다는 권봉수가 농상공부에 사업 허가를 신청했다. 경무청 후배이자 친구인 경성의 부자 구연소와 동업으로 자동차 5대를 도입해 신식 영업을 하겠다는 내용이었다. 『황성신문』은 우리 동포가 최초로 자동차 회사를 세우려 한다며 이 사실을 다음과 같이 보도했다.

"경성 북송현에 사는 권봉수 씨 등이 자동차 회사를 창립하고 경원선 철도 미 부설 구간에 내왕하는 행객의 편익을 위하야 자동차 5대를 구입하였는데 영업 규정은 다음과 같으니…."

권봉수의 사업계획은 자동차를 이용한 화물 수송과 승객 운송 사업이었다. 당시는 경성-원산 간 철도 부설 공사가 한창이었는데, 권봉수는 아직 철도가 놓이지 않은 구간에서 자동차 사업을 하면 떼돈을 벌 수 있을 것이라고 생각했다. 기차가 철도 부설 구간까지 싣고 온 여객이나 화물을 받아 자동차로 원산까지 실어 나른다면 재미를 톡톡히 볼 수 있다는 계산이었다.

하지만 영업허가 신청서에 기록된 영업 방법을 본 담당관이 권봉수에게 물었다.

"아니, 경인선 화륜거(기차)는 큼지막하고 길어서 상등, 중등, 하등 칸으로 나눌 수 있지만 조그만 자동거를 어떻게 상등, 하등으로 나누어 태운단 말인가? 아무리 양반·상민 제도가 철폐되었다고 해도 양반들은 천민들과 섞여 같은 자리에 타려고 하지 않을 것이네."

"그래서 의자가 석 줄 있는 8인승 자동거를 들여와서 먼지를 많이 뒤집어쓰는 뒷자리를 하등석, 가운데 자리와 앞자리를 상등석으로 나누어 영업할 생각입니다."

당시의 자동차는 거의가 천막 지붕 차라서 좁고 구불구불한 흙길을 달리면 먼지를 뒤집어쓰기에 꼭 알맞았다. 천막 지붕에 유리창도 없었기 때문이다.

권봉수는 다음과 같은 운행 세칙까지 관청에 제출했다. 우선 경성-원산 간 자동차 길인 신작로(도로)의 개설이나 보수는 권씨의 자동차 회사가 돈을 들여 할 것이요, 운행하는 자동차마다 상등석, 하등석으로 나누어 8명씩 태우고 요금은 기차 삯에 준해 받겠다고 했다. 즉, 서울에서 원산까지 500리 길 중 철로가 부설되지 않은 구간은 자비로 길을 닦을 것이며 무너지고 좁은 길은 보수하고 넓혀서 영업을 하겠다는 내용이었다.

차비를 어떻게 계산해서 얼마를 받을 것인지도 문제가 되었다. 권봉수는 경인선 기차 삯이 상등 1원 50전, 중등 80전, 하등 40전인 것을 본떠 자동차 삯을 1km당 상등 칸 5전, 하등 칸 1전씩 계산해 받겠다고 했다. 1906년 9월 『황성신문』은 이를 다음과 같이 보도했다.

"경원철도를 완공할 때까지 행객과 화물의 수송을 신속하고 편리하도록 하기 위하여 자동차 5좌를 구매한 후 영업하겠다는 권봉수, 구연소 씨의 청원을 농상공부에서 인허하였는데… 영업세는 개업 1개월 후부터 계산하여 매 차에 매 계절마다 10원씩 체납 없이 바치겠다 하였더라."

한마디로 자동차 회사 설립을 허가받는 대신 세금을 내겠다는 것이었다. 우리나라 최초의 차비와 자동차 세금인 셈이다. 당시는 자장면 한 그릇에 3전, 쌀 한 가마니에 4~5원 하던 시절이었다.

하지만 최초의 자동차 회사에 대한 이후 기록이나 실적은 물론, 구입했다는 자동차마저 전해 오지 않는데, 그 이유는 막상 허가를 받고 사업을 시작하려고 보니 산악지대인 원산까지 신작로 닦는 데만 엄청난 자본과 어려움이 뒤따라 결국 손을 들고 말았기 때문이다.

최초의 통행법 "인력거는 좌측, 사람은 우측"

"여보게 돌쇠아범, 오늘부터 인력거 끌고 종로통에 갈 때는 반드시 왼쪽으로 달려야 하네."

"아니 그 무슨 소린가?"

"이 사람아 종로통에 나붙은 방도 못 봤나. 인력거나 자전거가 사람들을 자주 들이받으니까 니라님이 사람 다치지 말라고 자전거·인력거는 좌측으로, 사람은 우측으로 다니라는 '통행법'을 만드셨다네."

"거 희한한 법일세 그려."

사람은 우측, 자동차는 좌측으로 가야 한다는 통행법은 사실 권봉수가 자동차 회사를 세우려고 했던 1906년 말에 나타났다. 서울 장안에 마차·인력거·자전거가 점차 늘어나 마구 달리는 바람에 사람이 다치는 등 크고 작은 사고가 잇따르자 보행자를 보호하기 위해 만든 것이다. 통행법은 1920년까지 시행되어 오다 1921년에 "차마는 우측, 사람은 좌측 통행"이라는 미국식으로 바뀌었다.

서양의 신식 문명이 물 밀 듯이 들어오면서 여러가지 재미있는 일들이 계속 생겨났다. 자동차 바람이 한창 불던 1907년 말 서울에서는 자동차를 직접 만들어 보겠다는 엉뚱한 얘기가 신문에 실리기도 했다.

"김태진, 한성규 양씨가 농상공부의 인허를 얻어 동창사라는 철목 공장을 설립하여 첫해는 마차와 인력거를 만들고, 그 다음 해부터는 자동차를 만들어 경성과 각 항구에 널리 판매하기로 지금 준비 중이라 하더라."

그 내용인즉 소달구지와 마차를 만들던 김태진과 한성규는 권봉수의 자동차 회사와 일본인들이 세운 대한자동차주식회사에 자극을 받아 자동차 만들기에 나섰다. 이들은 앞으로 우리나라에도 자동차가 대량 필요할 때가 올 것이라 생각하고 직접 만들려고 했으나, 기술 부족과 일본인들의 방해로 뜻을 이루지 못했다.

저 혼자 굴러가는 '무서운 기계'의 괴상한 울음소리

우리나라에 들어온 최초의 자동차는 1903년 미국에서 도입한 고종어차라고 전해진다. 그런데 1898년 3월 19일자 영국 신문 『런던 화보 뉴스』는 "깃발 신호로 교통정리 하는 영국 해병"이라는 제목 아래 서울 영국 영사관 앞에서 깃발을 흔들며 교통정리를 하는 해병의 모습을 삽화로 그려 넣었다.

삽화에는 자동차가 보이지 않지만, 전문가들은 영국 영사가 자동차를 가지고 들어와 조선에서 타고 다녔을 것으로 분석한다. 이 깃발 교통신호는 당시 런던에서 자동차 교통을 정리할 때 사용하던 방법인데, 자동차가 없는 서울 거리에 이런 식의 교통정리가 필요할 리 없다고 보기 때문이다.

그 시절 외교 사절들은 주재국에서 자기 나라의 선진문화를 최대한 과시하려는 경향이 있었다. 이 점에서 우리나라에 자동차가 처음 상륙하게 된 데에는 서양 외교관들의 영향이 컸을 것으로 보인다. 이를 뒷받침하는 자료 중 하나가 바로 1908년 프랑스 공사의 자동차 출현 사건이다.

그해 서울에는 말로만 듣던 자동차가 나타나 장안의 백성들을 기절초풍하게 만들었다. 초봄의 서울 본정통(충무로) 거리에는 '쇠 마차' 한 대가 두꺼비 울음소리를 질러대며 제 혼자 슬금슬금 굴러 왔다. "꽥꽥! 길 비켜요. 자동차 나갑니다." 길을 가던 조선 사람들은 느닷없이 나타난 이 '쇠 괴물'을 보고 혼비백산해 달아났다. 당시 『대한매일신보』에서 사진기자로 일하던 영국인 기자 엘프리드 맨험이 이 광경을 사진으로 찍어 이듬해 영국의 화보지 『그래픽』(1909년 2월 20일자)에 실었다. 사진을 그림으로 그린 삽화를 화보에 실으며 맨험은 이때의 광경을 다음과 같이 설명했다.

"대로변을 지나다가 자동차를 처음 본 조선인들은 혼비백산하여 사방으로 흩어졌으며, 들고 가던 짐도 팽개친 채 숨기에 바빴다. 어떤 사람은 이 쇠 괴물로부터 자신을 보호해 달라고 간절히 기도하는 이도 있었다. 짐을 싣고 가던 소와 말도 놀라서 길가 상점이나 가정집으로 뛰어들었다."

서울 장안에 나타난 자동차에 혼비백산한 조선 사람들.

프랑스 공사가 타고 온 자동차를 처음 본 서울 거리의 사람들은 그 낯선 모습과 괴상한 경적소리에 화들짝 놀라 도망가면서도 호기심을 감추지 못했다. 귀신이 웅얼거리는 듯 나는 엔진소리와 뒤꽁무니에서 나는 연기, 거대한 쇳뭉치가 제 스스로 굴러가는 광경은 자동차를 생전 처음 본 서울 사람들에게 천지이변이나 다름없었다. 노랑머리에 파란 눈을 한 코쟁이 서양 신사가 굴렁쇠 같은 것을 이리저리 돌리며, 혼잡한 거리를 헤집고 가기 위해 연신 괴상한 울음소리를 터트리자 행인들은 기절초풍했고, 그중 배짱 두둑한 젊은이들은 넋을 잃고 자동차를 바라보았다.

"아니 저것이 무엇인고? 당나귀가 끌지도 않는데 제 혼자 굴러오네그랴."

"이 사람아 저것이 말로만 듣던 '자동거'라는 것일세."

옆에 섰던 한 친구가 아는 체하고 한 수 거들었다.

"가만 있자, 저 마차 안에 앉아 굴렁쇠를 이리저리 돌리고 있는 양코배기가 마부인가 부지? 어 저 굴렁쇠를 오른쪽으로 돌리니께 저 쇠 당나귀도 오른쪽으로 가네 그랴."

이 자동차는 1908년 2월 일본 고베에서 근무하던 프랑스 공사가 경성으로 전근 발령을 받고 들어올 때 가지고 온 것이었다. 그는 일본서 타고 다니던 프랑스제 붉은색 르노 승용차 한 대와 모터보트 한 척을 배에 싣고 부산항에 내려 경부선 열차 편으로 서울에 들어왔다.

그런데 한일병합 이듬해인 1911년 일제는 조선 땅에 주제하고 있던 모든 외국사절들을 강제로 추방하여 자기 나라로 돌려보낸다. 이때 프랑스 공사는 서울서 타고 다니던 자동차와 모터보트를 가지고 귀국하려 했지만, 차가 낡은데다가 가지고 갈 수송 수단이 변변치 못하자 한국에서 처분하기로 결심했다.

그러나 살 사람이 선뜻 나타나지 않았다. 자동차가 '굴러다니는 무서운 기계'라고 소문이 퍼진데다 운전할 사람이나 연료를 구할 수도 없었기 때문이었다. 이리저리 수소문하던 끝에 프랑스 공사는 한국인 비서의 도움으로 자신의 차를 대한제국 황실에 팔았다. 처음에는 순종황제가 이따금 타고 다녔으나 이후에는 의친왕 이강 공이 자주 타고 다녔다고 한다. 하지만 차가 낡아 1년쯤 지나면서 자주 고장이 생기자 황실의 고급관리들이 종종 타고 다니게 되었는데, 부품이 귀하고 고칠 사람이 없어 결국 궁궐 한 구석에 방치되는 신세가 되고 말았다.

모터보트는 역시 의친왕 이강 공이 한강에서 타고 다니며 유흥을 즐겼는데, 왕자가 뱃놀이를 나오면 돛대도 삿대도 없는 나룻배가 저 혼자 이리저리 한강을 누비는 것을 보려고 수많은 구경꾼들이 강가를 가득 메웠다고 한다.

같은 해 1911년의 초여름, 인천부두에서 물건을 나르던 하역 인부들

대한제국 황실에서 구입한 첫 번째 자동차인 프랑스 공사의 자가용(아래)과, 두 번째로 들여 온 고종어차인 영국제 다이 뮬러 리무진(위).

은 배에서 내리는 자동차를 보고 눈이 휘둥그레졌다.

"어, 저게 뭐지? 김 씨 저것 좀 보게. 저기 서양 화륜선(증기선)에서 내려 기차에 실리는 괴물 같은 쇠수레 말일세!"

"가만, 저게 말로만 듣던 자동거라는 것 아닌가? 저 혼자 굴러다닌다는 쇠 망아지가 하나도 아니고 두 채일세 그려."

"거참 신기하게 생겼구먼. 세관 나리. 이것이 자동거고, 이 앞에 달린 세수 대야만한 게 자동거 눈알이오?"

"어허, 눈알이 아니라 밤길을 밝혀주는 화경(헤드라이트)이라는 거요. 빨간 자동거는 고종임금님께서 타실 것이고, 저 까만 자동거는 일본 총독이 탈 것이랍디다."

이 두 대의 자동차가 한국의 '자동차 시대'를 개막한 최초의 자동차로서 기록에 따르면 1911년 황실에서 사용하기 위해 정식으로 수입했다고 한다. 붉은색 자동차는 고종황제의 것으로 영국제 '다이뮐러'이고, 검은색은 초대 총독 데라우치의 것으로 영국제 '위슬리'였다.

2년 후 순종황태자용으로 쓸 자동차를 미국에서 한 대 더 들여왔는데, 바로 '캐딜락'이다. 이 차는 나중에 순정효황후가 탔는데 고종황제의 차 다이뮐러는 4기통, 순종황제의 차 캐딜락은 8기통 엔진이었다. 또 고종의 리무진은 뒷부분에 무관 2명이 올라서서 황제를 호위할 수 있도록 발판이 설치되어 있었다. 황실에 3대, 총독부에 1대, 1913년까지 우리나라에는 모두 4대의 자동차가 있었다.

최초의 자동차 길, 신작로

"여보, 남대문 양쪽 성벽을 허문다는 소문이 장안에 자자해요."

"뭐, 성벽을 헐어?"

"아, 신작로인가 신식길인가 하는 걸 성안으로 놓는대요."

"임금님과 대궐이 있는 한양을 외적으로부터 500년간 지켜 온 성인네 헐어? 그런데 신작로는 왜 놓는다는 거여…."

"왜놈들이 우리 의병을 잡으려고 성 안팎으로, 또 지방고을까지 놓는대요."

1906년 최초의 신작로 전군도로.

"뭣이여? 이 나쁜 놈들 나라를 되찾겠다고 싸우는 우리 의병들을 잡기 위해서라고?"

자동차, 마차, 인력거 등 서양의 탈 것이 나타나면서 필요한 것은 넓은 길이었다. 당시 우리네 길은 대부분 말이나 사람이 다닐 수 있는 좁은길이었기 때문에, 도로를 널찍하게 다듬는 작업이 필요했다. 1897년 초 『독립신문』은 다음과 같이 주장했다.

"나라에서 도로는 몸의 혈맥이라 혈맥이 폐쇄되면 사람이 살 수 없고 길이 험하면 잘 되는 나라가 없으니 우리나라가 지금 연약한 이유는 상하의 정이 통하지 못하고 이것은 길이 좋지 못하기 때문이다. 비록 전국의 길을 다 좋게 하진 못하지만 500년 수도에서 불과 10리 밖에 있는 한강 나가는 길도 험하고 협소하여 거마의 운행이 불편하고 무역과 왕래를 방해하니 한심하도다."

서울에서 가장 왕래가 빈번하고 서양 문물이 많이 드나드는 인천의 길도 사정은 마찬가지였다. 철로가 놓여 기차가 다니고는 있지만, 그 밖의 길이 모두 험해서 마차나 인력거가 마음대로 달릴 수가 없었다.

그래서 1902년 5월경 우리나라에 와 있던 미국, 영국, 독일, 프랑스, 러시아 외교사절들이 공동으로 우리 조정의 외부(외무부)에 서울—인천 사이에 널찍한 도로를 닦아 달라고 요청했던 일도 있었다.

일본이 서울에 통감부를 설치하고 본격적으로 수탈을 감행하기 위해서 제일 먼저 필요한 것도 넓은 도로였다. 1906년 서울 남대문 양쪽의 성벽을 허물고 성 안팎으로 넓은 도로를 닦는 한편, 지방 도시 역시 성벽을 부수고 길을 닦아나간 것도 이런 속셈에서였다. 백성들 사이에서는 '왜놈들에게 빼앗긴 재산과 주권을 찾겠다고 항거하는 우리 의병들을 소탕하기 위해 신작로를 닦는다'는 소문이 퍼졌는데, 이는 한편으로 사실이기도 했다. 붙잡힌 우리 의병들은 신작로 공사에 투입되어 일본의 야욕을 성취시키기 위해 갖은 혹사를 당해야 했기 때문이다.

"아따, 신작로 닦느라고 왜놈들 지긋지긋 하당게. 신작로 땜세 왜놈들한테 당한 사람이 을매나 많은가. 농토 다 뺏기고 강제로 부역당했응게 2년간 죽을 고생 해부렀제!"

"그래도 닦아놓고 난게로 좋구만이라우. 어디 요로코롬 널찍한 길 생전에 보았간디?"

"근디 이완용 대신이 개통식 하러 전주에 온담서?"

"그려, 고 일본놈 간에 붙은 역적 놈이 온다고 야단법석이여."

1905년 통감부를 설치한 일제는 도로 건설과 보수를 전담하는 치도국을 신설하고, 전국 주요 도로 개발 사업을 시작했다. 그중 가장 먼저 개통된 도로가 전군도로(全郡道路)였다. 호남평야의 기름진 쌀을 수탈하기 위해 일제는 전주—군산 간 46km의 오솔길을 넓고 반듯하게 완전히 새로 만들었다. 1906년 최초의 신작로(新作路) 전군도로의 개통식에는 친일파로 득세했던 학부대신 이완용이 참석했다. 이완용은 자신의 서양 마차를 경인선 기차에 싣고 인천항으로 와서는 다시 화륜선(증기선)으로 갈아타고 군산항에서 내려 전주로 향했다. 전주까지 기차가 없던 때라 뱃길을 택했던 것이다.

개통식이 끝난 후 이완용은 그의 마차로 전군도로를 달려 축하했다. 얼마후 그 지역에 들어와 살던 일본인 몇 명이 이완용의 마차를 본뜬 여객 마차를 만들어 전군도로에서 승합마차 영업을 했다. 신작로라지만 지금처럼 아스팔트를 깐 도로는 아니었다. 흙길을 넓게 닦아 잔자갈을 깔아놓은 것으로 마차 두 대가 나란히 달릴 정도의 길이었다.

전군도로를 닦기 위해 일제는 농토나 가옥을 빼앗아 허물었고, 이 땅의 백성들을 강제 노역에 동원시켰다. 때문에 민족의 한이 서린 장소라고 할 수 있다. 하지만 이 땅의 '교통 근대화'라는 측면에서 보면 그 기여도가 매우 크다. 전군도로 다음으로는 중부의 곡창지대인 수원-이천 간 신작로, 일본인들이 가장 많이 살던 진주-마산 간 신작로가 차례로 건설되었다. 비록 수탈을 목적으로 일제에 의해 시작된 도로 건설이었지만, 이 도로들은 훗날 자동차 교통 발달에 큰 보탬이 되었다.

제 **2** 장

자동차 생활시대 개막

대절택시 타고 드라이브

1912년 1월 어느 날, 잘생긴 일본 청년 곤도 미치미(近藤
三千三)가 남대문 역(서울역)에 방금 도착한 경의선 기차에서 내렸다.
역내를 빠져 나온 그는 일본인 인력거를 불러 타고 말했다.

"경성에서 가장 번화한 거리로 갑시다. 돈은 얼마든지 주겠소."

"하이, 염려 마십시오. 경성에서는 본정통(충무로)과 명치정통(명
동)이 가장 번화하지요. 그 밖에 황금정통(을지로), 종로통, 광화문통
을 차례로 구경시켜 올리겠습니다요."

신나게 달리는 인력거에 앉아 곤도는 거리를 유심히 살폈다.

"여보쇼, 인력거상! 경성에는 '자동차'라는 것이 없소?"

"웬걸요. 총독각하와 임금께서 작년부터 자동차를 들여와 타고 다
니지만, 구경하기가 힘듭니다요."

"오호, 조선에도 자동차가 벌써 들어왔구먼! 헌데 그런 높은 사람

말고, 자동차 가지고 당신처럼 손님 태워주고 돈 버는 사람은 없소?"

"어이구 그 비싼 자동차를 사다가 어떻게 천한 사람들을 태웁니까요? 이 나라에는 그런 비싼 자동차 사다가 인력거 영업을 할 사람 없습니다요."

서울 장안을 한 바퀴 돌고 난 곤도는 회심의 미소를 지었다.

'과연 조선 땅에는 민간용 자동차가 없구나. 경성에 와서 택시 영업하면 돈 버는 건 시간문제겠어!'

그 길로 곤도는 일본으로 돌아가 동경서 택시 영업을 하던 포드 차 1대를 배에 싣고 현해탄을 건너 경부선 열차에 올라 경성으로 들어왔다. 택시 영업을 하려면 우선 조선 관청의 허가부터 받아야겠다고 생각한 곤도는 총독부 경무총감부(경찰국)에 있는 겐가쿠 보안과장을 만났다.

"초면에 실례합니다. 겐가쿠 보안과장 나리, 일본에서 택시 영업을 하던 곤도라고 합니다."

"아, 그렇습니까, 반갑군요. 그런데 어쩐 일이십니까?"

"다름 아니라 경성에서 가시끼리(대절택시) 영업을 하고 싶어서 자동차 한 대를 가져왔습니다. 허락해주십시오."

"가시끼리 영업이라뇨. 그 자동차 영업 말입니까?"

"그렇습니다. 도쿄에서는 가시끼리 자동차 영업이 큰 인기입니다. 조선도 자동차로 교통을 개화시켜야 발전할 수 있습니다."

"그래요? 안 그래도 경성에서 시계 장사로 큰돈을 번 오리이 상이 며칠 전 자동차 영업을 하겠다고 온 적이 있는데 잘 되었습니다. 곤도 상은 자동차에 대해 잘 아시니까 두 분이 손을 잡으면 잘 되겠군요."

그날 저녁 요리점에서 만난 오리이 가이치(織居嘉一)와 곤도는 이내
의기가 투합했다. 곤도는 서둘러 일본으로 들어가 일본인 운전사 한
명과 포드 차 한대를 더 사왔고, 마침내 서울 장안에서 대절택시 영업
을 시작했다. 대절택시 소문은 순식간에 장안에 쫙 퍼졌다. 돈 많은
한량들은 요정으로, 서울 장안으로 드라이브 하는 데 맛을 들여 곤도
의 대절택시는 불타나게 불려다녔다.

1912년 6월 경성에서 처음으로 택시 사업을 시작한 일본인 곤두와
오리이는 자동차도 수입해 팔기 위해 도쿄의 아메리카 상회(아메리카
트레이딩 컴퍼니)와 경성 내 판매 대리점 계약을 정식으로 맺었다. 그
리고 이듬해인 1913년부터 본격적으로 자동차를 수입해 와 황실과 조

정의 대신들, 총독부 고위 관료들에게 팔았다. 이렇게 하여 '자동차 바람'은 불기 시작했다.

"허, 정말 말세로군. 왜놈들에게 나라를 뺏겨 초상집인데 조정의 벼슬아치들은 그 비싼 자동차에 미쳐들 있으니…."

"내 말이 그 말일세. 나물 죽 한 끼도 제대로 못 먹는 백성들이 얼마나 많은가! 나라 구할 생각은 않고 국고 털어 그 비싼 자동차 들여와 기생집이나 들락거리니 한심하구먼."

"도대체 자동차 한 대 값이 얼마나 되나?"

"쌀 1000가마는 팔아야 한 대 살 수 있다는구먼."

"이런 우라질! 그 쌀을 굶주리고 있는 백성들에게 나누어주면 얼마나 좋겠는가."

조선에 불어 닥친 새 바람, 자동차 풍류

황실과 조정 대신들의 '자동차 바람'에 대한 백성들의 원망 소리는 높았지만, 자동차는 빠른 속도로 불어났다. 우리보다 앞선 유럽이나 일본이 그랬듯이 초기의 자동차들은 황족이나 귀족, 부호들의 노리갯감으로 퍼져나갔다.

고종황제에 이어 순종황제가 미국제 캐딜락, 순정효황후는 영국제 다이밀러, 의친왕 이강 공은 미국제 오버랜드, 왕세자 영선군은 미국제 시보레, 이준 공은 포드를 탔다. 다음으로는 왕실의 측근이나 대신들이 자동차를 타기 시작했다. 바로 순정효황후의 아버지인 해풍부원군 윤택영, 총리대신으로 친일파의 거두였던 이완용, 내무대신 박용호, 윤택영의 둘째형이며 한일병합에 적극 가담했던 윤덕영 등이다. 이어 총독부의 2인자였던 정무총감, 조선의 일본군사령관, 일본군 19사단장과 선교사들이 자동차를 탔다.

왕실 측근이나 대신들이 탔던 초기의 자동차들은 대부분 미국제였으며, 그중 제일 많은 것은 미국제 '포드'였다. 포드는 4000원으로 그 당시 여러 자동차 중에서 가장 저렴했는데, 쌀 한 가마니에 8~9원 하던 시절이니 포드 자동차를 1대 사자면 쌀 450~500가마니를 팔아야 했다. 현재 서울 경복궁 박물관에 보존되어 있는 캐딜락은 순종황제의 것으로, 값이 무려 1만 원에 이르렀다. 그리고 자동차가 있어도 운전할 수 있는 사람이 없어 황족들은 자동차 운전수를 모두 일본에서 데려와야 했다.

초기에 자동차를 탔던 이들 중에서는 고종황제의 시종원경(비서실장)을 지낸 친일파 윤덕영과 의친왕 이강 공이 자동차 타기를 가장 즐겼다. 특히 의친 왕 이강 공은 유달리 자동차 드라이브를 즐겼는데, 짓궂은 장난 때문에 심심찮은 말썽거리를 만들어 서울 장안에서 큰 화제가 되기도 했다. 이강 공은 차를 타고 드라이브를 즐기다가 차 밖으로 얼굴을 내밀고 지나가는 여인네들을 감상하기를 좋아했고, 좀 예쁘다 싶으면 차를 여인네 옆으로 갖다 대고는 천천히 몰게 하여 따라가며 인물을 감상하는 바람에 여인들이 깜짝 놀라

드라이브를 즐기던 의친왕 이강 공의 자동차 오버랜드.

골목으로 달아나게 만들기 일쑤였다고 한다. 그의 자가용 운전수는 우리 동포 최초의 운전수인 인천 출신의 윤권 씨 였다.

이강 공은 왕자들 중에서 항일사상이 가장 투철하기도 했는데, 일설에 의하면 일본에게 나라를 빼앗긴 것을 한탄해 난봉이나 기행으로 그 울분을 달랬다고 한다. 또한 이강 공은 미국에 유학하여 황족 중에서 가장 먼저 신문학을 배웠고, 유럽의 여러 나라를 여행하면서 서구 문명을 체험해 개화에 앞장섰던 당대 지식인이요 멋쟁이 한량이었다. 그는 자동차를 타기 전에 자전거 광으로도 유명했다고 한다.

시간이 흐르면서 자동차는 더 이상 황족이나 세도가들의 전유물이 아니었다. 1915년을 넘어서면서 부호, 지주, 선교사, 사업가들도 자동차를 타기 시작했다. 광업을 하던 박기효, 대지주 배석환, 서울의 갑부

민간인으로서는 제일 처음 자가용을 소유했다고 알려진 손병희의 자가용.

김종성과 백명권이 미국제 포드와 시보레를 탔고, 초대 미국 공사 알렌과 성이 같은 미국인 금광업자 알렌이 미국제 맥스웰을 탔다. 연세대학 창설자인 미국인 선교사 언더우드는 오버랜드를 탔고, 배재학당(배재고등학교) 창설자인 아펜젤러는 포드를 탔다.

그러면 민간인으로서 자가용을 제일 처음으로 갖게 된 사람은 누구일까? 일설에 의하면 제3대 천도교 교주였던 의암 손병희이라고 한다. 서자로 태어난 그는 정치 부패, 적서차별, 반상제도 등 봉건적 악습 철폐와 교육, 항일운동에 일생을 바쳤으며, 3 · 1운동 당시 독립선언서에 서명했던 33인의 민족대표 중 한 사람이다.

손병희는 1897년 동학혁명이 실패하고 일본으로 망명하여 1905년부터는 자가용을 탔다고 하는데, 당시는 일본에도 자동차가 겨우 10여 대밖에 없던 시절이었다. 1915년경 도쿄에서 열린 '공진회'라는 국제산업박람회를 관람하다가 여기에 출품된 자동차를 보고 캐딜락 한 대를 구입해 집이 있는 서울로 가져와 타고 다녔다.

그런데 얼마 후 자신의 자동차가 순종의 것보다 좋은 것을 알고 "내가 어찌 임금의 자동차보다 좋은 것을 타리요" 하고는 순종의 차와 바꾸었다고 한다. 이 차는 운전석과 뒷좌석 사이에 두꺼운 유리벽이 있어서 뒷좌석의 대화를 운전사가 전혀 듣지 못하도록 되어 있었으며, 행선지를 말할 때는 앞뒤로 설치된 소리통을 이용했다. 또한 당시는 운전수가 매우 귀해 중국인 운전수를 고용했는데, 서울 가회동 지택을 드나들 때마다 구경꾼들이 모여들곤 했다고 한다.

미국 유학파 지성인의 신식 사업

1913년 순종황제와 순정효황후, 의친왕 이강 공 등 황족과 대신들, 총독부 고급관리, 조선 주재 일본군 사령관 등이 속속 자가용 자동차를 도입해 타면서 그해 서울에만 15대의 자동차가 다녔다. 이 땅에 본격적으로 '자동차 시대'가 열리기 시작한 것이다.

이때 민대식은 우리 민족으로서는 처음으로 서울-충주 간을 내왕하는 한양자동부(漢陽自動車部)라는 승합차 회사를 설립했다. 민대식은 친일파 정치인 민영휘의 아들이다. 민영휘는 명성황후의 척족으로 구한말 최고 권력을 누렸으며 상업은행의 전신인 천일은행 총재를 지냈고 휘문고등학교를 설립했다.

미국 유학파인 민대식이 자동차 운수업을 시작할 수 있었던 것은

1913년경 충주 읍내 모습. 민대식의 승합차 영업은 폭발적인 인기를 끌었다.

아버지 민영휘의 권력이 있었기 때문이다. 민대식은 처음에 서울시내에서 대절 자동차 영업을 하려 했으나 일본인 곤도가 이미 시작했기 때문에 포기했다. 대신 서울과 지방 도시를 잇는 승합차 영업을 하기로 결심하고 찾은 적당한 노선이 바로 서울-충주 간이었다. 민대식은 경기도 여주를 중심으로 충북 충주 일대에 걸쳐 사는 민씨 척족들과 인근 지방민들의 서울 나들이 교통을 편리하게 해준다는 취지 아래 철도가 없는 서울-충주 간 노선에서 승합차 영업을 하기로 결정하고 당국의 영업 허가를 받았다.

민대식은 곧 명동에 사무실 겸 정류장을 마련하고, 일본에서 천막 지붕이 달린 8인승 포드 차 두 대를 도입했다. 우리나라 지방도로가 워낙 협소하기 때문에 아예 처음부터 차폭을 한 자(30cm) 정도 줄여왔으며, 운행 도중 타는 승객을 위해 차비를 10리에 30전씩 계산해 받았다. 당시 쌀 한 가마니에 9, 10원 할 때였으니 그리 싼 요금은 아니었다.

한양 자동부의 서울 측 승객들은 주로 서울-충주 노선 인근에 사는 친족들로써 상류층 사람들이었다. 이들이 민씨의 승합차를 즐겨 타는 목적은 친척집을 방문하려는 이유도 있었지만 가장 큰 이유는 자동차 타는 멋을 즐기려는 것이었다.

민대식의 승합차는 개업한 지 1년도 못 되어 폭발적인 인기를 끌었다. 적어도 일주일 전에는 예약을 해야 탈 수 있을 정도로 사업은 호황을 맞았다. 단골 승객들은 명동에 있는 서울 정류장에 자동차가 없으면 충주에 갔던 차가 돌아 올 때까지 기다렸다가 타는 불편도 기꺼이 감수했다.

그러나 이러한 인기와 더불어 여러 가지 수난도 당했다. 자동차를 처음 본 지방 사람들은 호기심과 공포심을 동시에 느꼈다. 그래서 자동차를 '굴러다니는 쇠 망아지' 또는 '굴러가는 번갯불'로 불렀다. 일부 순진한 농민들은 자동차가 나타나면 번개, 벼락을 맞는다며 겁을 잔뜩 먹고 나무 뒤에 숨기 일쑤였다. 호기심 많고 배짱 두둑한 젊은이들은 운전수와 승객들이 점심을 먹는 동안 주막 앞에 세워진 차를 여기저기 만져보기도 했다. 장난기가 동한 젊은이들이 승객들에게 "여보슈, 이 쇠 당나귀 속에는 벼락을 치는 번개가 들어 있다우. 잘못하면 벼락 맞아죽어요"라고 으름장을 놓으면, 어리숙한 승객들은 고개를 절레절레 흔들며 도중에 하차해버리기도 했다.

자동차에 손님을 빼앗긴 인력거꾼이나 짚신장수들의 방해도 만만치 않았다. 인력거꾼은 자동차를 만나면 길을 가로막고 앉아 담배를 피우며 운행을 방해했고, 짚신장수는 자동차가 건너는 개울마다 돌무더기를 쌓아 못 가게 훼방을 놓았다. 소몰이 초동들도 자동차를 괴롭혔다. 풀을 먹던 소들이 우연히 자동차를 만나면 깜짝 놀라 달아나기 일쑤라 참다못한 초동들이 작당해 도로 산기슭에 숨었다가 돌을 던지거나 소똥을 퍼 던져 자동차를 괴롭혔다.

선교사가 들여온 요술 자전거

의사이며 신학자인 원두우(Horace Grant Underwood의 한국명)는 조선 초대 선교사로 이 땅에 들어와 선교활동을 펼친 미국인이다. 그의 아들 원한경(Horace Horton Underwood의 한국명) 역시 조선에서 선교활동을 했는데, 1915년 안식년을 맞아 휴양차 미 본국으로 들어갔다. 어느날 뉴욕에 갔던 원한경과 그의 아내는 매우 흥미 있는 것을 발견했다.

"허니, 저것 좀 보시오 아주 재미있는 사이클이 있소."

"어디요, 저 사이클 말입니까? 어마, 안장 밑에 작은 엔진이 달려 있네요."

"오, 저 남자가 시동을 걸고 올라탔소. 어디 봅시다. 얼마나 빠른가."

"정말, 빨리 가네요. 자동차보다 빠르군요. 자전거 타는 것과 꼭 같은데 발을 움직이지 않아도 되는 너무 간단한 두 바퀴 자동차예요."

"허니, 저 모터사이클을 조선에 가지고 가면 어떻겠소? 좁고 험한 시골길을 다니기 참 좋을 듯한데… 우리의 전도여행에 안성맞춤이지 않겠소?"

원한경 부부는 그 길로 오토바이 판매점에서 오토바이 옆에 사람도 탈 수 있고, 짐도 실을 수 있는 보조용 사이드카까지 붙은 모터사이클 한 대를 구입해 조선으로 가져왔다. 그들 부부는 전도여행에 사용하기 위해 1914년 이미 미국서 윌리스 오버랜드라는 자동차 한 대를 사와 조선 땅에 있던 선교사들 중에서 가장 먼저 자동차를 탄 사람이다. 하지만 아직 길이 닦이지 않은 곳이 대부분이라 자동차를 타고 돌아다니기 몹시 힘들어서 오솔길에 맞는 적당한 탈것을 찾았는데 마침 '오토바이'를 발견하게 된 것이다.

원한경은 오토바이를 구입한 후 도로가 좋은 곳은 자동차로, 험한 길은 사이드카를 단 오토바이로, 사람밖에 다닐 수 없는 길에는 사이드카를 떼어낸 오토바이만 타고 다녔다. 시골 전도여행에는 자동차보다 오토바이가 안성맞춤이었다. 하지만 주유소가 없던 시절이라 전도

선교사 원한경이 들여온 두 바퀴 자동차.

여행을 갈 때는 옆에 달린 사이드카에 예비용 휘발유와 텐트, 응급장비 등의 짐을 잔뜩 싣고 다녀야 했다. 게다가 이것을 타고 시내를 나가거나 지방에 가면 큰 구경거리가 되었기 때문에 선전효과까지 기대할 수 있었다. 시골 사람들은 오토바이를 타고 다니는 원한경을 마치 곡마단에서 줄타기하는 곡예사처럼 신기하게 보았다.

"어마, 얘 저기 좀 봐. 서양 사람이 요술 자전거 타고 온다. 발로 젓지도 않는데 제 혼자 달려오네."

"어이구, 이 바보야. 요술 자전거 아니라 조그만 기관(엔진)이 달려 자동차처럼 제 혼자 가는 자동 자행거라는 거야."

"자전거보다 몇 십 배나 무거운 것 같은데 쓰러지지도 않고 잘도 타고 가네…."

"그러게 저 자동 자행거는 힘이 세고 기술이 좋은 서양 사람들이나 탈 수 있다는 거야…."

이렇게 들어온 오토바이는 1923년경 서울에만 14대로 늘어났다. 1924년에는 서울 종로에서 자전거 판매상을 하던 와타나베가 소아마비인 아들이 걷지 못하는 것을 도와줄 방법을 찾다가 세 바퀴 오토바이를 개발해 우리나라 최초로 '장애자용 자동차'가 생겨났다. 이후 오토바이 수는 계속 증가해 1939년 제2차 세계대전이 터질 때에는 총

170여 대의 오토바이가 돌아다녔다.

이완용의 아들이 낸 최초의 자동차 사고

"어머나! 성님, 이것 좀 봐요 글쎄 이완용 대신의 아들이 기생을 태우고 자동차 놀이 나가다가 일곱 살배기 사내아이를 치어 다리를 절단 냈다고 신문에 났구먼요."

"뭐, 어디 좀 보세나. 저런, 그 자동차란 것이 기어이 사람을 치어 큰 탈을 냈구먼."

"저런 오라질 놈 봤나. 제 애비가 나라를 팔아먹더니 그 애비에 그 자식이구먼."

1912년부터 서울 장안에 나타난 대절택시들 때문에 희비애락이 하나둘 생겨났다. 처음에는 불과 한 대밖에 없던 택시가 1년 후인 1913년에는 서울에만 다섯 대로 늘어났고, 주지육림에 빠진 세도가의 자식들은 '자동차 호강'에 정신을 못 차렸다.

1913년 『매일신보』는 이완용의 아들 이항구가 낸 자동차 사고를 싣고 있다.

대절택시 한 번 타고 서울 장안을 일주하는 데 쌀 한 가마니 값이 날아갔지만, 대절택시 잡기가 하늘의 별 따기였다. 금값보다 높은 택시주가(株價)였다. 을지로 입구에 있던 곤도의 대절택시부에는 밤낮없이 전화통에 불이 났다.

새로운 망국의 풍습도 생겼다. 아버지의 부와 권력을 등에 업은 세도가의 도령들은 요릿집에서 기생들을 끼고 놀다가 심심하면 대절택시를 불러 타고 동대문 밖 영도사나 청량리 홍릉 아니면 장춘공원으로 드라이브를 나갔다. 이완용의 아들 이항구가 낸 우리나라 최초의 자동차 사고도 그랬다. 신문은 당시 사고를 이렇게 보도하고 있다.

"근일 자동차가 나타난 이후로 할 일 없는 부랑탕자들이 자동차를 큰 호기로 알고 떼를 지어 기생과 창녀들을 태우고 성문 안팎으로 먼지 날리며 돌아다니는데…, 이항구와 홍운표가 동소문 밖으로 자동차를 타고 나가다가 인창면에 사는 정진협 씨의 칠세 된 아들의 다리를 부상하여…."

당대 총리대신이었던 이완용의 아들과 왕실의 고급관리이자 이완용의 사위인 홍운표가 요정에서 어울려 흥청거린 뒤 택시를 불러 타고 기생들과 놀러나가다 사고가 난 것이다. 부잣집 자식들의 자동차 풍류를 못마땅하게 보던 사람들은 이 사건에 아연실색했다. 상대가 나는 새도 떨어뜨린다던 당대 최고 세도가 이완용의 아들과 사위였기 때문에 피해 당사자인 정씨는 이제 막 피어나는 어린 자식의 다리를 망쳐놓았음에도 손해배상을 청구하지도 못하고 벙어리 냉가슴 앓듯 가슴을 치며 통곡할 수밖에 없었다.

1915년에 들어서자 우리나라는 자가용 28대, 영업용 53대 등 자동차가 총 80여 대로 늘어났다. 총독부에서는 교통사고를 막기 위해 그해 7월 처음으로 자동차 운전과 도로통행법, 속도, 자동차의 제동 성능 등을 단속하는 규칙과 자동차 번호판 달기, 해당 지역 경찰서에서 운전면허증 발급받기 등의 자동차취체규칙을 처음으로 공표했다.

지방을 오고가는 소형 버스들

우리나라에서 대량 여객 운송업인 버스 영업이 시작된 곳은 남해안의 마산-삼천포 간이었다. 진주에서 장사를 하던 일본인 에가와 요네지로(江川繪次朗)가 자동차 한 대를 일본에서 들여와 돈을 벌기 위해 경상남도 경무국(경찰국)에 영업허가를 신청했다.

"에가와상, 자동차 장사가 되겠소?"

"나리가 보시다시피 우리 일본 사람들이 장사하러 진주-마산-삼천포 간을 많이 내왕하지 않습니까?"

"그건 그렇소만."

"자동차로 내왕하면 짐도 많이 싣고 편안하게 빨리 다닐 수 있기 때문에 시간과 돈을 절약할 수 있지 않겠습니까. 일본 장사꾼들이 자동차를 많이 이용하면 조선 사람들도 자연히 이용하게 될 것입니다."

"길이 나빠서 차가 잘 부서질 텐데."

"걱정 마십시오. 다행히 조선 사람들이 남해안에 길을 잘 닦아 놓아 조금만 보수하면 훌륭한 자동차 길이 될 것입니다."

이렇게 하여 에가와는 1911년 12월 말, 조선에서 제일 먼저 영업 허가를 받았다. 이 사실은 얼마 후 신문에 났는데 다음과 같이 영업 내용까지 상세히 보도되었다.

"경남 마산-진주 간, 진주-삼천포 간 승합자동차 영업을 하겠다고 신청한 자가 있어 경무부에서는 12월 29일자로 허가하였는데, 영업자는 허가일로부터 5개월 이내에 개시한다 하며 영업 개시 후의 요금은 다음과 같다더라. 마산-진주 간 3원 80전, 진주-삼천포 간 1원 30전."

위 금액은 편도 요금인데, 당시 이 지방의 물가를 보면 쌀 한 가마에 8~9원, 집 짓는 토목공이나 미장이 하루 품삯이 60전 정도했으니 차비가 꽤 비싼 편이었다. 마산의 새신랑이 삼천포에서 갓 시집온 새색시와 함께 자동차를 타고 삼천포에 있는 처가에 첫 나들이를 다녀오자면, 20원 20전(쌀 3가마니)이 드는 편이라 웬만한 부자가 아니고서는 엄두를 낼 수 없었다. 그래서 처음에는 돈 잘 버는 일본인 장사꾼들이 많이 이용했다.

에가와는 영업 허가를 받고 난 후 준비가 안 되어 허가일로부터 10개월 뒤인 1912년 9월에 첫 운행을 시작했다. 『매일신보』는 이 사실을 다음과 같이 보도했다.

"경남 자동차 시운전-진주성 내 거주 에가와의 자동차 경영에 관한 경남 마산-진주 간의 자동차 영업은 8인승 차량이 도착한고로 본월 17일에 시운전을 하야 20일부터 기 영업을 개시하는데, 차량은 당분간 1대로 격일하야 마산 혹은 전주에서 발차하고 운전 시간은 5시간으로 하야 진주-마산 간의 임금은 3원 80전, 마산-군북 간은 2원, 군북-진주 간은 2원 2전, 특등은 3할씩 증액하되 2개월 내에는 편히 차량을 증차하야 매일 운전한다더라."

최초의 버스는 지금처럼 대형버스가 아니었다. 고작 8명이 탈 수 있는 소형 승합차로 자동차 지붕에는 천막을 둘러쳤다. 에가와는 이 가운데서도 좌석을 특등석과 보통석으로 차별하여 값을 달리 받았다. 특등석은 먼지 덜 뒤집어쓰는 운전수 옆자리로 기본요금에 30%를 더 가산하여 받았다. 쌀 한 말에 1원 50전에서 2원 정도 할 때였으니 서민들에게는 비싼 차비였다. 이때는 부산과 마산 직통이 불가능했다. 낙동강에 다리가 놓이기 전이라 할 수 없어 낙동강을 따라 올라가 삼랑진을 경유해야 했다.

천막 지붕을 단 8인승 승합차.

1913년 12월 『매일신보』 기자가 에가와의 남해안 정기 노선 승합버스를 취재하러 가다가 첩첩산중에서 연료가 바닥나 꼼짝도 못하는 일이 발생했다. 이 기자는 경부선 열차를 타고 삼랑진에서 내려 전주로 가는 에가와의 승합 버스를 탔다. 다행히 구조된 기자는 신문에 다음과 같은 '우리나라 최초의 자동차 조난기'를 연재했는데, 이는 초기의 자동차 교통이 얼마나 위험했는지를 잘 보여주고 있다.

"자동차 타고 여행하다가 까닥하면 황천객 될 뻔하였다. 근래 조선 각 지방에는 사회와 개인의 경영으로 자동차로 하여금 교통을 보조하야 지방 발전을 돕는 것은 십분 찬성할 일이나, 자본이 부족함으로 제반준비가 부족하야 간간히 자동차가 고장을 내어 문명한 자동차를 소나 말로 끌어 승객으로 하여금 적지 아니한 손해와 욕을 보임은 왕왕 지방을 여행하는 자의 이야깃거리가 되었거니와, 근자 여행 중 기자가 친히 당한 전말을 기록하건데, 작년 12월 12일에 진주로 행하는 중 삼랑진 차 속에서 꿈을 꾸며 마산에 도착하니 이날은 영남 일기로 혹독한 추위에 찬바람은 살을 에는 듯 하고 하늘은 컴컴하고 해상 연변에는 구름이 희미하게 끼어 지척을 분별치 못하여 도저히 겁 많은 자는 배 타고 항해키 극난하야 주저하더니라."

"마산과 진주 사이에 다니는 자동차는 기질이 허약하야 병환이 심하다 함은 익히 듣던 바인데, 그 자동차가 한 시간만 기다리면 진주 180리 길을 능히 네 시간에 간다 하기에 반신반의로 운전수에게 제삼 물은 후에 타기를 결정하고, 오후 두 시에 마산을 떠나 구 마산에서 영국에 사는 배지아 폴이라는 나이 육순에 가까운 부인이 자기 딸을 대동하고 조선을 시찰하는 중 왔다가 진주를 보고자 하야 진주 마의원 부인과 조선 부녀 두 사람의 인도로 역시 진주로 행하는데, 일행 네 사람과 좁은 자동차에 나와 다섯이 타고 경성에도 아니 오는 비를 맞으며 찬바람을 안고 먼지와 티끌을 뒤로하고 진주를 향하여 출발하였더라."

"한 시간에 50리 속력으로 화살같이 달려 마산에서 한 90리 되는 고산준령을 요리조리 올라가더니 홀연 지남철에 쇠 붙듯이 땅에 딱 붙더니 요지부동이라 운전수는 내려가 죽을 힘을 다하여 흔들고 밀어보니 말을 듣지 아니하고, 자동차는 고만두고라도 시동도 못하기에 승객 일동은 황당히 그 연유를 운전수에게 물은 즉 운전수는 얼굴과 의복이 기름때에 까마귀같이 검은자가 된 채 두 눈에 흰자위만 반짝거리며 얼굴은 홍당무 빛이 되어 하는 말이, 덮어놓고 네 구멍으로 새었시오.(어쨌든 휘발유가 돌에 채여 뚫어진 네 개의 탱크 구멍으로 다 새어 버렸소.) 이 말을 들은 승객 일동이 다시 경황실색하야 급히 차에서 내려본 즉 자동차의 생명이라 할 가솔린이 없으니 이는 곧 물고기가 물을 잃고 나는 새가 공기가 없다 함과 같으니 무인지경 산중에서, 20세기 이화학상 이용하는 약으로 석유를 구하지 못할 이곳에서 어찌하리요.

할 수 없이 엄동설한에 동사가 아니면 아사가 아니면 변사는 면치 못하리로다. 막막히 앉아 서로 얼굴만 보니 곧 사형선고를 받은 죄인이 죽을 때를 기다리는 것과 다름이 없더라. 이때 비는 점점 심하게 오고 바람은 우레같이 산골짜기를 진동하며, 날은 저물어서 어둑어둑한데 착잡한 심정과 석민(인생이 아까워 슬퍼함)을 떠날 수 없고, 일분 일초로 공복(빈속)에 한기가 더욱 심하니 흡사 이 양양한 대해에서 폭풍을 만나 무인도에 표착한 듯하더라."

"이때에 일행 다섯 사람 중에 남자는 하나라 할 수 없어 우선 운전수로

하여금 마산에 가서 가솔린 가져오기를 정하고 장차 밤 지날 계책을 생각
하다 사방을 살펴보니 현애절벽으로 깍듯한 산 아래 삿갓 엎은 듯한 두어
초가가 있기에 눈가를 씻고 안심하면서 허겁지겁 굴러서 산 아래 농가 주
인을 찾아가 연유를 말한 즉 허락을 얻어 동행 일동과 그 밤을 지나게 되었
더라. 날이 밝아 다시 가솔린 오기를 기다리더니 거의 여덟시나 되어 일곱
시간 만에 가솔린이 도착하야 우리 인명을 구하야 준 집을 섭섭히 하직하
얏노라."

그러나 시골 사람들은 천막 지붕을 단 소형 승합차를 무척 신기해
했다. 아세틸렌 가스등을 차 앞쪽에 달고 쏜살같이 달리면 그 속도에
까무러치듯 놀라기도 했고, 운전수가 자동차에 시동을 걸고 슬슬 움
직일 때면 철부지 어린 아이들이 겁을 집어먹고 멀찌감치 달아나 구
경을 하기도 했다.

영업 첫해 소형 승합차는 마산–진주 간만 하루 1회 왕복했다. 하지
만 차비를 대폭 내린 2년 후에는 승객이 더욱 많아져 진주–사천 간,
사천–삼천포 간의 노선을 더 개설하였다. 따라서 4개 노선에 승합차
가 한 대씩 더 투입되었고, 상인들은 이를 열렬히 환영했다. 승합차는
당시 남해안 지방 사람들의 큰 구경거리 중 하나였다.

오리이자동차상회와 운전수 양성소

"오리이 상, 우리가 경성 장안에서만 가시끼리(대절버
스) 장사만 할 것이 아니라 조선 땅 전국에서 노리아이(승합차) 장사를

하면 어떻습니까?"

"곤도 상, 그렇지 않아도 그런 생각을 하고 있었소. 무슨 좋은 계획이라도 있소?"

"조선 땅에는 알고 보니 자동차가 다닐 수 있는 길이 그런대로 다듬어져 있고 사람들의 왕래가 많은 곳이 있습니다. 그런 곳을 몇 곳 택하여 정기 노선 노리아이 장사를 하는 겁니다. 예를 들어 평남의 진남포-광양만, 황해도의 사리원-해주, 평북의 신의주-의주, 충남의 천안-온양, 충북의 조치원-청주나 조치원-공주 간의 6개 노선을 택하여 운행하면서 점차 전국으로 확대해 가면 조선의 모든 자동차 영업을 장악할 수 있습니다."

"그것 좋은 생각이오. 그러나 그 사업을 하려면 큰돈이 들어갈 텐데. 차도 많이 사와야 하고 험한 길은 우리 힘으로 고쳐야 하고 회사도 세워야 할 것이 아니요?"

"예, 오리이 상, 그것은 이미 계산해두었습니다. 이리저리 합해서 20만 원만 있으면 되겠습니다."

"뭣이, 20만 원? 그 돈은 막대한 금액인데…."

"사업이 큰 만큼 큰돈이 드는 것은 당연하지 않습니까. 오리이 상, 그렇지 않고는 할 수가 없습니다. 우리가 가진 돈을 전부 긁어모아야 합니다. 오리이 상이 제일 돈이 많으니까 절반을 대십시오."

"절반이라니, 10만 원 말이오?"

"그렇습니다. 오리이 상이 회사의 사조상(사장)이 되는 것입니다. 어떻습니까?"

"알았습니다. 마련해보겠습니다. 그런데 나머지 10만 원은요?"

"5만 원 정도는 제가 어떻게 만들 수 있지만, 나머지 5만 원이 문제입니다."

조선 전국에 대한 '자동차 영업 계획' 을 세운 곤도의 사업계획을 들은 보안과장은 매우 놀랐다.

"아니 곤도 상, 정신이 있소 없소? 가난한 조선 사람들이 어떻게 자동차를 탈 수 있다고 그런 무모한 사업을 한다는 거요? 당신이 원래 좀 엉뚱하고 배짱이 큰 줄은 아오마는…. 그보다도 이 사업은 총독의 허가를 받지 않고는 못할 것이오."

"그래서 나리를 찾아온 것이 아닙니까. 앞으로 우리 일본이 조선을 통치하려면 우선 교통이 편리해야 합니다. 또, 조선을 개발시키려면 기차보다 전국 구석구석을 빠르게 연결할 수 있는 자동차 교통이 절대 필요합니다."

"곤도 상 당신은 내가 반대해도 끈덕지게 달려들 사람이니까 노력을 해보겠소만, 자신은 없소이다. 그런데 자본은 충분하시오?"

"예, 총 자본 20만 원 중 5만 원 정도가 모자라서 자본주를 찾고 있습니다."

"그래요? 그럼, 내가 한 사람을 소개하리까? 조선 사람인데 청량리 밖에 논밭을 엄청나게 가지고 있는 낙산 부자로 이름난 이봉래라는 자요."

이렇게 하여 곤도는 총독부에다 전국 사업허가를 신청해놓은 뒤 서울 부자 이봉래가 나머지 5만 원을 투자하는 것으로 하고 회사를 세웠다. 회사 이름은 최대 주주인 오리이의 이름을 따 '오리이자동차상회' 라 정했다.

최초의 한일 합작 자동차 회사인 오리이자동차상회는 총독부에 신청한 영업 허가가 나오는 즉시 영업을 시작하기 위해 일본에 있는 거래처인 아메리칸 상회에 포드 10대를 주문하는 등 만반의 준비를 해놓았다. 그런데 가장

1914년 오리이자동차상회의 승합차.

난관은 자동차 운전수를 구하는 일이었다. 당시 운전을 할 수 있는 우리 동포는 한 사람도 없었다. 때문에 오리이자동차상회는 처음부터 제동이 걸렸다.

"오리이 상, 운전수 구하는 문제를 미리 생각을 못했습니다. 아무리 경성 안을 샅샅이 뒤져봐도 운전수를 구할 수가 없으니 일본에서 데려오면 어떻겠습니까? 그런데 일본에도 운전수가 통틀어 20명 정도밖에 없다니… 이거 참 야단났습니다."

"곤도 상, 아예 우리가 운전수를 양성하면 어떻겠소?"

"양성이오? 경성에다가 운전 교습소까지 세우자는 말입니까?"

"할 수 있소? 답답한 놈이 우물 판다는 조선 속담이 있지 않소. 양성하는데 시간이 좀 걸리겠지만…."

"아무리 생각해도 그 방법밖에 없군요."

어쩔 수 없이 오리이자동차상회는 우리나라 최초로 서울에 오리이 운전수 양성소라는 자동차 학원까지 세웠다. 그리고 신문에 견습생

최초의 관인 운전학원인 경성자동차강습소 광고.

모집광고를 냈다.

「본 오리이자동차상회는 신시대의 자동차 교통을 담당할 자동차 운전수
를 양성하기 위하여 교습생을 모집하오니 뜻있는 자는 응모하시기 바람.」

"이거 야단났습니다. 오리이 사조상. 광고를 내고 달포가 가까운데
개미새끼 한 마리도 얼씬 안 하니 어떻게 하면 좋습니까?"

"글쎄 말이오. 자동차 다루기가 어렵다고 소문이 난데다, 운전을 배
우려면 글을 알아야 하니까 모두들 겁을 먹고 주저하는 것 같소."

"할 수 없습니다. 월급을 주는 직장인 줄 아는 모양인데, 며칠 전에
일본인 몇 명이 왔다가 월급 안 준다니까 그냥 가버리더군요."

"참 머리가 둔한 사람들이오. 멀리 내다볼 줄 모르고 당장 눈앞의
이익만 생각하니…."

"사조상, 이왕 내친 김에 월급을 주고 우수한 성적으로 졸업하면 보

너스까지 준다고 미끼를 붙여 광고를 내면 어떻겠습니까?"

학생들에게 수강료를 받아야 하지만 지원자가 없자, 학원에서는 오히려 학생들에게 월급과 보너스를 준다고 다음과 같은 광고를 냈다.

「본 오리이 운전수 양성소에서는 자동차 운전법을 배우려는 자에게 월급은 물론이요, 우수한 성적으로 졸업하는 자에게는 보너스도 지급할 것이요. 졸업자는 전부 오리이자동차부에 고용하여 운전수가 되면 평생 후한 월급을 지급할 것이니 속속 응모하기 바람.」

이렇게 해서 당장 먹고살 월급을 준다니까 겨우 10명이 응모했는데 모두 일본인이었다. 이 소문은 곧 퍼져 응모자가 급격히 늘어났다. 따라서 수강생을 선발해야 했으며 제2기 졸업생은 21명이었다. 이때 오리이 자동차 회사의 주주인 이봉래의 아들 이용문이 운전 강습을 받아 비공인 우리나라 제1호 운전면허 소유자가 되었다.

이용문은 졸업 후 운전수가 되지 않고 자기 아버지의 재산으로 택시 운수업을 하려 했으나 총독부에서 허가를 내주지 않아 포기했다. 오리이 운전수 양성소는 이후 응모자들이 몰려들어 1917년까지 51명이나 배출했지만 늘어나는 차량을 따라가기엔 태부족이었다.

그런데 총독부는 오리이자동차상회가 기다리던 전국 6개 노선 승합자동차 영업 허가를 내주지 않았다. 이유는 조선 사람들이 '자동차 타기'에 맛을 들이면 게을러져서 안 된다는 것이었다.

불법으로 시작된 승합차 영업 큰 인기

조선 땅에서 제일 큰 자동차 회사를 설립하려던 꿈이 깨진 곤도는 허탈감을 술로 달랬다. 그러던 어느 날 술집에서 평양에 미인이 많고 경치가 빼어나다는 소리를 듣고 '에라, 평양이나 한번 구경하면서 울적한 기분이나 달래자' 하는 마음으로 평양으로 갔다.

1913년 어느 봄날 곤도는 느닷없이 서울에서 택시로 굴리던 자신의 차를 만주행 기차에 싣고 평양으로 들어갔다. 바로 이 차가 평양에 나타난 최초의 자동차였다. 마음이 편치 못했던 곤도는 자신의 자동차로 대동강변을 누비며 기녀들과 어울려 놀았다.

그런데 평양 바닥에 자동차가 나타났다는 소식이 순식간에 퍼져 곤도는 금세 유명인사가 되었다. 평양 시내 여기저기서 자동차를 구경하려는 사람들이 몰려들었다. 덩달아 곤도가 묵고 있던 평양관도 인기를 모아 매상이 하루가 다르게 올랐다. 돈 많은 한량들이 자동차를

평양에 나타난 최초의 자동차.

타보려고 모여들어 장사가 잘 되자 곤도는 평양관에서 극진한 대우를 받았다.

그러던 어느 날 진남포 부윤(시장) 나카노가 친구들과 여흥을 즐기려 평양관에 들렀다가 자동차 때문에 우연히 곤도와 술자리를 같이 하게 되었다. 이튿날 곤도는 자동차로 부윤을 진남포까지 태워다주었는데 이 일을 계기로 두 사람은 가까워지게 되었다.

자동차 드라이브 맛을 본 나카노 부윤은 그 후 종종 곤도를 불러 평양–진남포 간을 왕래하며 놀았고, 나카노와 친해지자 곤도는 그동안 경성에서 겪은 괴로운 사연을 털어놓았다. 나카노 부윤은 곤도의 심정을 동정하여 곤도에게 귀가 번쩍 뜨이는 제안을 하나 했다.

"곤도 상, 내 친구 중 한 사람이 광양만에 큰 염전을 가지고 있는데 소금장수들이 광양만–진남포 간을 많이 왕래하고 있오. 이들을 태워주고 돈을 버는 것이 어떻소?"

곤도는 자신의 차를 광양만에서 염전을 하고 있는 나카노 부윤의 친구 우치다의 차로 등록했다. 명목상 우치다의 염전공장 자가용으로 등록하고 주민들과 소금장수들을 태워주는 불법 영업을 시작했던 것이다.

곤도는 일본에서 포드 한 대를 더 들여와 8인승으로 개조하여 광양만–진남포 간을 오가며 승합자동차 영업을 시작했다. 영업 허가를 받지 않은 불법이라 징식요금을 받을 수 없었기 때문에, 곤도는 사례비라는 명목으로 차비를 받았다. 말하자면 우리나라 최초의 자가용 불법 영업인 셈인데, 그는 10리에 20전씩 계산하여 50리 길 편도 요금을 1원 받았다. 당시 쌀 한 가마에 7원 정도였으니까 자동차 한 번 타는데

1910년대 초 평양지방의 자가용.

쌀 한 말이 들었던 셈이니 사례비 치고는 꽤 비싼 편이었다. 그러나 길이 험하고 기름이나 부속품들을 전부 일본에서 들여와야 했기 때문에 버는 돈보다 들어가는 돈이 더 많았다.

곤도는 이렇게 변칙 영업을 하면서도 데라우치 총독으로부터 전국 6개 노선에 대한 사업 허가를 꼭 받아내겠다는 집념으로 계속 밀고나갔다. 진남포-광량만 승합차 영업은 대성공이었다. 시간이 지나면서 자동차의 편리함을 맛본 여러 상인들과 지역 주민들의 이용이 늘어나면서 큰 환영을 받았다.

진남포 부윤과 경찰서장은 이 사실을 총독에게 알리고, 승합자동차가 지역의 교통 개발에 크게 기여한다고 보고했다. 비록 불법 영업이었지만 이 일로 곤도는 공로를 인정받아 1914년 총독부로부터 조선 내 6개 노선에 대한 영업을 허가받았다.

이후 곤도는 전국 6개 노선에다 청주-조치원, 평양-진남포, 김천- 상주 간 3개 노선을 더 신청해 1915년까지 차례로 인가를 받았다. 오 리이 자동차 회사는 한꺼번에 포드 20대를 들여와 전국 9개 노선에 투 입했으며, 조선 내 승합자동차 교통을 장악한 가장 큰 자동차 회사가 되어 1920년 중반까지 운수업계를 주름 잡았다. 9개 노선이 개설된다 는 소문은 급속히 퍼졌고, 각 노선 지방관청이나 주민들은 자동차가 들어온다는 기대에 크게 들떠 길을 보수하거나 면사무소나 헌병대, 또 는 파출소 등에서 차표를 팔 수 있도록 도와주는 등 부산을 떨었다. 곤 도의 전국 오리이 자동차 상회는 평양의 불법 영업으로 오히려 행운을 잡아 출범부터 좋은 반응을 얻으며 자동차시대 개막 초기 조선 최대의 운수회사로 급성장했다.

오리이자동차상회 측 역시 이 같은 혜택에 보답하기 위해 각 노선 에서 처음으로 시운전을 할 때 그 지방 유지들을 시승시켜주고 파티 를 열어 환심을 샀다. 지방 유지들은 그에 대한 답례로 환영회를 베푸 는 등 영업은 순풍에 돛을 단 배처럼 쾌속 순항했다.

1914년을 넘어서면서 성황을 이루던 곤도의 승합차 영업에 자극을 받아 곳곳에서 '자동차 영업을 하면 황금방석에 앉는다' 는 소문이 돌 았다. 돈 좀 있는 사람들은 너도나노 할 것 없이 일본에서 지동차를 한 두 대씩 들여와 사업에 뛰어들었고 승합차 영업은 우후죽순처럼 생겨 났다. 하지만 아직 도로 사정이 좋지 않아 아무리 큰길이라도 지방도 로는 우마차 한 대가 겨우 다닐 수 있는 좁은 길이 태반이었다. 그나마 남부 지방은 평야가 많아 길 닦기가 쉬웠지만, 북부의 산악지대는 험한 오솔길이 많았다. 이때까지만 해도 나라에서 자동차 길을 닦아주기란 꿈도 못 꾸던 시절이라서 막대한 돈이 들어가는 신작로 닦기를 일개 자동차 회사에서 하기에는 역부족이었다. 이 때문에 애당초 일본에서 차를 사올 때 차폭을 25cm가량 줄여 와서 소달구지 길에다 맞추는 해프닝도 일어났다.

석유의 도입과 휘발유 한 통

자동차는 휘발유가 있어야 굴러 간다. 자동차가 많지 않았던 1945년 광복 이전에 우리나라 사람들은 원유와 등유, 휘발유를 구별할 줄 몰라 전부 '석유' 라고 불렀다. 그런데 석유는 언제, 어떻게 들어온 것일까? 휘발유보다 먼저 들어온 서양 기름이 등유, 즉 석유였는데, 이것이 처음 들어온 것은 1880년이었다. 당시 자의 반 타의 반으로 문호를 개방하게 된 조선은 미국이나 일본으로 사신을 파견해 새 문명을 배우고 받아들이기 시작했다.

개화파 정치인이면서 승려였던 서울 봉원사의 이동인 역시 1880년 9월, 조정의 개화파 인사들과 함께 일본에 건너가게 되었다. 그는 도쿄를 돌아다니며 신식 문명을 견학하다가 석유와 석유램프, 성냥을 사용하고 있는 것을 보았다. 그래서 귀국할 때 이것들을 사 가지고 들어왔는데, 이것이 석유가 맨 처음 우리 땅에 상륙하게 된 동기였다.

그 후 1882년 한미수교조약이 맺어짐에 따라 들어온 서양의 관리, 기술자, 무역상인, 선교사들이 석유를 가지고 등불 및 취사용 연료로 사용하는 것을 보고 석유의 편리함을 알게 됐다. 초기에는 중국이나 일본 상인들이 석유를 소량으로 들여와 그 양이 적고 비쌌기 때문에 대도시 상류층 가정에서 사용했다.

그러나 1884년 미국과 정식으로 무역이 이루어져 석유가 대량으로 수입되자 우리나라 고유의 아주까리나 목화씨 기름 등잔은 석유 등잔으로 대체되었다. 석유 등잔을 사용하면 훨씬 밝고 냄새도 안 났기 때문에, 초기 서양 교역물 중 최고 인기품목이었다. 회충에는 석유가 명약이라는 소문이 퍼져, 사람들은 배앓이 하는 아이들에게 석유를 한 숟갈씩 먹이기도 했다.

그러다가 1897년 12월 미국 최대 석유회사였던 '스탠다드 오일'이 인천 월미도에 거대한 석유저장 탱크를 세우고, 유조선 접안 시설을 설치했다. 석유를 가득 실은 거대한 유조선이 인천으로 들어와 산처럼 큰 저유 탱크에 석유를 내리는 광경을 인천 사람들은 넋을 잃고 쳐다보았다.

"아이구 세상에! 월미도 서양 기름통도 수봉산 만큼이나 큰데, 저 기름 싣고 온 서양 배는 월미도 만 하구먼."

"이 사람아. 저것은 보통배가 아니라 화륜선(증기선)이라는 거라네, 우리 동네 한 마을이 몽땅 들어서고도 남는다네."

"내 생전에 저렇게 큰 화륜선은 처음 보네 그려."

미국의 스탠다드 오일은 우리나라의 초기 석유 수입을 독점하고 '솔표'라는 이름으로 판매했다. 한국 내 총판은 인천과 서울을 무대로 장사하던 미국 상인 타운센트에게 주었다. 타운센트는 인천에 있는 자신의 가게를 '순신창'이라는 한국 상호로 바꾸고 국내 석유 보급을 독점하여 큰돈을 벌었다.

"순검 나리, 좀 봐주슈. 기름을 빨리 받아야 저 경상도까지 단박에 줄달음질칠 게 아니오. 갈 길이 멀어 그러니, 내가 먼저 받게 좀 해주시오."

"시끄럽다. 이 버들가지 회초리 맛 좀 보아야 줄을 서겠느냐?"

새벽 동이 트기 전에 '순신창' 석유가게 앞에는 양철통을 주렁주렁 매단 당나귀들과 석유통을 짊어진 보부상들이 매일 구름같이 모여들어 서로 먼저 사가려고 아우성을 쳤다. 어찌나 야단법석들인지 어떤 때는 순검까지 동원되어 회초리로 정리할 정도였다.

스탠다드 오일은 1920년대 말까지 우리나라 석유시장을 휩쓸었는데, 자동차가 나타났을 때 이 회사가 처음으로 휘발유를 들여와 팔았다. 자동차 영업이 막 꽃을 피우던 1910년대 말 휘발유 값은 얼마였을까? 당시 총독부 통계자료에 의하면 자동차가 1km달리는 데 드는 연료비는 20전 꼴이었다. 이때의 자동차들은 1*l*로 대개 4~5km정도 밖에 갈 수 없었는데, 쌀 한 가마니 팔면 자동차 기름 8~9*l* 정도 살 수 있었으니 자동차 기름이 얼마나 비쌌는지 짐작할 수 있다.

자동차 연료인 경유가 도입된 것은 1926년이었다. 서울과 온양온천 간에 디젤엔진 기동차가 등장하면서 교통기관으로서는 처음으로 경유를 사용하게 되었다. 1925년경부터 농촌에 보급되기 시작한 발동기는 주로 등유를, 역시 같은 시기에 등장한 연안 발동선에도 연료로 등유를 사용하였다. 그 후 1935년경 일본의 얌마기기에서 만든 디젤 발동기를 도입하면서 휘발유보다 값이 싼 경유가 제2의 동력에너지로 각광을 받기 시작했다. 광복 이전에 휘발유는 등유보다 가격이 비싸서 주로 자동차 전용으로 사용했다.

최초의 금강산 관광버스

　　1905년 일제는 경부선, 경의선 철도를 완공한 후 비옥한 호남평야의 쌀을 수탈하기 위해 호남선 건설을 계획하고 있었다. 이때 통감부 철도원의 말단 주사가 기발한 아이디어를 냈다.

　"과장님, 호남선도 좋지만 경성과 원산을 연결하는 것이 더 유익합니다."

　"무슨 말인가?"

　"함경도 앞 바다에는 무진장한 명태가 있고, 강원도 태백산맥에는 수많은 석탄과 광산물이 있지 않습니까? 게다가 경치가 빼어나다고 소문난 금강산이 있으니, 금강산을 거쳐 가도록 경원선을 건설하면 돈 버는 것은 '땅 짚고 헤엄치기' 입니다.

　이 이야기를 들은 철도원 우두머리들은 얼씨구나 좋다, 한꺼번에 두 마리 토끼를 잡기로 했다. 그런데 일이 뜻대로 되지 않았다. 호남선은 평야라서 철도 부설이 어렵지 않으나, 경원선은 금강산을 거쳐 놓자니 태백준령의 높고 험준한 산을 깎아내고 터널을 많이 뚫어야 했다. 공사비도 호남선의 몇 배나 드는데다가 기술마저 부족해 이리저리 머리를 굴려보아도 수지타산이 맞지 않았다.

　하지만 아무래도 금강산 토끼를 놓치기는 아까웠는지 가장 돈이 적게 드는 방법을 절충안으로 선택했다. 비교적 공사가 쉽고 돈도 적게 드는 노선, 즉 서울−철원−평강−검불랑−삼방−안변을 거쳐 원산을

최초의 금강산행 관광버스.

잇는 노선으로 철로를 부설하고 자동차 도로를 닦아 경원선과 금강산을 연결하기로 계획한 것이다. 경원선은 1911년에 공사를 시작해 1914년에 완공되었으며, 일제는 공사가 끝난 즉시 경원선과 금강산을 잇는 원산-금강산, 평강-금강산 간 도로를 닦았다. 그리고 1916년부터 두 노선에 8인승 승합차를 각각 두 대씩 투입해 오전, 오후 한 번씩 하루 2회 정기적으로 운행했다.

서울에서 금강산 유람을 가는 사람들은 경원선 기차를 타고 철원에서 내려 버스로 갈아탔다. 그리고 원산에서 금강산 유람을 가는 사람들은 곧장 버스를 타고 동해안으로 내려와 장전을 거쳐 금강산으로 들어갔다. 금강산 유람이 성황을 이루자 일제는 금강산 관람객들을 위한 숙박시설의 필요성과 사업성을 생각해 경원선 개통 1년 후인 1915년, 외금강 온정리에 서양식 여관인 5층짜리 금강산 호텔을 지었다. 그리고 1918년에는 내금강 장안사에 5층짜리 영양관 호텔을 개관했다.

정기 노선 버스 개통으로 계속 유람객들이 늘어나자 일제는 1919년 7월 원산-온정리 노선에 처음으로 15인승 관광버스를 투입했다. 당시 『매일신보』는 이 사실을 이렇게 보도했다.

"만주철도주식회사에서는 날로 증가하는 금강산 유람객의 편리를 도모하기 위하여 7월 1일부터 원산역—온정리 간에 15인승 자동차 4대를 운전할 터이라는데, 기·발착 시간은 1일부터 개정할 하게 열차 발착 시간과 연결할 터이라더라."

그 후 일제는 1928년 금강산 수력발전소를 완공하고, 금강산 교통을 더욱 원활하게 만들기 위해 철원과 내금강을 연결하는 전기철도 공사를 시작해 1931년 7월에 완공, 우리나라 최초의 장거리 전철을 개통했다. 처음에는 객차 3량을 연결하여, 철원—금강산 간 101km를 하루 1회 왕복 운행했다. 최초의 전철 요금은 보통객실이 편도에 2원 15전이었다.

제 **3** 장

개화 신사의 자동차 풍류

호남지방 최초의 자동차 교통

호남지방은 넓은 평지가 많아 가장 길 닦기 쉬운 곳임에도 불구하고 비교적 자동차 교통이 늦게 발달했다. 대부분 농토인데다 인구가 조밀하고 마을 간의 거리가 짧아 교통의 불편을 크게 느끼지 못했기 때문이다. 사람과 화물을 연계할 수 있는 호남선 철도는 비교적 늦게 개통되었다.

경인선, 경부선, 경의선에 이어 경성–목포 간 호남선이 개통된 것은 1914년이다. 그러나 철도는 호남 최대 도시인 광주를 관통하지 않고 인근의 송정리를 거쳐 곧장 목포로 연결됐다. 호남지방에 자동차가 다니기 시작한 것은 이 때문이있다. 광주에서 상업을 하던 일본인 몇 사람이 호남선 기차를 타기 위해 송정리까지 걸어가야 하는 불편을 덜기 위해 공동투자로 1915년 광주–송정리 간 승합차 노선을 개통시킨 것이다.

같은 해에 호남에서 두 번째로 순천–여수 간 자동차 교통이 개통되었다. 순천–여수 간 철도가 그때까지 부설되지 않아 농수산물과 여행객을 호남선 기차에 빠르게 연결하는 교통수단이 시급했기 때문이다. 순천은 광주, 남원, 전주, 진주를 잇는 교통의 요지라서 물류 유통과 사람의 왕래가 빈번했다. 특히, 목포 다음으로 수산업이 번창했던 여수에서 수산물을 내륙 지방으로 수송하려면 반드시 순천을 거쳐야 했는데, 기차가 들어오지 않아 교통이 여간 불편한 것이 아니었다.

이런 교통의 불편을 덜기 위해 여수에서 수산업을 하며 건어물상을 운영하던 일본인 네 사람이 합자해 여수–순천 간 승합차 영업을 시작했다. 8인승 포드 두 대가 매일 4회 왕복했다. 1917년에는 전주에 살던 일본인 야마모도가 '야마모도자동차부'를 설립하고 포드 4대를 투입해 전주–남원, 전주–군산 간 노선을 하루 2회 왕복 운행했다. 야마모도자동차부는 1919년 전주의 대지주였던 최종열, 최승열 형제가 인수한 후 '공화자동차부'로 이름을 바꾸었다.

광주, 순천 여수, 남원 지역의 주민들은 1920년대 말까지 호남선을 이용하기 위해 자동차 교통에 의지해야 했다. 그러다 1930년에 송정리–광주–순천–여수를 잇는 철도와 전주–남원–순천–여수를 연결하는 철도가 개통되면서 호남지방의 교통이 근대화되었다. 따라서 호남에도 각 역을 중심으로 철도와 인근 마을을 연결하는 철도 보조식 자동차 영업이 우후죽순처럼 생겨났다.

이렇게 자동차 교통은 지역의 발전을 가져왔기 때문에 각 고장의 주민들은 이를 매우 환영해 마지않았다. 신문도 이와 관련한 사실을 보도했으며, 아래 기사는 1920년 1월 광주지역 유지였던 최선진이

1920년대 말 전주의 도로와 승합차 모습.

'영송자동차부'를 개업하고 굴비의 명산지인 영광과 송정리 간 정기
노선을 허가받아 처음 운행했을 때 인근 주민들에게 대환영을 받았다
고 전하고 있다.

"일찍이 일반과 유지 간에 계획 중이던 송정리-영광 간의 자동차 영업
은 이미 개시하게 되었으며, 자동차의 정원은 8인승이요 임금은 3원이라
발착 시간은 다음과 같다더라. 오전 9시 30분 송정리 발, 정오 12시 영광 도
착. 정오 12시 50분 영광 발, 오후 3시 송정리 도착."

신문은 송정리-영광 간 자동차 개통에 대해 주민들이 영송자동차
부 주인 최씨에게 매우 고마워한다는 것과 자동차 운행 시간을 엄수
해달라는 당부까지 보도했다.

"금년 일월 이후로 광주의 최선진 씨가 경영하는 영광—송정리 간의 자동차가 개통하므로 오랫동안 교통 불편에 괴로워하던 영광 백성들은 대환영하야 매일 만원의 호황이라 영광인사는 최씨에게 감사 아니 하지 못할 것이리라. 그러나 내왕하는 승객들은 최씨에게 요구하는 것이 있더라. 시간의 엄수와 손님접대에 일층 더 힘을 쓰고 친절함을 바란다더라."

이어 같은 해 5월에는 일본인 다케다가 남평에 죽전자동차부를 세우고 남평—광주—능주—나주 간 정기노선을 허가받아 영업을 시작했음이 신문에 났다.

"남평의 죽전자동차부에서는 거 5일 새로 구입한 포드 자동차 2채의 시운전을 마치고 영업을 개시하였는데, 영업노선은 남평을 중심으로 삼아 광주—능주—나주로 매일 2회씩 운전할 예정이며 요금은 좌와 같더라. 광주—남평 간 1원 20전, 남평—나주 간 1원, 남평—능주 간 1원 50전."

당시 이 지역에서 쌀 한 말에 3원 50전 정도 했으니까 차비가 그렇게 싼 편은 아니었다. 하지만 승합차 영업은 성황을 이루었다. 1920년대 초 호남지방은 승합차 영업이 가장 잘 되는 곳으로, 업체가 많이 생기는 바람에 일찍부터 경쟁이 치열했다.

최초의 택시 '경성 다꾸시'

"여보게 이 도령, 장안에 다꾸시(택시)라는 자동차가 나타났다는구먼."

"다꾸시라니? 새로 나온 자동차 말인가?"

"아닐세. 돈만 주면 아무데서나 태워주는 자동차라네."

"가시끼리(대절) 자동차도 그렇잖은가. 돈만 있으면 전화 한 통에 부리나케 달려오지 않은가."

"다꾸시는 황금정(을지로)이나 종로통, 명치정통(명동), 본정통(충무로) 같은 번잡한 곳을 빙빙 돌아다니다가 손님이 손을 들면 아무데서나 태워준다네. 그러니까 전화통이 필요 없는 자동차지."

"오라, 그것 참 편리하겠구먼. 어디에 있다던가? 불러 타는 것보다 차비도 싸겠구먼."

"조선호텔 근방에 있는 남미창정통(남창동)에 생겼는데, 미국서 들여온 고급 자동차라네. 자네가 사족을 못 쓰는 고 삼삼한 국월관 삼월이랑 매화를 불러서 언제 다꾸시 한번 타보세."

때는 고종황제가 승하하고 우리 민족이 독립을 외치며 일제히 3·1 만세를 부르며 일어난 해인 1919년 12월의 일이었다. 서울에서 무역을 하던 일본인 노무라 겐조(野村謙三)가 조선에서 자동차 영업을 하면 돈을 크게 벌 수 있겠다고 판단, 미국제 '닷지' 승용차 두 대를 사왔다. 노무라는 서울 소공동 근방에 있는 남창동에다 '경성택시회사'라는 간판을 걸고, 선발업자들처럼 대절택시 영업을 하려다가 시민봉사 정신이 발휘되었는지 엉뚱한 아이디어를 짜냈다.

전화통 앞에 앉아 손님을 기다리는 게 아니라 미국에서 한다는 거리 택시영업을 구상했던 것이다. 즉 서울의 번잡한 거리를 돌아다니다가 손님이 손들면 태워주는 순수 택시영업을 하기로 했던 것인데, 처음 몇 개월간 시행하다가 영업이 신통치 않아 결국 포기하고 다른

서울 조선호텔에서 손님을 기다리는 택시들 모습.

업자들처럼 대절택시로 바꿨다. 당시는 택시 미터기가 없던 때라 어쩌다 손님 한번 태워도 요금을 계산하기가 복잡했고, 손님들과 시비가 잦아 불편한 점이 한둘이 아니었다.

노무라는 전세택시 영업도 기존과는 좀 다르게 운영했다. 요금을 시간당 얼마씩 계산하여 서울 일주 드라이브하는 데 3원, 한 시간 전세에 6원을 받았다. 하지만 손님을 끌기 위해 공식 요금보다 1원씩 깎아 받았기 때문에 영업은 호황을 맞았다.

노무라의 경성택시에 자극을 받아 얼마 후에는 일본 사람 5명이 합자한 계림택시가 서울에 나타났다. 계림택시회사는 포드T형 두 대, 미국 GM사의 뷰익 한 대, 오버랜드 한 대 도합 4대로 경성택시와 겨루었다. 특히 자기들 차가 최고급임을 다음과 같이 선전했다.

"본 계림자동차부의 자동차는 미국의 최고급 자동차인 바 승거하시면 심기가 명쾌하기가 이를 데 없으니 일차 이용하시오. 주인백."

때를 같이 하여 민규식과 이용문이 서울에 한성택시를 세웠다. 민규식은 1913년 우리 민족으로서는 처음으로 서울-충주 간에 지방 정기노선 버스 영업을 시작했는데, 구한말 좌찬성과 이조판서를 지낸 당대의 대재벌 민영휘의 아들이었다. 이용문은 전국 9개 승합차 노선 영업 허가를 받은 우리나라 최초의 대형 버스회사 오리이자동차부의 대주주였던 낙산부자 이봉래의 아들이며, 한국인 운전면허 1호 소유자였다.

첫 정비공장

하워드 군 보게! 오랜만에 소식 전하네. 나는 조선 땅에 상륙하여 수도인 경성에서 사업하느라 정신없이 바쁘다네. 자동차 판매사업이 그런대로 잘 되어 가고 있네. 다름 아니라 이곳 조선의 도로가 험하고 좁아서 자동차가 고장이 잘 나고 부서지네. 자동차만 팔아서는 고객의 신용을 얻고 판로를 확장하기가 힘들어질 것같네.

내가 판매한 자동차도 운진이 시툰 일본 운전수들이 험하게 몰고 다니기 때문에 고장이 나면 고쳐주어야 고객을 더 확보하겠는데, 알다시피 나는 정비사 자격이 없지 않은가. 생각 끝에 자네를 조선으로 초청해 자동차 판매와 정비업을 같이 하고 싶네.

하워드, 자네는 샌프란시스코의 일류 정비사가 아닌가. 자네가 조선에 와서 정비업을 하면 돈을 잘 벌 수 있을 것일세. 생각이 있으면 곧 조선으로 건너와 주게. 올 때 정비공구와 부속품들도 가져와야 하네. 우리 같이 한번 자동차 장사 크게 해서 돈 벌어 보세. 기다리겠네.

친구 제임스 모리스.

1914년 서울 정동에 우리나라 처음으로 자동차 판매점을 차렸던 제임스 모리스(James Morris)가 자동차 병원을 차려야겠다고 결심하고, 1915년 말 정비사인 친구 하워드를 불렀다. 조선 땅은 길이 험해서 자동차가 잘 부서지고 고장이 잦아 고객의 불만이 이만저만이 아니었기 때문이다. 하워드는 친구의 부름에 선뜻 조선으로 건너왔다. 생소한 동양의 작은 나라에 대한 호기심과 자동차 장사로 돈을 잘 벌고 있다는 소식에 구미가 당겼기 때문이다.

서울 정동의 모리스 자동차 가게 옆 정비소는 이렇게 해서 문을 열었다. 하워드는 모리스의 고객들이 타고 다니다 고장이 난 자동차들을 수리해주기 시작했다. 이것이 우리나라 최초의 정비공장이다. 자동차 병원이 생겼다는 소문이 퍼지자 모리스의 사업은 더욱 번창했다. 기존의 고객뿐만 아니라 황실과 총독부의 자동차, 다른 판매상들이 팔았던 자동차까지 몰려왔다.

자동차 병원이 생겼다는 소문이 퍼지자 초기에는 호기심 많은 구경꾼들이 몰려왔다. 아침마다 정동 자동차 병원 앞을 가로막고 키 큰 자동차 의사를 구경하러 몰려든 사람들 때문에 순경까지 동원할 정도였다. 더구나 병난 자동차를 귀신같이 잘 고쳐주는 명의가 코 크고 눈이 파란 미국 사람이라는 것으로 인기를 끌자 웃지못할 해프닝도 종종 벌어졌다.

"따르르릉, 따르르릉."

"여보세요, 여기는 모리스 정비공장입니다."

"거기가 병난 자동차 너끈히 고친다는 자동차 병원이요?"

"그렇습니다. 병원이 아니고 고장난 자동차 고치는 정비소입니다."

"아따, 자동차든 사람이든 간에 병난 것 잘 고치면 병원이지 뭐요? 지금 우리 집 셋째 놈이 1년째 앓아누워 있소. 장안의 의원이란 의원은 다 가보아도 낳지를 않으니, 내가 병이 날 지경이요. 내 들으니 그 병원 코 큰 미국 의사가 병난 자동차를 족집게처럼 잘 고친다니 제발 부탁이오. 우리 집 아들 병 좀 고쳐주시오. 그러면 내 재산 반이라도 떼어 주겠소. 어찌 안 되겠소?"

"…."

하워드는 얼마 후 조선의 젊은이들을 뽑아 정비기술을 가르쳤다. 이렇게 하워드의 서비스 공장에서 기술을 배운 정비사 1호가 김상욱, 하상원, 홍순태였다. 이중 홍순태는 운전법도 배워 자동차 기술의 엘

최초 정비공장의 모습.

리트가 되었다. 1899년 서울에 처음으로 전기와 전차를 부설했던 미국인 전기기술자 콜브란이 1920년 황금정 7정목(을지로 7가)에 순수한 서비스 공장을 차리기도 했다. 사업은 잘 되었지만 부속품을 미국에 주문해서 받는 데 보통 4개월 이상이나 걸려 애를 먹어야 했다.

이렇게 초기의 정비공장과 자동차 판매점은 거의가 미국인들이 개척했다. 순수하게 한국인이 경영하는 서비스 공장이 생긴 것은 1922년부터였다. 서울사람 정무묵, 정형묵 형제가 일본에서 정비기술을 배워와 을지로 5가에 '경성서비스공장'을 차린 것을 시작으로, 기미 독립선언서를 발표한 민족대표 33인 중 한 사람인 이갑성 선생이 총 지배인으로 있던 명륜동 종합기계 판매점인 갑양상회도 '경성공업소'를 차려 자동차를 고쳐주었다.

과거급제 못지않던 초기의 운전면허증

"어허 이거 나 원, 운전질도 못해 먹겠구먼. 막걸리에 비싼 녹두전 일본 운전수놈한테 사 바치고 운전질 배워 어렵게 딴 운전수 감찰증도 이제는 쓸모없게 돼버렸으니…."

"아니 술 잘 퍼붓다가 갑자기 비 맞은 스님처럼 뭘 투덜대우?"

"야 이것아, 어렵게 딴 운전수 감찰증도 앞으로는 필요 없다는데, 내가 열 안 받게 생겼냐!"

"그건 또 무슨 소리유? 운전수 감찰증만 있으믄 요릿집 기생년들이 줄줄 따르는데, 뭐가 걱정이시우?"

"이것아, 올 9월 달부터는 나라가 정한 운전수 과거급제 시험에 합방을 해야만 운전질을 할 수 있다는 엄한 칙령이 내려 운전수 감찰증도 필요 없게 됐으니 환장할 일이 아니냐. 이제 매화 너 다꾸시 호강도 다 끝난 줄 알아라."

1915년 전까지는 자동차 운전수가 매우 귀했다. 그래서 운전을 혼자 배우거나 운전수 양성소에 들어가 배운 다음, 졸업증 대신 주는 운전수 감찰증만 있으면 얼마든지 자동차를 몰고 다닐 수 있었다. 그때까지 운전을 가르쳐주는 곳은 서울의 오리이 운전수 양성소 한 곳뿐이었다. 하지만 한국인보다 일본인이 많았다. 그래서 이 당시 우리나라에는 일본이나 중국에서 건너온 운전수들이 판을 쳤다.

1915년부터 자동차가 급속히 늘어났다. 서울에만 60여 대가 굴러다녔다. 하지만 빠른 속도와 미숙한 운전실력 때문에 자동차들이 기물을 파손하거나 사람을 살상케 하는 사고가 생기기 시작했다. 더 이상 수수방관할 수 없게 된 경찰은 자동차 사고를 근본적으로 방지하기 위해 1915년 7월 자동차를 단속하는 최초의 자동차법인 '자동차 취체 규칙'을 제정해 공포했다. 운전수면허시험 제도를 만들어 실시한 것도 이때부터다.

"자동차가 시시각각으로 증가함에 따라 재물을 파손하고 인명을 살상하는 불상사가 연일 발생하는 고로 이를 방지하고자 경기도 경찰국보안과에서는 금년부터 자동차를 운전코자 하는 자는 운전수 자격을 부여하는 운전면허시험을 각 도 경찰서에서 시행한 후 이에 합격한 자만이 자동차를 운전할 수 있도록 조치한다 하니 금후 자동차 운전수 되기도 심히 어려워질 지경이라더라."

면허시험 응시자격은 우선 운전수 양성소를 졸업해야 하고, 나이는 만 21세 이상이 되어야 했다. 또한 신체 결함이 없고 소학교(초등학교) 졸업 이상의 학력을 지녀야 했다. 면허시험은 각 도 경찰서에서 치렀는데 학과와 실기시험 두 가지를 보았다. 학과시험은 미국 것을 번역해서 사용했으며 핸들, 가속레버, 브레이크와 클러치 페달, 변속기어, 경음기, 각종 계기와 스위치 등 운전 장치의 이름과 엔진 냉각기, 변속기, 구동차축 기어 등 주요 구동장치의 이름을 알아맞추는 것이었다. 실기시험은 전진, 후진, 정지하는 법과 S자와 T자 코스를 5분 안에 끝내기, 타이어 교환, 주유, 라디에이터에 물 주입하기 등이었다. 당시로서는 매우 어려운 시험이었지만 오늘날 면허시험이나 별 다를바 없었다.

두 과목 모두 100점 만점에 75점 이상 받아야 하고 한 과목이 불합격이면 전체가 불합격이었다. 시험은 1921년까지 매년 한 번씩 치렀다. 첫해에는 전국의 응시자가 서울 용산에 있던 육군연병장 한 곳에서 시험을 치렀으나 다음 해부터는 각 도별로 해당 경찰서에서 시험을 보았다. 운전면허시험용 자동차는 당시 영업용으로 많이 사용했던 포드T형을 이용했다.

이전까지 운전수 양성소에서 주던 운전수 감찰증은 시험지만큼 커서 휴대하기 불편했기 때문에 운전수들은 액자에 넣어 자기 집 안방 벽에 걸어놓았다. 하지만 운전면허시험 제도가 시행되면서 합격한 운전자들은 자신의 상반신 사진이 붙은 운전면허증(오늘날과 같이 반명함판 크기에 붙은 소형 면허증)을 발급받아 항상 가지고 다녀야 했다. 한 번 취득한 면허증의 유효기간은 5년이었고 이 기간이 끝나면 실기시험만 치르고 재교부했다. 면허시험 제도가 시행된 초기에는 운전면허증 따기를 과거급제로 여길 만큼 가문의 큰 영광으로 알았다. 그래서 운전면허증을 가보로 물려주던 집안도 많았다.

이색 칙령 '기생은 승차금지'

장안의 부자들과 세도가 한량들이 기생들을 태우고 다니며 눈꼴사나운 모습을 보이자 지식층과 서민들 사이에 '사회 기강을 흩트린다' 하여 원성이 자자했다. 이런 퇴폐 풍조를 보다 못한 신문에서는 다음과 같이 보도 했다.

"금일의 자동차는 장래의 오동마차(죄수 수송마차). 시류천배의 아무것도 모르는 사람으로서도 볼 진데 호기심도 보이고 시기하는 것도 같고 부끄럽기도 하겠으나 일호반점이라도 지각이 뚫린 사람이 보게 되면 위험도하고 가증도하고 불쌍도하야 한탄을 아니 금치 못하겠도다.

이것은 무엇이냐 하면 금일 부랑자에 유행되는 자동차의 일이라 하겠노니, 대저 자동차라 하는 것은 상당한 지위가 있다든지 상당한 재산이 있다든지 그렇지 아니하면 무슨 긴급 중대한 사무가 있는 경우에는 도리어 경제상 이익을 취한다고 할 수가 있겠으나, 매일 자동차를 타고 이리로 가며 붕붕 저리로 가며 에엥에엥 하는 모양을 볼 진데 열에 아홉은 부랑자라고 단언하겠으니, 가증하다 부랑자여 그대늘이 전부 부랑사를 모아가지고 그와 같이 종횡분주 한즉 보는 일이 무엇이며 가는 곳이 어디메뇨.

요릿집 아니면 기생집이요, 기생집 아니면 연극장에 밀매음녀집이나 문바깥 사찰이 아닌가. 지금 우리의 경제로 말할진대 자동차는 물론 인력거도 과할뿐만 아니라 자동차를 타야겠다 하거늘 어찌하자고 이와 같이 매몰하느뇨, 오늘날의 자동차는 곧 장래의 금계동마차(죄수 호송마차)를 면치못하리라고 단언하겠으니 그 때에 가서 아무리 후회한들 무슨 소용 있으리요. 본 기자가 매일 모 대신이 자동차를 타고 기방 출입하는 것을 보았노라. 그와 같은 지위에 또한 백발이 성성하거늘 풍우한서를 옮기게 하는 부끄러운 폐단인즉 우리 한번 연구하여 볼 일이 아니요."

망국의 풍조라 한탄하는 소리와는 달리 한량과 기생들의 자동차 놀이는 날이 갈수록 대절자동차 영업을 번창하게 만들었다. 어찌나 경기가 좋은지 친일파 사업가나 대지주들은 자동차 사업을 '황금 알 낳는 신식 사업'이라 믿고 너도나도 없이 뛰어들었다. 전국의 도시마다 우후죽순처럼 운수업체들이 생겨나 요정 앞에는 밤낮없이 자동차들이 대기하고 있었다. 이렇게 늘어난 자동차는 1920년 1월 전국에 679대, 서울에만 대절택시 110대를 포함하여 190여 대가 거리를 누볐다.

당시 기생 자동차에 대한 경찰의 단속 광경을 『매일신보』에서는 다음과 같이 보도했다.

"자동차 탄 죄로 본정서에 잡혀갔다. 경성 무교정에 사는 한성권번 소속의 광교 기생 조금향과 방병옥 두 기생은 지난간 21일 충남 공주군에 사는 광산업자 림창길과 한가히 자동차를 타고 경성 시중을 한 바퀴 돌아가지고 나중에는 황금정 4정목으로부터 황금정 1정목을 향하여 빨리 달아나는데, 그때가 밤은 깊어 새벽 두 시가 된 때이라.

이러므로 황금정 1정목 파출소에서 순사가 뛰어나와서 자동차를 세우고

기생과 그자를 본정(충무로)
경찰서로 인치하고, 이튿날 그
자를 엄중히 설유(설득)하야
보내고, 기생 두 명에 대하여는
그 권번의 취체(지배인)로 있
는 춘의춘 기생과 기타 사무원
을 불러서, 깊은 밤에 기생이
남자와 같이 타가지고 할일 없
이 시내를 달려 다니는 일은 용
서 없이 처벌할 터이니 이 뒤로
부터 각 기생들에게 깊은 주의

신문에서 한탄한 택시 드라이브.

를 시키라고 엄중히 알리어서 내어 보냈다더라.”

　이렇게 서민들로부터 미움을 사고 경찰의 단속을 받던 것과는 달리
자동차 운전수들은 기생들 때문에 먹고살 수 있었다. 기생들은 차비 외
웃돈을 얹어주어 운전수들의 호주머니를 두둑하게 채워주었다. 말하
자면 대절 자동차와 기생들은 ‘바늘 가는 데 실 따라가는 격’이었다.

　“얘, 향심아. 큰일났다.”

　“왜 어디 불이라도 나고 천지가 개벽이라도 했니?”

　“나라에서 앞으로 기생년들 자동차 타년 시노구니 낳는다는 칙령
이 내렸대.”

　“무엇이 어째? 기생들은 자동차를 타지 말라구? 이런 죽일 놈들! 천
하에 이런 법도 있나. 기생은 사람이 아니라더냐?”

"사내놈들 노리개처럼 우리를 데리고 제멋대로 주무르며 놀아날 때
는 언제고, 우리 기생들 아니면 세상 재미 하나도 모를 놈들이 고마운
줄 모르고 오히려 우리 돈 내고 타는 자동차를 막아? 오라질 놈들…"

"그러나 저러나 우리 기생들 자동차 못 타게 하면, 또 한 사람 거미
줄 치겠구나."

"응 그게 누군디."

"야 이것아. 니가 목매는 멋쟁이 다꾸시 운전수들 아니냐, 이 맹추야."

가뭄에 콩 나듯 자동차가 귀하던 시절, 밥 한 그릇 먹고살기도 빠듯
한 백성들에게는 기생들의 자동차 바람은 눈엣가시였다. 기고만장하
여 남정네들과 히히덕거리며 자동차를 제 신발처럼 타고 다니니 그럴
수밖에.

자동차는 이제 동경의 대상을 넘어 질시의 흉물로 변하고 말았다. 그
래서 기녀가 탄 자동차가 지나가면 야유가 빗발치고 돌팔매질이 예사
로 일어났다. 기생 자동차 금승령은 이런 배경에서 내려진 것이었다.

"30일부터 시내 다섯 권번에 속하는 기생 중에 만일 한 사람이라도 자동
차에 오르면 엄벌에 처한다는 당국의 훈령이 유한 바, 각 권번의 취체(지배
인)들은 그 뜻을 일일이 각 기생들에게 전달하얏다더라."

이 괴상한 법은 1920년 봄 서울에 있던 5개의 기생조합 기성, 한남,
한성권번 등에 내려진 칙령이었다. 이 금승령이 선포되자 기생들은
기생은 사람이 아니냐며 반발이 대단했다. 이 칙령 때문에 손해 보는
쪽은 두말할 것도 없이 자동차 회사였다. 주요 고객이던 요릿집 기녀

들이 없어 하루아침에 수입이 곤두박질치게 되었으니 보통 고민이 아니었다.

그러나 이 같은 칙령도 얼마 안 가 조금씩 완화되어 '허가를 받아야만 탈 수 있다'로 변했다. 세월이 흐르면서 자동차가 차츰 늘어나자 기생들 '자동차 금승령'도 뱀 꼬리 사라지듯 슬며시 없어졌다. 양반, 상민 할 것 없이 돈만 내면 누구나 자동차를 마음대로 탈 수 있게 되었다.

자동차가 등장하기 전인 1880년대에도 기생들에게 '인력거 금승령'이 내려진 일이 있었다. 지체 높은 조정의 대신들이나 총독부 일본 고등관과 부호들은 마차보다 간편하면서도 빠르고 편안한 인력거를 더 애용하곤 했다. 그런데 이 인력거는 돈만 주면 상민이나 보부상, 백정들, 기생들도 얼마든지 탈 수 있었다. 특히 술자리에 자주 불려 다니는 기녀들은 사회의 손가락질을 피하기 위해서도 인력거를 자주 애용했

기생을 태운 자동차 단속을 보도한 신문기사.

다. 인력거 왕래는 곧 기녀사회의 풍조로 자리 잡아 요정 앞에는 항상 기녀들을 기다리는 인력거들이 대기하고 있었다. 기녀들은 운임을 후하게 주어 인력거꾼에게 인기가 좋았다.

서울뿐만 아니었다. 황해도 해주지방의 권번에서는 '기생은 이웃집 놀이에 갈 때도 반드시 인력거를 타고 왕래할 것'이라는 규칙을 만들어 인력거와 기녀들을 더욱 가깝게 했다. 이 때문에 '기생 인력거'라는 말이 나돌았고 서민들로부터 크게 미움을 받았다. 인텔리 청년 중에는 일부러 인력거꾼이 되어 기녀와 로맨스를 심심찮게 뿌리기도 해서 사회문제가 되기도 했다.

어느 사회에서든 인기의 초점이 되거나 새로운 것이 나타나면 이에 반발하는 거부반응이 일어나기 마련이다. 도입 초기 자동차가 그랬듯이 서민들이 타기엔 비싼 인력거를 장안의 백성들이 가만 둘리 없었다. 민심의 동요를 감지한 조정에서는 1904년 '기생 인력거 금승령'이라는 황당한 칙령을 내렸다.

"경성부사(지금의 서울시장 격)가 각서에 훈령 하였는데… 기생은 특허를 득한 후에 인력거를 승거하되 양산을 필히 소지해 유표하여야 하느니라."

어쩌면 이때부터 우리 여인네들 사이에 파라솔이 유행하기 시작했는지도 모른다.

출세하려면 운전수가 되어라

"출세하려면 자동차 운전수가 돼야 하네. 고등관이 되

려면 우리 궁궐이나 총독부 높은 나리들의 운전수가 되는 것일세."

"그것은 또 무슨 소린가?"

"이 친구 소식이 깜깜일세 그려. 아 의친왕의 자동차 운전수 윤권이 우리나라 사람이 아닌가. 윤씨는 의친왕 운전수가 되면서 고등관 임명장을 받고 금태 두른 모자에, 서양복을 입고 번쩍번쩍하는 자동차에다 왕자님을 모시고 다니는 팔자 좋은 신세가 되었으니 출세한 것이 아니고 뭔가."

"허, 그 친구 진짜로 출세 한번 크게 했네 그려."

"그뿐인가. 운전수가 학부(대학) 졸업한 관리들보다 월급도 후하게 받는데다가 주인 세도 업고 거들먹거리지 않나."

"허허, 아들놈들 운전질 가르쳐서 대궐 운전수 시키면 호강 한번 코가 비틀어지게 하겠구먼."

자동차 도입 초기 왕실이나 총독부 자동차 운전은 일본인들이 도맡았다. 그 시절 인천 출신의 윤권은 우리나라 사람으로는 처음으로 직업 운전수가 되어 의친왕 이강 공의 차를 운전했다. 전직이 마부였던 윤권은 이탈리아 공사관에서 일을 할 때 그곳에 들어온 자동차로 운전기술을 배웠다. 장안의 백성들은 윤권이 고등관 임명장을 받고, 해군 장교복 같은 서양 운전복과 모자를 쓰고 운전을 하자 출세를 했다며 몹시 부러워하였다.

이래서 '고등관이 되려면 운전수가 되라'는 유행이기 나돌았고, 이것을 증명하는 것이 당시의 운전학원의 광고였다.

"학부 졸업하느니보다 운전수가 되시라. 학부 졸업 월급쟁이 40원의 두

1930년대 직업운전수. 경성 급행버스 기사들.

배가 넘는 월수입 100원이나 되는 고등관 운전수 중 어느 것을 택하리오.”

　이래서 당대의 지성파 멋쟁이 청년들이 운전교습소를 너도나도 다투어 졸업했는데, 윤권에 이어 정홍섭, 서재명, 유신근, 홍순태, 이성인, 이기연 등이 운전면허 시험에 합격해 초기의 민족 운전수들이 되었다. 이들은 고관대작들의 자가용이나 서울 장안의 귀한 자동차들을 몰아 인기를 누렸다. 그중에서 홍순태는 당시 18세로서 가장 나이가 어렸으며 얼굴마저 미남이라 장안의 여인들이나 요정 사이에서 큰 인기를 끌었다.

　운전수가 학부를 졸업한 고등 관리들보다 더 많은 돈을 벌었던 것은 1915년부터 자가용과 영업용 자동차가 급속도로 늘어난 데 반해 운전수는 품귀 현상을 보였기 때문이다. 1920년대 말까지 자동차 운전수들은 학부 졸업한 관리들보다 돈을 더 많이 벌었다. 관리들 월급이 30~40원일 때 운전수들은 50~60원을 받았고, 손님이 주는 팁까지 합하면 아무리 못 벌어도 월평균 100원 정도는 되었다.

세도가나 부잣집 한량들, 또는 기생들이 불러 요릿집으로 태워다주거나 드라이브 시켜주고 난 뒤 운전수가 받는 돈은 5원~10원이었다. 자장면 한 그릇에 5전, 쌀 한 말에 5~6원 하던 시절이니 자동차 운전수들 수입이 얼마나 좋았던가를 알 수 있다.

1920년대 중반부터는 택시보다 트럭을 몰고 이 지방 저 지방을 내왕하던 운전수들이 더 많은 돈을 벌었다. 월급 50원에다가 지방으로 나갈 때나 돌아올 때는 보따리 짐 하나에 무조건 5원씩 받고 실어주어 올리는 하루 부수입만 50~60원이 넘었다. 트럭 운전수들 중에서도 함경도 지방 운전수의 월급이 90원으로 가장 높았다. 물론 부수입을 합치면 그보다 훨씬 많은 수입을 올렸다.

최초의 자동차 칙령

"나참 이놈의 자동차 때문에 별 괴상한 칙령이 다 내리는구먼.".

"왜 그러십니까?"

"자동차가 사고를 내기 쉽다고 경무청에서 전에 없던 까다로운 칙령을 만들었다네. 굴러 다니는 자동차를 감시해야겠다며 자동차취체규칙이라는 훈령을 보내왔어."

"자동차취체규칙이오! 그게 무엇입니까?"

"무엇은 무엇이야, 자동차가 서울 장안에 계속 불어나서 제 마음대로 휘젓고 다니게 되니까 사람 다친다고 자동차에다 올가미를 씌워 제멋대로 못 다니게 한다는 칙령이지 뭐야."

"아니, 자동차에다 올가미를 씌워요? 그러면 자동차를 소, 망아지 붙들어 매듯이 말뚝에다 붙들어 매어놓는다는 뜻입니까?"

"에끼, 무식한 사람! 올가미를 씌워 매달아놓는다는 것이 아니라 다음 달 초하루부터 자동차가 장안을 돌아다닐 때는 나라에서 정한 법을 지키면서 운전하라는 뜻일세."

1915년 7월 22일 서울 경무청(경찰국)에서는 우리나라 처음으로 자동차를 단속하기 위한 자동차취체규칙을 경무총감(경찰국장)의 이름으로 공포했다.

당시 경성에는 70여 대, 지방에는 10여 대의 자동차밖에 없었지만, 앞으로 자동차가 계속 늘어날 때 혹시라도 잘못해서 사고라도 한번 났다 하면 인명을 살상하고 기물을 파손할 것이 예상되어 자동차 교통 질서법을 마련해 발표한 것이다. 그 내용은 우선 자동차를 운전하는 사람은 운전교습을 받고 경찰에서 행하는 운전면허시험에 합격해야 하며, 달릴 때는 필히 길 가운데로 가되 마주 오는 마차를 피할 때는 좌측으로 가야 하며, 속도는 시속 25km를 넘지 않아야 했다. 또 두 개 이상의 제동장치가 차에 달려 있어야 하고, 앞에는 야간운행을 위해 등불을 달아야 했다.

자동차와 관련한 한국 최초의 법규는 전국 자동차 보유대수 80여 대였던 1915년에 등장했다. 이 땅에서 처음 볼 수 있었던 자동차는

1911년 고종과 총독이 타기 위해 영국으로부터 들여온 다이밀러와 위슬리라는 두 대의 리무진이었다. 이어 왕실과 총독부 고위관리들이 자동차를 들여와 타면서 교통사고를 일으키기 시작하자 총독부에서는 이를 관리하기 위해 법규를 만들어 냈다. 이것이 우리나라 최초의 자동차법전이다.

총29조 61항목으로 구성된 이 최초의 자동차 법령은 조선총감부령 제6호에 의하여 대정4년(1915) 7월 22일자로 총독부 경무총감이 공포했는데, 미국과 일본의 법령을 토대로 조선실정에 맞도록 개편한 것으로 보인다. 주로 자동차 구조기준 자동차 영업, 자동차등록, 영업자와 운전자의 의무, 승객 제한, 승객의 의무, 법령 위반 시 벌칙에 관한 것이었다. 이 최초의 자동차취체규칙에 대한 내용은 다음과 같다.(1915년 7월 22일 공포.)

제1조 : 자동차(자동 자전거는 제외) 영업을 하고저 하는 사람은 다음 각 항의 서류를 구비하여 영업지역을 관할하는 경무부장(경찰서)에 신청 허가를 얻어야 하며, 2항, 6항, 8항을 변경할 때도 허가를 받아야 한다. 제1조 1항의 사항에 변경이 있을 때는 관할 경무부장에게 통보해야 한다. 영업자는 영업 허가를 받은 날로부터 6개월 이내에 영업을 개시하지 않거나 6개월간 휴업할 때는 그 효력을 상실한다 단 특별한 사유가 있을 때 경무부장의 허가를 받을 경우 이에 해당하지 않는다.

(…)

제2조 : 자동차를 영업용 혹은 자가용으로 사용코자 할 때는 다음 각 항을 구비하여 영업용의 경우 총독부 총무부장의 허가

를, 자가용의 경우 소관 총무부장의 허가를 받아야 한다.

(…)

제3조 : 자동차의 차체와 부속기기 및 기구의 설비는 다음 각 항에 준한다. 단 경무부장의 허가를 받을 때는 해당하지 않는다.

(…)

제4항 : 증기, 석유, 기타 폭발성, 또는 가연성 물품을 담은 용기와 그 장소 및 전선을 견고하게 하여 그로 인한 위험과 누전을 막을 수 있어야 한다.

(…)

제4조 : 제2조의 신청이 있을 시 경무부장은 차체 및 부속기기와 기구를 검사하고 합격한 차량에 대해서는 차량번호를 부여하고 자동차 사용 면허증을 발급한다. 자동차 사용 면허증은 차내 보기 쉬운 곳에 비치하고 차량번호는 경무부장이 지시하는 형태로 차량의 앞과 뒤에 알기 쉽게 부착한다.

제5조 : 차체 및 부속기기와 기구는 매년 2회 경무부장이 지정한 날짜와 장소에서 검사를 받아야 한다. 단 경무부장이 필요하다고 인정할 경우 임시검사를 시행할 수 있다. 검사에 불합격한 자동차는 면허증을 반납해야 한다.

제6조 : 차체 또는 중요한 부속기기와 기구의 개조를 위해 대수리가 필요할 경우에는 수리 후 사용 전에 경무부장에게 신고하여 검사를 받아야 한다.

제7조 : 자동차를 운전하는 자는 본적, 주소, 생년월일, 성명 및 이력서를 구비하여 거주지 관할 경무부장에게 제출해야 한다.

제8조 : 경무부장은 전조의 신청이 있을 때는 기술시험을 실시하여 그 시험에 합격한 자에게 자동차 운전허가증을 발급해야 한다. 경무부장은 신청자의 경력에 따라 기술시험을 실시할 필요가 없다고 인정될 때는 기술시험을 생략할 수 있다.

(…)

第一條　自働車（自働自轉車ヲ除ク以下同ジ）營業ヲ為サムトスル者ハ左ノ各號ノ事項ヲ具シ營業地ヲ管轄スル警務部長ニ願出テ許可ヲ受クヘシ第二號乃至第六號又ハ第八號ノ事項ニ變更セムトスルトキ亦同シ

一　出願者ノ本籍、住所、氏名、生年月
二　主タル營業所其ノ他ノ營業所ノ位置
三　營業線路又ハ營業區域發著所、停留所、發著時刻又ハ運輸時限
四　使用車ノ種類並乘用車ニ在リテハ乘客定員、貸
五　物車ニ在リテハ積載定量、使用車ノ數
六　一年間ノ損益見込計算
七　乘客、積載貨物ノ賃金額又ハ賃貸料額
八　營業開始ノ時期

前項第一號ノ事項ニ變更アリタルトキハ警務部長ニ屆出ヅヘシ
前二項ノ願書又ハ屆書ハ營業地ニ二以上ノ道ニ跨ルトキハ其ノ主タル營業所在ノ管轄スル警務部長ニ差出スヘシ
營業者ハ營業ノ許可ヲ受ケタル日ヨリ六月内ニ營業ヲ開始セス又ハ休業六月以上ニ亘ルトキハ其ノ許可ノ效力ヲ失但シ特別ノ事由ニ依リ警務部長ノ許可ヲ受ケタル場合ハ此ノ限ニ在ラス

朝鮮總督府警務總監部令第六號
自動車取締規則左ノ通定ム
大正四年七月二十二日
朝鮮總督府警務總監　立花　小一郎

최초의 자동차 칙령.

제14조 : 영업자는 다음의 각 항을 준수해야 한다.

제1항 : 자동차 사용 면허증을 임차 또는 다른 자동차에 사용할 수 없다.

제2항 : 자동차에는 요금표, 정원 및 운전수와 차장의 성명을 차내 보기 쉬운 곳에 표시해야 한다.

제15조 : 영업자 또는 차장은 다음 각 항을 준수해야 한다.

제1항 : 경찰관 혹은 헌병의 지시 또는 허가한 장소를 제외하고는 정원 초과 또는 정량 초과할 수 없으며 객석 이외에 승객을 태우지 못한다.

제2항 : 경찰관 혹은 헌병의 지시 또는 허가를 제외하고 제18조에 규정된 사람은 승차를 거절한다.

제3항 : 경찰관 혹은 헌병의 지시 또는 허가를 제외하고 가

축류, 더러운 물건, 냄새가 심한 물품, 너무 긴 물품
은 탑재하지 못한다.

제4항 : 어떤 명분으로도 정액요금 이외에 돈을 청구하지 말
것.

제5항 : 정당한 사유 없이 정해진 발차시간을 변경하거나 승
차를 거부할 수 없다.

제6항 : 출발지나 정유소 이외의 장소에서 손님을 기다리거
나 태울 수 없다.

제7항 : 승차를 권유하거나 정당한 사유 없이 승객을 도중에
하차시키거나 다른 차에 바꿔 타도록 할 수 없다.

제8항 : 승객의 행동이 수상하거나 분실품이 있을 때는 즉시
가까운 경찰관이나 헌병에게 신고해야 한다.

제9항 : 사람이나 가축을 치어 죽이거나 다치게 했을 때 혹
은 사고가 발생했을 때는 응급조치를 취하고 즉시
가까운 경찰관 또는 헌병에게 신고한다. 자동차에
차장을 두지 않았을 때는 운전수가 이행해야 한다.

제16조 : 제14조 1항 또는 제15조 1항에서 9항까지의 규정은 자
가용 자동차 사용자에게도 적용한다.

제17조 : 자동차 운전에 종사하는 자는 다음과 각 항을 준수해야
한다.

제1항 : 자동차 운전허가증을 남에게 빌려주지 말 것.

제2항 : 운전 중에는 자동차 운전허가증을 휴대하여 경찰관,
헌병 또는 승객의 요구가 있을 때는 즉시 이에 응해
야 한다.

제3항 : 함부로 도로상에 정차하지 말 것.

제4항 : 경찰관 혹은 헌병이 손을 들거나 그 밖의 방법으로

정차를 지시했을 때 즉시 응해야 한다.

제5항 : 운전노선 또는 운전구역 외에 운행하거나 규정 속도를 초과하거나 운전시간 외 운전하지 말 것.

제6항 : 혼잡하고 좁은 장소 또는 네거리, 다리 위, 오르막 길 그 밖에 통행에 방해가 되거나 또는 위험이 있는 장소에서는 필요에 따라 음향기를 사용하며 서행한다.

제7항 : 보행자, 우마차등 모든 차를 추월할 때는 필요한 경우 음향기를 울리며 운전할 것.

제8항 : 우마에 가까이 갈 때는 속도를 늦추고 음향기 사용에 주의하여 우마가 놀라지 않도록 할 것이며 우마가 놀랐을 때는 즉시 자동차를 한쪽에 세울 것.

제9항 : 야간에는 규정된 등을 켤 것.

제10항 : 도로에서 다른 차와 나란히 하여 경쟁하지 말 것.

제11항 : 자동차 두 대 이상이 연속 진행할 때 뒷차는 앞차와 30간(54m) 이상의 거리를 유지 할 것.

제12항 : 기차 · 전차 등 궤도차가 진행하는 궤도를 횡단할 때는 모든 궤도차가 통과할 때까지 궤도 밖에서 기다렸다가 건너야 한다.

제13항 : 승객이 승하차 시에는 이를 확인한 후 발차할 것.

제14항 : 운전석을 함부로 떠나지 말 것. 단 정차 중 부득이 운전석을 떠날 때는 불의의 사고나 불시에 발차 및 발동기의 작동을 방지하는 등의 조치를 취할 것.

제15항 : 음주운전을 하거나 승객 및 일반인에게 난폭한 언행을 하지 말 것.

제16항 : 앞의 각 항 이외에 위험 예방에 필요한 주의를 할 것. 특히 차장은 제15항의 규정을 준수할 것.

제18조 : 다음에 해당하는 자는 승합자동차에 승차할 수 없음.

　　제1항 : 술에 만취한 사람.

　　제2항 : 전염병 환자나 동승자에게 혐오감을 줄 정도의 질환
　　　　　이 있는 자.

　　제3항 : 동승자에게 혐오감을 줄 정도로 불결한 자.

제19조 : 승합자동차 탑승객은 다음 각 항을 준수해야 한다.

　　제1항 : 자동차 진행 중 승차자는 몸을 차 밖으로 내밀지 말
　　　　　것.

　　제2항 : 고성방가로 타인에게 불편을 주는 행위를 하지 말 것.

　　(후략)

이상은 우리나라 최초의 자동차법으로 이 중 원동기 부분을 보면 '증기' 라는 단어가 나온다. 1910년대 초까지 미국이나 일본에는 증기 엔진 자동차가 운행되었는데, 이런 자동차가 조선 땅에 들어 올 가능성이 있어 설정한 규정이었다. 이로부터 6년이 지난 1921년 7월경 총독부는 자동차법을 다시 개정하여 공포했다.

"윤 서방, 오후에 나 신랑각시 태우고 온양온천 간다네."

"그런가, 큰 봉 잡았네 그려. 조심하게. 내일부터 자동차법이 더 엄해진다는 소식일세."

"아니, 지금 법도 까다로워서 순검들하고 종종 싸움박질인데, 또야? 설상가상이구먼. 이번에는 무슨 올가미라던가?"

"밤에는 자동차에 탄 사람이 보이도록 차 안에다 등불을 달라는 것이네. 아마 기생하고 컴컴한데서 못된 짓거리 할까봐 그런 모양이야. 소문을 들으니 다음에는 자동차 꽁무니 굴뚝에서 연기 많이 뿜어내면 경을 치는 법이 생긴다더군."

1921년 당시 신문에는 이런 기사가 났다.

"총독부에서는 1915년 7월 22일 경무총감부령으로 발표한 자동차취체규칙이 시대에 맞지 않을 뿐만 아니라 규정 사항 중 불비한 점이 있으므로 금번 이를 개정해 시행할 것이며, 그중에 새로 규정된 세칙은 모든 자동차는 사람이 타는 실내에 등불을 장치해 밤에는 사람의 얼굴을 보이게 할 터이니, 자동차 검사제도를 새로 제정하여 해당 경찰서에서 시행한다더라."

이때 전국의 자동차 수는 774대, 서울에만 200여 대가 다녔다. 자동차법은 늘어난 차들이 사람, 인력거, 자전거, 전차와 뒤섞여 크고 작은 교통사고를 일으키기 때문에, 이를 법으로 막자는 취지였다. 자동차는 계속 발전하여 최고 시속 40km로 빨라졌고 차마의 통행은 우측에서 좌측으로 변했다.

담걸생의 달러 박스가 된 고급차 '커닝험'

"여보시오, 모리스 사장 있소? 나 중국사람 동순태옥의 담정림이오."

"제가 모리스입니다. 무슨 일이신지요."

"경성에서 자동차 장사를 한번 해볼까 하는데…."

"자동차 장사라니요. 담 사장께서도 나처럼 미국에서 자동차를 수입해 팔겠다는 것입니까?"

"아니오. 당신네 자동차를 사와서 사람 태우는 장사를 할까 하오."

서울의 자동차 왕 담걸생이 살던 1920년대 초의 경성 황금정(을지로) 입구.

"예, 나는 또 경쟁자가 생겼나 하고 가슴이 뜨끔했습니다. 그런데 담 사장께서는 무역장사만 해도 돈을 갈고리로 끌어 담지 않습니까. 그것도 모자라서 자동차 영업까지 하십니까?"

"허허. 모리스 사장, 나한테 헌 차 두 대만 팔겠소?"

"어이구, 사장님 헌 차가 어디 있습니까? 새 차밖에 없습니다. 헌 차 샀다가는 며칠 못 가서 다 부서집니다. 고장 나면 부속품이 귀해서 고치기 힘듭니다."

"그럼 제일 싼 차는 얼마요?"

"시보레가 3700원입니다."

"어허, 너무 비싸구만. 3000원에 안 되겠소?"

"안 됩니다. 3500원 이하는 절대 못 팝니다. 담 사장님 아니라도 지금은 차가 없어 못 파는 지경이란 말입니다."

1920년대 초기의 자동차 판매나 운수업을 쥐고 흔들던 사람들은 전부 외국인들이었다. 담정림도 그중 한 사람이었다. 1890년대 말 우리나라로 들어와서 중국과 무역을 하던 화교 담정림은 서울 명동 일대와 을지로 입구에 수십 채의 집을 가지고 동순태옥이라는 무역회사를 경영하고 있었다.

돈벌이에는 도가 통한 담정림은 자동차 영업을 하면 돈방석에 앉는다는 이야기를 듣고 선뜻 자동차 사업에 뛰어들었다. 하지만 자동차 두어 대 사서 굴려 봐도 경쟁업체가 많아 별로 신통치 못했다. 사실 1920년대 초기만 해도 서울에서는 10여 곳의 자동차 회사가 생겨 기껏해야 2~3대 정도를 가지고 영업을 하고 있었다. 그중에서 가장 큰 회사가 당대 서울 갑부라던 민영휘의 아들 민규식이 경영하는 한성택시였다. 민규식은 자그마치 20대의 자동차로 서울 종로에서 대절자동차 영업을 해 이를 따라잡을 자가 없었다.

담정림은 민규식을 제치는 방법을 생각하던 끝에 정동에 있는 모리스 상회를 통해 최신형 미국제 고급차 '커닝험'을 대당 2만 원씩 주고 한꺼번에 2대를 들여왔다. 그리고 장안에 풀어놓자 고급차로 소문이 퍼져 담정림의 '미카도자동차부' 전화통은 금세 불이 나기 시작했다.

담정림이 한성택시를 제치기 위해 들여 온 최고급차 '커닝험'은 큼직한 차에 실내 좌석이 마치 응접실처럼 포근하고 쿠션이 좋았다. 또한 속력도 빠르고 운전하기가 편리해 순식간에 인기가 높아졌다.

미카도자동차부의 사장 담정림의 아들 담걸생은 고급차 도입으로 끝나지 않고 신문에 광고까지 냈다.

"춘풍이 점차 화창한 시절에 여행이나 혹은 공원과 교외에서 신선한 공

담걸생의 고급차 '커닝험'.

기를 흡수하시고 천연한 경색을 감상코자 하시는 신사 숙녀 제위께서는 미카도자동차부의 미려 경쾌한 신식 고급 자동차를 일차 필승하시압… 전화 본국 3433.'

이렇게 기발한 아이디어로 손님을 끌게 된 담걸생은 2년 후 다시 '커닝험' 10대를 더 들여왔는데 이 차는 그야말로 최신식이었다. 1925년 이전까지 우리나라에 들어온 자동차는 시동을 걸려면 앞에서 엔진에다가 스타팅이라는 ㄱ자로 두 번 꼬부라진 긴 쇠막대기를 꽂아 힘껏 몇 바퀴 돌려주어야 시동이 걸렸다. 이 때문에 운전수 옆에는 정비사 겸 스타팅 막대기를 돌려주는 조수가 항상 따라 다녔다.

그런데 새로 들어온 '커닝험'은 이 쇠막대기가 필요 없었다. 운전석 바닥에 튀어나온 단추를 발로 밟으면 저절로 시동이 걸렸으니 참으로 신기한 자동차요 최신식 택시였다. 이 때문에 조수의 수고를 많이 덜어주었다.

"부인 전화통으로 자동차 한 대 부르시오."

"어디로 가시려구요. 영감?"

"조선호텔로 가서 귀한 손님 한 분을 집으로 모시고 와 저녁을 대접해야겠소."

"집에도 자동차가 있지 않습니까?"

"에이, 그 차는 딱딱하고 불편해서 틀렸소."

"한성택시를 부를까요?"

"아니오. 저 미카도자동차부에 최신식 고급차가 10대나 들어왔다고 하니, 그 차를 한번 타 봅시다."

담걸생의 커닝험은 특히 서울의 내로라하는 VIP들에게 큰 인기를 끌었다. 뿐만 아니라 자동 시동기를 달고 나온 커닝험은 조수가 필요 없어 인건비를 절약할 수 있고, 승객 한 사람을 더 태울 수 있어 과거보다 더 많은 수입을 올렸다. 담걸생의 미카도자동차부는 1920년대 말까지 서울 택시의 60%를 장악하였고, 그는 서울의 자동차 왕이 됐다.

서울－부산 간 도로를 처음 달린 자동차 돌파대

"이 사람들 죽을려구 환장하는구먼."

"무슨 일인데?"

"자동차를 운전해 경성에서 부산까지 천리 길을 달린다고 신문에 났네그려."

"자동차로 부산까지! 아니 사람도 겨우 다니는 험한 길을 어떻게 그 큰 차로 간다는 말인가?

"누가 아니래나. 좁고 험한 길도 문제지만 깊은 강이며 높은 문경새재를 무슨 재주로 넘을 것인지 원. 별 희한한 짓거리를 다하네."

한국 최초의 관인(官認) 운전학원이었던 경성자동차강습소는 1920년 6월 부산에도 분교를 개설하고 이를 전국에 효과적으로 선전할 방법을 찾았다. 이때는 아직 라디오, TV같은 매체가 없어 오직 신문에만 광고를 할 수 있었는데, 그나마 국민의 문맹율이 높아 효과가 없었다. 피부와 눈으로 직접 느낄 수 있는 다른 선전 방법이 필요했다.

기묘한 선전 방법을 찾던 중 어느 조선 수강생의 기발한 아이디어를 받아들여 역사상 최초로 자동차를 몰아 서울에서 부산까지 돌파하

경부간을 달린 자동차 돌파대에 대한 당시 『매일신보』 보도.

는 대모험을 하기로 했다. 이렇게 하여 최초로 경성에서 부산까지 480km 길을 자동차로 달리는 데 성공했다. 당시 경성과 부산 사이에는 자동차가 다닐 만한 길이라고는 하나도 없던 시절이었다.

경성자동차강습소가 주최하고 『매일신보』가 후원한 이 원정에는 모험심이 강한 강습소 직원과 수강생 몇 사람이 도전했다. 출발하기 하루 전인 6월 18일 『매일신보』는 이 도전을 "경성-부산 간 300마일을 돌파할 자동차계의 신기록"이라는 제목 아래 다음과 같이 대서특필했다.

"이번 일은 조선에서는 물론 일본에도 없는 사건이다. 일본에서는 육군의 군용 자동차만이 장거리 운전을 결행하거나 내무성에서 도로 조사를 할 목적으로 동해 길을 돌파한 일이 있었다. 이들은 모두 하루에 300마일을 돌파하지 못하였는데 이번 경부간을 돌파하는 거사는 자동차계에 효시가 되는 새 기록이 될 일이더라."

이 거사에 사용했던 자동차는 미국제 포드 2대와 오버랜드 1대 등 모두 3대였고, 이 모험에 도전한 용사들은 경성강습소 7기생인 조선 청년 김성수, 김명복, 허경술, 조성순 등 5명이었다. 여기에 일본인 주임 1명, 돌파대를 취재할 신문사 기자 2명이 합세해 총 8명이 3대에 나누어 타고 출발 준비를 했다.

경부간 480km를 20시간 만에 주파할 계획을 세우고 1920년 6월 19일 새벽 1시, 현재의 서울 시청인 매일신보사 앞 광장에 3대의 자동차는 만반의 준비를 하고 대기했다. 이때 경성부윤(시장)과 많은 유지들이 환송하기 위해 나왔고 경성부윤은 부산부윤에게 전달할 축하 메시지를 건네주며 환송했다. 『매일신보』는 자동차 원정대의 진행 상황을 다음과 같이 상세하게 보도했다.

"대단한 흥미를 가지고 각 계층으로부터 성공을 기대받는 바 우리 매일신보사가 주최하는 경성-부산 간의 300마일 돌파 원정대의 자동차 3대는 19일 오전 1시에 경성을 출발하였다. 남방으로 향하여 수원, 이천, 장호원, 충주를 지나 조령(문경새재)의 험준한 산길을 오를 때 중도에서 오버랜드 차가 고장이 나서 그것을 응급 수리하느라고 시간이 지체되어 다른 두 대는 상주를 지나 속주하였으나 대구에 도착하기는 오후 8시경이었다.

뒤에 고장 난 차를 기다리기 위해 선발대는 할 수 없이 19일은 대구에서 하룻밤을 지냈는데 고장으로 조령에 남아 있던 오버랜드 차도 다행히 수리를 하여 동일 12시경에 대구로 무사히 도착하였다. 다음 날 20일 오전 9시에 3대의 자동차가 모두 시운전을 마치고 대구 유시의 진송을 받으며 선도하는 차량을 따라서 부산으로 출발하였다.

영천과 경주, 울산을 통과하여 오후 1시경 동래에 무사히 도착한 일행은 길전옥(吉田玉)에서 관민 유지가 베푸는 성대한 환영회를 받았다. 점심을 마치고 동래를 출발하여 부산부에 무사히 도착한 것은 그날 오후 4시 30분이었다."

한편 부산에서는 혼다 부산 부윤과 관민들이 당초에 예정했던 도착 시간에 맞추어 자동차 원정대를 환영하기 위하여 기다렸으나 대구에서 숙박한다는 연락을 받고 다음 날 나와 도착한 일행을 성대히 맞이했다. 부산부윤과 부민들은 화환을 주며 경성—부산 간을 자동차로 돌파한 용기를 칭찬했고 구경꾼들은 자동차를 둘러싸고 박수와 함성으로 환영했다.

"300마일을 돌파한 자동차 대원의 성공을 축하하고, 그 피로를 풀어주고 저 베푼 부산 관민 유지의 성대한 연회는 부산 유일의 요리점인 가무천에서 개최되었다. 이때 참석한 사람들은 부산부윤과 부산지방법원 검사, 수비대장, 서천병원장, 경성자동차강습소 부산원장, 신문사 대표, 자동차영업자 등 수십 명이 참석하고…."

원정대가 처음 계획했던 20시간만의 완주는 자동차의 고장과 험악한 길 사정 때문에 성공하지 못하고 거의 두 배가 걸렸지만 경부간 자동차 도로 개척에 큰 공을 세웠다. 이 자동차 돌파대의 모험으로 드디어 서울과 부산 사이에 자동차들이 달리기 시작했다.

제 **4** 장

자동차가 변화시킨 우리 생활과 문화

첫 여자 운전수 최인선

"어머나! 별일이다."

"왜 그러니, 무얼 보고 또 호들갑이냐."

"애 신문 좀 보아라. 여자 운전수가 생겼다는구나."

"여자 운전수? 여자가 어떻게 그 어려운 기계를 운전한다는 말이야?"

"여기에 났지 않니."

"어디, 전주 태생의 최인선이라는 묘령의 처녀가 경성자동차강습소에 입학하여 우리나라 최초의 여자 운전수가 됐다더라!"

"애, 이 처자 간댕이도 크다. 남자들도 힘든 자동차를 어지가 어떻게 운전한다고 그러니."

"글쎄 말이야. 그러나 저러나 부럽다, 얘."

"자동차 운전 배우려면 보통학교 졸업에다가 돈 꽤나 있어야 배운

다던데, 이 처자 집안이 좋은가부지?"

"안 그러고는 어떻게 배웠겠니. 그 집안 신식인가보다. 내가 만약 자동차 운전 배운다고 했다가는 계집애가 웬 건방진 소리냐며 시집도 못 가고 쫓겨날 텐데."

1919년 만세운동이 전국에서 메아리쳤던 그해 11월, 당시 유일한 한글신문이며 총독부 기관지였던 『매일신보』는 전주 태생의 21세 꽃다운 조선 처녀가 서울 을지로 3가에 있던 경성자동차강습소에 입학해 자동차 운전술을 배운다는 사실을 보도하였다. "여자계의 신기록, 여자 운전수 출현"이라는 제호의 이 보도는 장안의 큰 이야깃거리가 되었는데, 내용을 간단히 추려보면 다음과 같다.

"근래 일본의 동경(도쿄), 대판(오사카) 등에서는 자동차운전을 부인들이 하는 일도 있던 바, 그 결과가 매우 양호하여 지금 동경의 어떤 일본 여자가 경영하는 자동차 회사에서는 여성 운전수를 채용하여 그 평판이 대단히 좋다더라.

시내 황금정목(을지로)에 있는 경성자동차강습소의 야마다 주임은 말하되, '우리 강습소는 개설한 지 얼마 되지 아니 하였으나 현재 46명의 강습생이 있는바 그중에 최인선이라는 여자 강습생이 한 사람 있소. 최인선의 원적은 전라북도 전주군 대화정인데 목하 입청정(서울 초동 근방) 명성여관에서 통학하오. 11월 15일에 입소 하였는데 본 규정은 학과가 1개월이고, 실습 1개월을 합하여 2개월이면 졸업하오. 이 여인이 들어올 때 여자 강습생의 입소를 당국에 신고하였더니 여자로서는 처음 있는 일이니 아무쪼록 충분히 교육시켜 훌륭한 사람을 만들어 세상에 내놓으라는 당국의 주의

를 받은 고로 특별히 연구과
에 들어오게 하여 1개월간 더
가르치려 하오.' 라고 했다."

자동차운전강습소 조선 여자 수강생 1호. 그러나 면허를 딴 후로 택시 운전수로 취업했다는 기록은 없어 여자 운전수 1호인지는 알 수 없다.

보통학교(초등학교)를 졸
업한 최인선은 일본말도 잘
하고 강습소에서 공부도 열
심히 해 훌륭한 여자 운전수
가 될 것이라고 강습소 측은
믿었다. 신문에 보도되어 유명해지면 남자들의 유혹이 많을 것을 염
려하여 강습소에서는 품행도 잘 가르쳐줄 것이라 했다. 최인선은 졸
업하기도 전에 여러 곳에서 러브콜을 받아 서울 장안 자동차회사들이
서로 데려가기 위해 스카우트 경쟁까지 벌였다.

'남녀 칠세 부동석' 이라는 유교의 관습에 따라 남녀의 구별이 엄격
하고, 여자의 사회활동이 금기시 되어 오던 봉건적 풍토에서 최인선
은 조선의 여성 사회에 개화의 물결을 일으킨 용감한 여성이었다. 하
지만 자동차강습소를 졸업하고 면허를 딴 후로 택시 운전수로 취업했
다는 기록은 없어 한국 여자 운전수 제1호인지는 확실하지 않으나 자
동차운전강습소 여자 수강생 제1호임은 틀림없다.

최인선의 영향을 받았는지 그녀가 입학한 다음 달 함경남도 함흥
출신의 30세 유부녀 문수산이 경성자동차강습소에 입학해 잇달아 화
제가 되었다. 문수산은 독학으로 일본말을 배웠고 어느 재봉공장에서
자수 선생으로 근무하던 중, 자동차 운전을 배우기 위해 입학했다. 문

수산 역시 무사히 졸업해 면허를 따고 운전사로 취업했는지는 기록이 없어 알 수 없다.

이렇듯 개화 문명의 이기(利器)인 자동차에도 여풍이 불기 시작했다. 이 여인들을 효시로 1920년 평양에는 실제로 택시운전을 한 용감한 여인이 나타나 화제를 모았다.

"평양에도 에미나이 운전수가 나타났다믄서?"

"그거이 무스기 소리가. 작년에는 경성에 여자 운전수가 생겼다고 신문에서 떠들지 않았갔어. 그런데 이번에는 평양이가? 야, 그 에미나이 배짱 한번 세구나야."

"그 에미나이 운전하는 택시 불티나갔구면."

1920년 9월 『동아일보』에는 이런 기사가 났다.

"이종하 군이 경영하는 평양자동차상회는 9월 1일부터 개업하야 근일 여자 운전수를 채용하얏는데 성명은 이경화이니 인천 화평리 출생이오. 여자 공립초등학교와 고등보통학교를 졸업하고 경성자동차강습소를 졸업한 24세의 묘령인바 평양의 여자 운전수로는 그녀가 효시라 하겠더라."

이경화 역시 최인선이나 문수산이 입학했던 경성자동차강습소에 입학해 운전을 배웠다. 자동차운전시험에 합격해 운전면허를 따고 운전수로 취업했다. 처녀의 몸으로 운전을 배웠다는 것만 해도 당시로서는 기절초풍할 사건인데 더구나 고향을 떠나 평양까지 가서 택시운전을 했다니 보통여자는 아니었던 듯하다. 이경화는 여자중학교까지 졸업했던 인텔리 여성이었으며 평양의 여자 운전수 1호가 아니라 한국 최초의 여자 운전수였다.

최초의 통행법과 교통표지판, 도로교통법

개화가 되어 서양의 각종 문물이 들어오고 서양인의 왕래가 빈번해지자 인력거, 마차, 자전거 등 신식 탈것들이 대량으로 늘어 교통이 혼잡해졌다. 이에 조정에서는 1896년 10월 "말이나 인력거를 탄 자는 도심의 도로에서 빨리 달리는 것을 금하며, 왕래하다가 행인이 서로 대질할 경우 각기 우측으로 사양하여 가야 한다"는 통행규칙을 만들었다.

그러나 도로가 잘 정비되지 않고 교통법규에 대한 이해가 부족한 백성들이 잘 지키지 않자 거리는 날이 갈수록 혼잡해져 갔다. 1900년을 넘어서면서 서울, 평양, 부산 같은 대도심의 혼잡은 더욱 심각해졌다. 우리나라에서 근대적 성격을 가진 도로교통법이 처음으로 공포된 것은 1906년 구한말이었다. 당시 서울에는 1899년에 들어온 전차나 기차와 더불어 옛것 새것 구분 없이 다양한 탈 것들이 사람들과 무질서하게 뒤섞여 있었다. 이들이 서로 크고 작은 교통사고를 일으키는 바람에 경무청은 편할 날이 없었는데 가마, 조랑말, 소, 달구지, 수레는 물론이고 신식 탈 것인 20여대의 전차와 서울 도심을 통과하는 기차, 500여 대의 자전서, 300여 내의 인력거, 80의 대의 시양 객마차들까지 교통혼잡에 가세했다.

특히 전차를 비롯한 빠른 속도의 신식 탈 것들이 문제였다. 전차의 경우 한번 사고를 냈다하면 쉽게 목숨을 빼앗아 갔다. 이를 막기 위해 경찰에서는 사람을 보호할 목적으로 일본에서 따온 통행법을 시행했다. 이것이 1906년 말에 공포됐던 이른바 '우측통행법'이다.

"명일부터 경기도 경무청에서는 행객의 인명을 보호하기 위하야 우측통행법을 시행할 것인즉 사람은 길을 통행할 시 필히 우측으로 가야한다는 칙령이니 이를 엄히 준수할 것이니라."

서울 곳곳에 방이 나붙었다. 그러나 백성들은 행보의 자유를 막는 해괴망측한 법이라며 잘 지키지 않아 용두사미가 되고 말았다. 1915년을 넘어서면서 자동차가 본격적으로 등장하자 교통 혼잡과 사고는 더욱 심해졌다. 1920년 전국의 자동차는 670여 대였고, 서울에만 170여 대의 자동차가 돌아다녔다.

인구와 탈것들이 몰려 교통이 혼잡해지자 경찰을 도와 교통정리를 하는 민간단체까지 생겼다. '경성가로시설물 정리위원회'라는 단체는 처음으로 사람들의 우측통행을 유도하는 표지판을 만들어 교통이 혼잡한 도심 곳곳에 설치했다. 당시의 상황을 1917년 7월 『매일신보』는 다음과 같이 보도했다.

"경성가로시설물 정리위원회서는 경성의 가로에 오른편쪽 통행이 표시된 기둥의 건설을 결의하였는데, 건설 장소는 남대문 정거장 앞에 하나, 남대문이 태평통과 교차되는 곳에 하나, 본정통 입구의 경성 우편국 앞에 하나, 동편 영락정 십자길에 하나, 황금정 동서편 남대문통 십자길과 동대문통 서편의 주동 우편국 앞에 각각 하나와 동편 동대문 교번소 앞에 하나씩 건설한다더라."

하얀 페인트칠을 한 높이 약 2m, 폭 10cm의 직사각형 또는 삼각형의 기둥에 한글로 '우측통행'이라 쓴 교통 표지목을 서울 시내 가장 번잡한 8곳에 세운다는 것이다. 이것이 우리나라 최초의 도로교통 표지판이었다.

1920년 5월 서울에는 21만 명의 인구에 자동차 170여 대, 전차 45대, 인력거 1100대, 객마차 130대, 자전거 4500대 등이 뒤섞여 다녔다. 사람과 탈것, 우마차 등은 여전히 질서를 지키지 않아 도로는 날이 갈수록 혼잡해져 갔다. 사고가 빈발하자 관청에서는 행인과 차마의 우측통행을 시행하는 강력한 조치를 취했다.

그해 5월 11일 서울의 본정경찰서(지금의 중부경찰서)는 "사람은 오른쪽으로 다니게 하고 차마는 길 중앙의 오른쪽으로 필히 통행할 일"

남대문(서울)역 앞 최초의 통행표지판.

이라는 최초의 종합 도로교통법을 공포했다. 이 소식을 『매일신보』가 다음과 같이 전했다.

"경성 장안 각 경찰서에서는 지난 11일부터 시가를 통행하는 사람들은 반드시 우측으로 통행하라는 우측통행법을 시행코자 거리마다 순사가 지키고 서서 실행에 노력 중이더라."

게다가 봄이 되면 일요일마다 2만여 명의 상춘객들이 쏟아져 나와 교통 혼잡을 한몫 더 거들었다. 창경원 입구인 배오개 네거리(종로4가 네거리)는 꽃구경 가는 인파들로 대혼잡을 이루어 전차가 꼼짝 할 수도 없었다. 가장 번잡한 곳은 남대문역과 본정통(충무로)이었는데 이 지역은 사람 행렬에 전차와 자동차가 뒤섞인데다 인력거꾼까지 앞을 다투어 손님을 끄느라 대혼잡을 이뤘다.

관할인 본정경찰서가 먼저 나서서 우측통행을 홍보하기 시작한 것도 이런 이유에서다. 본정경찰서를 시작으로 서울의 다른 경찰서도 우측통행을 적극적으로 홍보하기 시작했다. 곳곳에 팻말을 세우고 1차로 동네 대표(동장)들로 하여금 주민들에게 시행규칙을 알리도록 하는 한편 전담 순사를 배치해 단속하게 했다. 이 때문에 교통경찰이 처음 등장해 통행위반 단속, 차량 통제 등 근대적인 교통질서를 확립해나가기 시작했다.

우측통행 운동은 곧 전국적으로 확대되었다. 대구에서는 '교통선전가'라는 노래를 만들어 부르게 하였고, 부산에서는 6000여 명의 학생들이 '우(右)' 자를 쓴 기를 들고 행진을 벌이기도 했다.

헛갈리기 짝이 없는 오락가락 통행법

1906년 최초로 통행법이 공포되었을 때 자전거와 인력거 등은 좌측, 사람은 우측으로 다니도록 했다. 이후 1915년에는 자동차취체령을 공포해 자동차는 달릴 때 길 한가운데로 가며, 마차가 올 때는 좌측으로 비켜 가도록 했다. 그러다 1921년 11월 1일부터는 보행자와 차마의 좌측통행제를 실시했다. 바로 현재 일본의 자동차 좌측통행법과 같다.

우측통행이 좌측통행으로 바뀌자 백성들은 반발했다. 그동안 우측통행법을 잘 지킨 것은 아니었지만, 어쨌든 15년간 지켜오던 것을 갑작스레 좌측통행으로 바꾸라고 하니 거부감을 나타낸 것이다. 한마디로 '15년간 지켜오던 우측통행법을 왜 총독부 너희들이 백성들의 의사도 들어보지 않고 마음대로 바꾸느냐'는 항의였다. 일제는 좌측통행을 밀어붙이기 위해 전차까지 좌측통행 시켰고 선전에 열을 올렸다. 이러한 혼란을 당시 신문들은 다음과 같이 연일 보도했다.

"조선에서 지금까지 실행하던 도로의 우편으로 통행하던 제도는 가까운 중국과 일본에서 실행하는 제도와 정반대가 되기 때문에 실시에 적지 아니한 불편이 있는 까닭에 좌측통행제도로 개정하였다 함은 본보에도 보도한 바가 있다.

금번 좌측통행제도로 개정하게 되어 작 24일에 총독부 경무국에서 발표하였으니 오랫동안 문제가 되었던 좌측통행제도는 11월 1일부터 시행하게 되었다. 이에 대하여 경무국은 말하되 이번 좌측통행으로 개정하게 된 것은 일조일석의 일이 아니라 다년간 당국에서도 연구하고 또 전기사업을 경

영하는 경성전기회사로부터 전차의 통행을 좌측으로 개정하여 달라는 신청도 몇 번 있었으나 명치 39년(1906년) 이래로 실시하던 우측통행제도를 별안간에 개정하기가 쉽지 않아 그동안 연구만 한 것이다.

그런데 이번에 개정한 중대한 이유는 첫째로 일본과 대만에서는 좌측통행을 실시하는데 조선에서만 우측제도를 실시하는 까닭에 그곳에서 온 사람들은 별안간 반대편으로 통행치 아니하면 안 되는 까닭에 불편이 적지 아니할 뿐만 아니라 전차의 통행으로 말하더라도 일반 통행제도에 따라서 우측으로 통행하는 까닭에 차내에 장치한 제동기가 설치되어 있는 곳으로 사람이 오르고 내리게 되어 운전을 하는 데에도 불편할 뿐만 아니라 실제로 위험한 일이다.

좌측으로 통행하게 되면 이러한 위험도 피할 수 있으며 교통을 통일하게 될 터, 어느 나라든지 문명의 정도를 조사하려면 교통이 정리된 것과 아니 된 것에 따라서 짐작할 수 있는 것인즉 백성은 이에 대한 자각이 있기를 바란다더라."

"경성 시가가 왼편으로 꼬이는 듯한 작일의 선전. 작 1일은 좌측통행을 실시하는 날이라 시내 각 경찰서에서는 이에 대한 선전과 취체가 엄중하였는데 이제 그 대략을 보도한다. 종로서에서는 40여 명의 비번 순사를 소집

1921년 좌측통행 실시 보도.

하여 관내 각 중요처에 배치하고 좌측통행을 행하였다. 다시 순회 순사단은 각 처로 다니며 선전삐라를 뿌렸고, 또는 관내 각 학교 학생으로 하여금 좌측통행기를 손에 들고 시내를 순회토록 하였다. 그리고 본정서와 동대문서에서도 종로서와 같이 합세하였으며 그 다음 특별히 남대문소방대와 황금정 소방대가 일대의 선전대를 편성하여, '행보는 문명인의 거동, 좌측통행은 그의 표정, 가시요 가시오 좌편으로, 부디 부디 잊지 말고서'라는 노래를 부르며 손에는 깃발을 들고 시내 각 처를 배회하였다. 전차까지 모두 왼편으로 다니게 되어 실로 경성시내는 모든 것이 왼편으로 쏠리는 듯하였는데, 이에 대하여 종로경찰서 교통부 주임은 말하되 '좌측통행을 위하여 이번 본서에서는 대 활동을 개시하였다. 오늘은 첫날이므로 가급적 일반시민에게 친절을 위주로 혹시 교통상 위반자가 있을지라도 용서할 것이요 그러나 며칠 지나서부터는 좌측통행을 위반하는 자가 있으면 단연코 용서하지 않을 작정이요'라 하더라."

"내월 1일에는 모든 수레에 선전기를 달고 선전한다. 도로 통행의 규정이 개정되어 11월 1일부터 좌측통행으로 변했다함은 이미 보도 한바이어니와 이에 대하여 경기도 경찰부 보안과장은 말하되 이번에 개정된 좌측통행은 다년간 문제 되어있던 것인데 이번에야 겨우 개정하게 되었다.

선전하는 방법은 첫째로 종이 깃발을 많이 만들어서 시내 각 보통학교와 중학교생도 수대로 나누어주어 체조를 하든지 유희를 하는데 사용하여 생도 사이와 또 가정사이에 속히 선전하고, 기타 다수의 인쇄물을 만들어 일반에게 배부하는데 큰 인쇄물에는 좌측통행이라는 표어를 기록하여 정거장이나 연극장 기타 요리점 등 많은 사람이 모이는 곳에 게시할 것이다.

1921년 좌측통행 선전 보도.

실시하는 당일에는 시내에 있는 인력거, 자동차, 전차, 화물차나 무엇이든지 사람이 타거나 끌거나 우마가 끄는 모든 바퀴달린 차에는 좌측통행이라는 기를 배부하여 일제히 달게 할 터이라더라."

이렇게 혼란스러운 좌측통행에 대해 신문은 다음과 같이 논평하기도 했다.

"좌측통행을 하느니 우측통행을 하느니 야단법석을 부리더니 요사이 종로통 큰길을 나가보면 어떤 양반 어떤 나리들은 여전히 좌우측을 분간 없이 왕래를 하는 꼴이거늘 그 작자들은 통행규칙에 치외법권을 가졌는가. 무슨 일이든지 말만 떠들지 말고 좀 행하는 것이 있어야지 무당혼령의 총독부 정책이니 구경이나 할 밖에 다른 도리가 없지."

통설에 따르면 일본이 좌측통행을 하게 된 것은 옛날 사무라이 시대부터였다고 한다. 칼을 왼쪽에 차고 우측으로 통행하면 마주 오는 사무라이의 칼과 부딪치기 쉬운데 이런 경우 서로의 명예를 손상하는 일생일대의 모욕으로, 심하면 결투도 불사하였다. 이런 불상사를 방지하기 위해 좌측통행을 했다고 한다. 어쨌든 일제가 이 땅에 좌측통행법을 강행한 것은 사실 교통질서를 잡는다는 명분을 내세워 우리 민족의 행동부터 속박하려는 속셈이 있었다.

한국 최초의 우편자동차

우리나라의 통신에 혁명이 일어난 것은 19세기 말이었다. 1884년 4월 편지통신을 개막시킨 우정총국이 설립되었고, 이어 1885년 9월에는 전보국이, 한참 늦은 1898년에는 전화가 서울에서부터 개통되어 근대 통신 체계를 갖추게 되었다.

이중 서민들이 가장 많이 이용한 것은 편지와 소화물을 보내는 우편국이었다. 그러나 우편물을 신속하게 전국으로 운반해줄 교통수단이 발달하지 못해 1899년 전차와 기차가 등장하기 전까지 조선 전역을 지원하지 못했다.

1899년부터 차례로 철도가 개통되자 우편 통신은 활기를 띠기 시작했다. 기차는 비로소 신속한 장거리 체신을 가능하게 하였다. 전국 각 도시로 가는 장거리 우편 수송은 기차가 담당했지만, 자동차가 나타나기 전이라서 각 가정에서 우편소로 모이는 우편물을 기차에 전달하거나, 반대로 전국에서 도착한 우편물을 각 가정으로 배달하기 위해서는 자전거나 인력거, 수레, 우마차 등을 이용할 수밖에 없었다. 신속한 전달을 생명으로 하는 우편제도는 기차 수송만 빨랐지 기차역에 내려놓은 편지가 두메 산골 집까지 도달하는 데는 근 보름의 시간이 걸렸다.

그래도 우정제도라는 것이 생겨나 옛날에는 꿈도 꾸지 못하던 친족들의 문안 글을 앉아서 받아볼 수 있는 편한 세상이 되었다. 근대 우편제도가 제대로 그 빛을 발휘하기 시작한 것은 자동차의 등장에서부터였다. 1911년 처음 서울에 자동차가 나타난 뒤로 그 보급이 더뎌 1920년까지는 자동차의 덕을 볼 수 없었다. 자동차 교통은 1915년을 넘어서면서 대도시에는 대절 자동차들이, 지방에는 정기노선 승합차들이 나타나기 시작하자 비로소 전국으로 확대되었다.

그러나 전국의 우편물을 자동차 우편으로 한꺼번에 수용할 수가 없어 우선 서울부터 시행하였다. 조선에서 사람이 가장 많이 사는 서울의 경성 우체국과 광화문우체국은 날로 폭주하는 우편물을 처리하느라 애를 먹었다. 남대문 기차역까지 마차나 인력거로 수송하

최초의 우편자동차.

자니 시간이 많이 걸리고 번잡해서 여간 불편한 것이 아니었다. 이를 해결하려고 처음으로 우편 자동차를 들여오기로 하였는데 이를 보도한 신문 내용은 다음과 같았다.

"**자동차로 우편물을 운반─경성, 광화문 우편국 두 곳에서 남대문역 사이에─**경성 우편국에서는 이제까지 남대문 정거장에 우편물을 운반하는 데에 마차 세 대로 하여왔으나, 점점 사무가 번잡하여 가는 이때 도저히 마차로는 시간이 많이 걸리고 불편한 일이 많으므로 운반차를 자동차로 개량할 계획으로 체신청에 신청한 결과 불원간 자동차 네 채가 경성에 오겠으며, 목하 경성 우체국에서는 마차 칸을 고치어 자동차 칸으로 만드는 중이며, 겸하여 운전수를 모집 중이라는데, 네 채 중에 한 채는 광화문 우편국으로 보내고 한 채는 예비로 두겠으며, 자동차 몸에는 전부 붉은 칠을 하고 우편국 부호를 그리겠다는데 자동차를 사용할 시기는 4월 10일경이나 되겠다더라."

이렇게 시작된 우편 자동차는 그 신속하고 편리함을 실감한 체신청이 적극 추진한 결과, 같은 해 7월말 전국 자동차 우송망을 구축했다. 불과 4개월 만에 우송망을 구축할 수 있었던 것은 바로 각 지방의 정기 노선 승합차를 이용할 수 있었기 때문이었다.

"**우편 수송계획─자동차망 완성─**조선의 지방 도읍을 연락하는 자동차 영업 노선은 만리 장족의 진보를 달하여 금일에 이르러 전 조선에 걸쳐 노선은 150개 이상이요, 이의 연장 거리는 1만 4천 조선 리(里)에 달하여 대만의 남단으로부터 북극의 북단에 달하는 일직선보다 더 먼 거리인바 체신국에서

최초의 우편 항공기.

는 각 지방 연락 자동차에 우편물을 탑재하여 속달할 계획으로 자동차 영업자와 교섭한 결과 착착 실시하게 되어 금일에 우편물 자동차는 27개 노선에 걸쳐 연도지방 백성에 통신상 다대한 효과가 있는 상태이라더라.

전기 150여 노선 중 부정기 운전의 자동차 노선도 유(有)한고로 자동차 우편수송을 전 조선에 보급케 함에 도달하지 못하였으나 체신국에서는 체송 노선망의 완성을 위하여 목하 계획 중이므로 불원에 전 조선 1만 4천리 장거리에 거대하게 자동차 우편을 행하게 되리라더라."

체신국에서는 그 많은 노선에 전속 자동차를 구입하여 투입할 여력이 부족해 일단 지방 우송은 정기 노선 자동차 업자들에게 일정한 수송비를 지불하고 이용하는 방식을 택했던 것이다.

이어 기차나 자동차보다 더 빠른 하늘로 우송하는 최초의 우편 항공기가 등장한 것은 1936년이었다. 1948년 대한항공의 전신인 KNA(대한 국민항공)를 창업한 신용욱 비행사가 세운 신항공사는 1936년 10월에 처음으로 서울-이리-광주 노선을 개설하면서 우편물을 항공으로 배달하기 시작했다.

1920년대 일본 차 안 타기 운동

　　1920년 일제강점기에 조선인들이 일본 차 안 타기 운동을 일으켜 일본을 긴장시킨 일이 있었다. 당시 공주와 광천 간에는 네 번이나 군수를 역임하고 중추원 참의까지 지낸 공주 땅부자 김갑순이 3대, 일본 업자가 소유한 5대를 포함해 총 8대의 승합차가 정기적으로 운행하고 있었다.

　　그런데 충남 공주−광천 간의 여러 정거장에서 자동차를 기다리던 승객들은 일본인 자동차를 그냥 보낸 뒤 김갑순 소유의 승합차 운전수 경위중이 운전하는 차만 탔다. 승객들이 경위중이 운전하는 자동차만 기다렸다 타는 바람에 일본인 업자는 결국 김갑순에게 차를 모두 넘겨주고 말았다. 김갑순 소유의 승합차를 운전하던 한국인 운전사 경위중은 항상 친절하고 온순하며 과묵한 성격으로 인기가 높았다. 그 사실이 『동아일보』에 다음과 같이 실렸다.

　　"광천−공주 간에 매일 운전하는 자동차가 일본인 합하여 8채인데 그 중 김갑순 자동차는 조선인 소유이므로 승객이 항시 많은데, 운전수 경위중 씨는 과묵한 성격으로 온순 친절하게 여객을 대우하므로 매 정류소 승객마다 경씨의 운전하는 시간을 기다리는 고로 매일 만원이 될뿐더러 일반 여객에게 호평판(好評判)을 득한다더라."

　　같은 해 6월 황해도 사리원에서도 일본인 자동차 안 타기 운동이 벌어져, 경의선 사리원역을 중심으로 해서지방을 운행하던 조선과 일본 업자들 사이에 충돌을 빚은 사건이 일어났다. 1년 전인 1919년 3 · 1운

일본 차 안 타기 운동이 시작된 황해도 사리원 도심 거리.

동의 실패로 일제에 대한 저항의식이 뿌리박힌 조선인 버스 이용객들이 민족자본가인 이승준의 해서자동차부 버스만 이용하여 생긴 일이었다.

　나날이 일본 업자들의 매출이 떨어져 가던 어느 날, 일본인이 경영하는 직거자동차와 궁본자동차부가 사리원역의 일본인 역장과 공모하여 역 광장의 주차장을 모두 사버렸다는 소문이 돌았다. 그 일로 인해 역 광장을 이용할 수 없게 된 해서자동차부는 손해가 이만저만이 아니었다. 얼마 후 해서자동차의 이승준사장이 볼일이 있어 경성에 갔다가 평소에 알고 지내던 총독부 보안과 과장을 만나게 된다. 이 자리에서 그는 일본 자동차의 사리원역 점령이 일본인 업자들이 벌인 사기극이었음을 뒤늦게 알게 되었는데 이 소식은 해서자동차부의 조선인 운전수들에게도 전해지게 된다. 마침내 폭발한 조선인 운전수들은 일본인 자동차회사를 습격하였고, 일대 난투극이 벌어졌다. 이 소문은 삽시간에 전국의 조선인 운전사들 사이에 퍼졌다. 이 때문에 전국에서 제2의 3·1운동이 일어날 듯한 기세였고, 이에 두려움을 느낀 일본경찰이 나서 사건은 일단락 됐다.

후유증을 우려한 총독부 철도청도 해서자동차를 사리원역 광장에 다시 정차할 수 있도록 주선하여 이 사건은 흐지부지 되고 만다.

이 사건 후 조선인 승객들이 더욱 일본인 자동차를 이용하지 않게 되자 더 이상 견딜 수 없게 된 일본인 업자는 1922년 해서자동차에 회사를 넘겨주고 말았다. 1920년 6월 4일자 『동아일보』가 보도한 기사다.

"경의선 사리원역의 황해도 안에는 매우 교통이 번창한 곳이라 기차에 오르고 내리는 손님도, 해서 등지로 내왕하는 손님도 많으므로 정거장 안에는 손님을 맞이하는 인력거도 많고, 근일에는 해주 사는 이승준 씨가 경영하는 해서자동차부와 일본인이 경영하는 직거자동차부, 궁본자동차부가 생기여 각 자동차마다 손님을 맞으려 정거장으로 나가는 터인데, 최근에 해서자동차부와 두 일본인 자동차부 사이에 부정한 일이 생기었다 하더라.

그 원인을 들은즉 원래 두 일본인 자동차부는 먼저 설립되고 해서자동차부는 그 후에 설립되었는데, 정거장에 나간 때는 물론 나가는 사례내로 먼저 나가는 자동차는 앞에 대이고 뒤에 가는 자동차는 순서대로 대이어 얼마 동안을 지내어왔는데, 어찌한 일인지 조선사람 손님들은 같은 값이면 조선인 자동차를 탄다 하야 해서자동차에만 먼저 올라 만원이 된 후에야 일본인 자동차로 가게 된다.

고로 일본인들은 그것을 시기하야 정거장에 들어가는 어구 제일 좋은 장소는 자기들이 역장에게서 샀으니 너희는 뒤로 대이라 하므로 할 수 없이 맨 뒤로 대이어 보았으나 역시 조선인의 자동차에만 오르게 된다. 그런데 일본인 자동차 주인들과 서로 무슨 비밀한 의론을 한 후에 역장이 해서자동차부 주인 이승준 씨를 불러서 말하기를 자동차를 갖다 대는 주차장은 모두 일본인 자동차부에 팔았으니 금후로 너희 자동차는 대이지 말라 하므로 깜짝 놀라 그러면 우리에게도 주차장을 팔라 간청하였으나 이미 다 팔았으니 다시 어찌할 수 없다고 잡아 떼이므로 할 수 없이 그러면 인력거 정류장 저편에 있는 빈터에나 대이게 하야 달라고 애걸하였으나 역장은 종시 듣지 아니하였다.

할 수 없이 그냥 물러나와 분심을 이기지 못하였으나 모든 권리가 역장의 손에 있으므로 어찌할 수 없어 기차에서 손님을 모다 맞이하야 인력거에다 태우고 해서자동차회사까지 와서 다시 자동차에 태이어 각지로 보내게 하고, 정거장에서 자동차회사까지 오는 인력거 삯 매인 앞에 사오십전씩 되는 돈 전부를 자동차 운전수들이 담당하야 자기네들의 월급을 전부 인력거 삯에 몰아넣더라도 기어코 경쟁을 하야 보겠다고 야단들이며 해서 자동차회사 사장도 손해를 보더라도 기어코 경쟁을 해보겠다고 분개를 참지 못하였다.

원래 정거장 안에 있는 철도부지는 남만주철도회사의 기지이라 역장 한 사람이 그렇게 자동차 정류장을 팔 수 없으니 이것은 일본 자동차부 주인과 역장 사이에 무슨 고약한 약속이 있는 까닭이라고 근처 사람들은 원성이 자자하다더라."

최초의 교통경찰과 교통정리

"근일 교통기관이 현저히 발달되었는바 시민들이 법규를 지키지 아니하기 때문에 불측한 재화를 입는 일이 자조 생기므로 본정 경찰서에서는 지나간 11일부터 보행하는 사람의 우측통행을 실행한다 함은 이미 본보에 기재한 바이어니와. 한편으로 경찰관 파출소에 일층 엄중히 단속하라고 지시하고 한편으로는 각 동 대표에게 대하야 간곡히 의뢰한 시민의 주의 사항은 좌와 여하다더라.

- 사람 통행하는 길과 거마 다니는 길이 따로 있는 곳에는 사람은 반드시 길 오른편으로 통행 할 일.
- 길에 때때로 물을 뿌릴 일.
- 아이들은 길에서 장난하지 못하게 할 일.
- 다섯 살 미만의 어린 아이를 보호자 없이 길에 다니지 못하게 할 일.
- 길에다 수레 기타 물건을 늘어놓지 못하게 할 일.
- 길에서 허가 없이 무슨 일을 하던지 교통을 방해하는 일을 하지 말 일."

이러한 교통조치에도 불구하고 날로 증가하는 인구와 탈것들 때문에 혼잡은 여전했다. 이런 혼잡을 막기 위해 1920년 6월 첫 교통순사가 나타나 차마와 인파의 행렬을 정리했다.

"사세의 변천을 쫓아 인구가 증가하고 인사가 번잡하야 짐을 따라 정거장이며 도로에 모여 노는 사람과 지나다니는 사람이 매우 많아졌으며 남대문과 본정통에는 매일 매야 쉴 사이 없이 사람이 엇개(어깨)를 접하게 되는 형편이라.

거기다가 또 자동차와 전차 등이 뒤를 이어 왕래하게 되매 그 혼잡한 형편은 이로 말 할 수 없는 처지라 이에 경기도 제3부에서는 년래로 연구한 결과, 먼저 남대문 역 앞에는 지각없이 손님만 이끌려고 열차가 도착할 때마다 앞을 다투어 가며 대 혼잡을 일으키는 인력거꾼을 단속하기 위하야 특히 전임 순사 2명을 파견 하겠다더라.

특히 경성우체국 본정통 1정목에서부터 본정 2정목까지의 길은 복잡한 중에도 제일 복잡한 도로이므로 오는 17일부터는 열두 사람의 완장을 단 전임 순사를 배치하야 통행을 정돈케 할 터인데. 워낙 길은 좁고 사람은 많아서 가뜩이나 혼잡한데 자동차이며 짐차들이 왕래를 하야 더욱 혼잡하므로 할일없이 좀 박절은 하다 하겠으나 오전 8시부터 오후 10시까지는 물론 무슨 차이

최초의 교통 신호수. 교통 신호 표지판.

든 빈차를 끌고는 통행을 못하게 할 터이라더라.

또 오후 네 시부터 오후 열시까지는 물론 무슨 차이든지 통행을 엄금하겠으며 오전 일곱 시부터 오후 네 시까지는 오직 일이 있는 차이라야 통행을 허가할 터이며, 다만 우유차, 음식품을 실은 차, 우편물을 실은 차, 군대에서 사용하는 차, 물을 뿌리는 차 그 외에 적은 차 등은 예외로 통행을 금치 않겠

으며, 또 그 외에 종로 네거리와 황금정 네거리에도 통행정리를 전임할 순사를 두고자 한다더라.

다시 전기회사와 교섭을 한 후 전차선로를 도로 중앙으로 뜨더 옮기게 (뜯어 옮기게) 할 계획이니 이것은 오고가는 이에게 서로 충돌을 면토록 하기 위함이라더라."

서울은 인구와 교통수단이 날로 늘어날 뿐만 아니라 경제규모도 증가해 상거래가 활발해지면서 물동량도 많아졌다. 1920년대 중반까지만 해도 트럭이 상륙하지 않아 도시 내 수송의 주역을 담당한 것은 손수레와 우마차였다. 특히 남대문역은 지방에서 올라오는 화물과 승객을 실어 나르기 위해 우마차, 손수레, 인력거, 자동차들이 밤낮없이 뒤엉켜 아수라장을 이루었다. 이를 정리하기 위해 경찰은 남대문역의 교통정리를 전담할 교통순경 2명을 파견할 정도였다.

서울역에서 쏟아져 나오는 교통량 중에서 남대문이나 본정통 상가 지역으로 수송되는 화물은 사람의 교통을 마비시킬 정도로 하루가 다르게 늘어났다. 이를 해결하기 위해 등장한 것이 우마차와 손수레의 통행 제한법이었다.

1920년 6월 최초로 서울시내에 통행제한거리가 등장하자 운수업자들이 반발하고 나섰다. 남대문 기차에서 내린 화물들은 대부분 시급한 상품들로 서울의 최대상가인 본정통으로 들어가야 하는데, 이곳을 통행제한지역으로 묶어버린 처사로 인해 상인들이 막대한 손해를 보게 되었다는 것이다. 당시의 상황을 『동아일보』는 다음과 같이 보도했다.

"**통행 제한에 대한 운수업자들의 불평**—경성 중 번잡한 장소인 본정통의 교통정리에 대하야 경성운송업자 측에서는 불만의 소리가 높다더라. 이 불평의 초점은 운송업자들이 화물을 통관하여 반출함은 대개 오후 4시 30분 후일뿐더러 특히 화물의 대부분은 본정 근변에서 출하 하는데 오후 4시를 한하여 화차의 통행을 금하면 사실 화물은 기 익일로 연체될지니 이렇게 되면 화주의 손해가 막대하다더라.

화주 중에는 시급을 요하는 경우에 임시 통관을 출원하야 1시간 7원의 요금을 납입하는 예도 적지 않은데, 금번의 현행 취체는 시내상가에 대하야 손실을 부여함이 적지 않으므로 제한시간을 오후 7시까지 연장하여 달라함에 대한 대표 위원을 선택하야 당국에 출원한다더라."

자동차가 통과만 할 수 있고 정지할 수 없는 네거리 교차로 내의 제한구역인 '교차로 내 구획선'이 처음을 등장한 것도 1921년 서울이었다. 서울에서 가장 혼잡했던 종로 네거리에는 사람과 전차, 자동차, 인력거, 우마차등이 뒤섞여 무질서하게 건너다니는 통에 끔찍한 교통사고가 쉴 새 없이 일어났다.

이를 방지하기 위해 종로경찰서에서는 종로 네거리 한복판을 중심으로 사각형으로 선을 그어 그 안쪽에는 일체 사람이 들어

1920년대 중엽 한국은행 쪽 명동 입구.
운수업자들은 통행제한 거리에 반발했다.

가지 못하게 하는 '통행금지구역' 을 설정했다. 『동아일보』는 이 최초의 '교차로 내 구획선' 을 다음과 같이 보도했다.

"**종로 대로에 위험지대**—종로 네거리는 항상 왕래가 복잡할 뿐만 아니라 전차 선로가 사통팔달하게 되어 일반 통행자에게 위험한 일이 매우 많으므로 종로경찰서는 종로 네거리 너른 마당 한복판을 중심으로 전차선로가 교차되는 곳을 함께 넣어 위험지대를 선정하야 사방으로 경계선을 그어 일반 통행자는 일절 그 위험지대 안으로는 통행을 엄금하여 교통량의 위험을 덜게 하리라더라."

1920년 말 서울인구 25만 명에 50대의 전차, 140여 대의 자동차, 1500여 대의 인력거, 6000여 대의 자전거들이 누비는 바람에 1년 동안 총 440건의 교통사고가 일어났고 이중 18명의 사상자가 생겼다. 2년 후인 1923년 6월 들어 전국에는 1080여 대, 서울에만 320여 대의 자동

처음으로 등장한 차도와 인도의 구분. 서울역 남대문길.

차로 늘어나자 교통안전을 위해서 차도와 인도의 구분이 필요하게 됐다. 이해 6월 경기도 경찰부에서는 서울 시내 가장 혼잡한 네 곳을 '교통정리구역'으로 지정하고 비로소 차도와 인도를 구분했다.

"경기도 경찰부에서는 장안의 교통을 잘 정리하지 아니하면 교통사고가 점차 중대하야 적지 아니한 재화를 초래한다 하야 제작 9일에 시내 각 경찰서장을 경무부로 소집하고 교통사고방지에 대하야 여러 방면으로 논의한 결과는 다음과 같더라.

종로통, 남대문, 황금정통, 본정통의 네 곳을 교통정리구역으로 지정하고 차도와 인도를 엄연히 구별하여 행인으로 하여금 인도로 통행하게 하는 동시에 할 수 있는 대로 이에 대한 시설을 조속히 할 터이며 행인의 주의를 주기 위하야 여러 가지 방법으로 선전한다더라."

이때부터 갓길 양쪽에는 일정한 간격으로 말뚝을 박고 쇠사슬을 설치하여 행인은 그 안쪽으로 통행하도록 순사들이 사람들을 인도로 몰아넣었고, 이어 쇠사슬 대신 턱을 높인 인도로 개축해 나갔다.

최초의 속도 추적기와 방향 지시기
1920년을 넘어서면서 자동차가 급격히 늘어나자 교통질서를 세우기 위해 자동차 단속법인 취체규칙과 검사제도, 통행법 등을 만들어냈지만 교통 혼잡은 날이 갈수록 심해졌다. 경찰에서도 자전거와 인력거를 순찰 차량으로 이용하여 단속에 나섰으나 나날이

속도가 빨라지는 자동차를 따라 잡을 수는 없었다. 이에 경찰은 자동차보다 빠른 기동력과 단속장비의 필요성을 절감하고, 오토바이와 속도 측정기를 1921년에 미국에서 도입했다. 당시 신문은 시속 130km나 나가는 할리 데이비슨 오토바이 두 대와 속도 추적기 '스톱 워치'를 들여왔다고 다음과 같이 보도했다.

"**자동차 단속을 위하야 경기도 경찰부에서 자동자전거를 샀다**─경기도 경찰부 보안과에서는 요사이 새로이 자동자전거 두 채를 사들여 보안 경찰에 사용한다는데, 동 자전거는 16마력의 출력과 한 시간에 80마일(128km)의 속력을 가져서 급한 경우에는 사용하기에 적당하며 보안과에서는 부정한 자동차의 운전과 자전거를 속히 추격하야 그 폐단이 없도록 금하는데 사용할 터이며, 작 15일에는 오전부터 수원가도에서 속력을 시험하기 위한 실제 시험운전을 하였더라."

이어 자동차의 과속을 막기 위한 속도 추적기인 스톱워치의 도입과 사용법, 그리고 1920년에 정한 속도제한을 다음과 같이 보도했다.

"**자동차의 속도를 시계로 조사하는 보안과의 새 계획**─경기도 경찰부 보안과에서는 자동차와 자전거들의 과속을 단속하기 위하야 자동자전거를 사들여 이에 대한 단속을 엄중히 할 터이라 함은 이미 보도하였거니와, 작일에는 경성 내 각 경찰서에 있는 순사 중 자동자전거를 타는 순사를 모아 광화문 앞 넓은 마당에서 운전술을 시험하였다.

이 자동자전거를 사용하야 통행하는 자동차와 기타 자전거 등의 규칙을 위반하는 것을 엄중히 단속할 예정이라 하며, 요사이 자동차의 운전하는 속도에도 규칙을 범하는 사실이 종종 있는 까닭에 속도에 대하여도 일정한 규칙을 지키게 할 터이라더라.

원래 자동차의 규칙으로 말하면 시가지에서는 한 시간에 8마일(13km)이요, 시외에서는 한 시간에 12마일(20km)의 속도로 정한 것이므로, 이와 같은 규정을 실제로 단속하기 위하야 스톱워치라는 속도 조사에 사용하는 시계를 이용하야 자동차가 통행할 즈음에 과연 그 속도가 규칙에 적당한가 아니한가를 조사하야 규칙을 범하는 자가 있을 때에는 즉시 자동자전거를 이용하야 취체(단속)할 터이라는데, 어떠한 처소로부터 어떠한 처소까지 임의 거리를 측량한 표준이 있으므로 그곳에 자동차가 지나가는 동안 그 속도를 조사하기에 적당한 설비가 있고, 또 겸하야 속도에 사용하는 시계로 자동차의 지나가는 속도를 취체할 터이라더라."

그러나 운행하는 자동차가 계속 늘어나자 자동차 사고를 막기 위한 자동차취체령도 개정보완할 필요가 커졌다. 1921년 2월 두 번째로 개정 공포할 때는 자동차 검사법까지 나와 운수업자나 운전수들을 고민하게 만들었다.

처음으로 공포된 자동차검사는 유리파손, 조명등 불량, 페인트 벗겨진 것, 타이어를 감싸주는 펜더와 발판 파손 등 차체의 이상 유무만을 검사했다. 그러나 이것만으로는 부족해 같은 해 4월 25일 제3차 자동차취체령 개정과 함께 제2차 자동차 검사령이 개정 공포되어 운수업체들을 더욱 힘들게 만들었다. 그 내용을 당시 『동아일보』는 다음과 같이 보도했다.

"자동차의 차체검사—경기도 경찰부에서 흙받이와 등불도 새로이 준비하라고 지시—경기도 경찰부 보안과에서는 작 25일부터 시작하여 27일까지 3일 동안에 시내 자동차 차체검사를 하였는바 이번에 검사는 그 전의 검사와 같이 차대를 조사하기에만 그치는 것이 아니라 자동차를 사용하는 사람에게도 일반주의 사항에 대하여 특별히 여러 가지를 단속케 할 터이라더라.

보안과에서는 요사이 자동차를 단속하는데 아무쪼록 유감이 없도록 하려고 일전에 자동자전거와 스톱워치까지 사용하여 속력과 기타 규정에 위반하는 자가 있으면 즉시 쫓아가서 단속한다 함은 이미 보도하였거니와 이번에 자동차를 검사하는 때를 기회로 하여 새로이 자동차에 흙받이를 붙이게 하여 자동차가 진수렁 길을 지나다닐 때에는 흙이 튀어서 다른 통행하는 사람에게 피해를 끼치지 아니하도록 단속할 예정이라더라.

다른 나라에서는 자동차에 벌써 이러한 설비가 있어 일반이 피해를 당하는 때가 적으나 조선에서는 아직까지 자동차에 흙받이를 사용하는 자동차가 없으므로 비가 오고 길이 좋지 못할 때에는 자동차의 바퀴에서 흙물이 튀어 적지 아니한 피해를 당하고, 또 피해뿐만 아니라 종종 이로 하여금 서로 감정을 상하는 일이 적지 아니하여 보안과에서는 특별히 이런 폐단을 단속한다더라.

오는 5월 말까지 어떠한 자동차이던지 흙받이를 준비하게 할 터인데 그 모양과 방법은 이미 다른 데에서 사용하는 여러 가지의 흙받이를 사용하고, 또 팔기도 할 터인즉 사다가 자동차에 붙여 사용하던지 이에 대하여는 일정한 규정이 없고 다만 흙받이를 사용하게 할 터이라더라.

기타 자동차의 등도 광선을 함부로 발사하여 어떠한 때에는 광선이 너무 찬란하고 휘황하여 지나가는 사람들은 그 광선 속에서 허둥지둥하다가 도

자동차취령에 따른 바퀴에 '치마' 달기.

리어 충돌하는 때도 있을 뿐만 아니라, 광선을 함부로 남의 얼굴까지 비치게 하는 것은 제일 공손치 못한 일이요. 때때로 좋지 못한 감상을 주는 것이므로 자동차 등불도 이번에 단속하여 거리로는 땅에서 팔(八)척 이상을 더 올려 비치지 못하게 규정하였더라.

또 종래에는 번호를 비치는 뒷등도 완전치 못하여 밤중에는 자세히 번호를 알 수 없는 때가 많이 있고, 그 중에도 좋지 못한 운전수들은 자기의 부주의로 사고를 냈을 때에는 심한 자는 번호의 등을 끄고 도망하는 일도 있음으로 뒤에 다는 등에도 일정한 규정을 지키게 하여 뒷등도 앞등과 연락 장치를 같이하여 함부로 끄지 못하게 할 터인데, 역시 5월 말까지 준비하게 하여 자동차에 대한 모든 규칙을 엄중히 단속 할 터이라더라."

사람을 살상하고 재물을 파손하는 직접 사고도 문제였지만 주위의 조건 때문에 일으키는 간접 사고도 단속 경찰들을 괴롭혔다. 그중 비 오는 진흙길을 달리며 튀기는 흙탕물 세례를 뒤집어쓴 행인들의 항의도 이만저만 큰 것이 아니었다. 당시 서울이나 부산, 평양 등 큰 도시의 도심거리는 그런대로 포장이 되어 있어 덜했지만 서울의 경우 변두리인 신촌, 마포, 동대문 밖 청량리 거리는 비포장 흙길이라 큰 비만 왔다하면 발이 푹푹 빠지는 진수렁으로 변했다.

자고로 백의민족인 우리 백성은 여름이면 흰옷 입기를 좋아해 하얗게 차려입고 비 오는 날 진수렁 길가를 조심조심 걸어가는데 자동차를 만나 흙탕물을 한번 뒤집어썼다 하면 흰옷은 금세 엉망으로 변해 피해가 이만저만이 아니었다. 튀겨 놓고 달아나는 자동차에다 대고 욕설에 삿대질을 해보았자 '소 귀에 경 읽기' 이니 늘어나는 자동차들의 우중행패를 견디다 못한 행인들이 비 오는 날 저놈의 자동차를 제발 못 다니게 해달라고 빗발 같이 항의했다.

이런 민폐를 막기 위해서 내린 법이 흙받이 의무설치였다. 그런데 '비올 때 흙탕물 튀김을 막는 앞치마를 모든 자동차의 네 바퀴에 달고 다녀야 한다'는 법칙을 공포하자 나라의 법이니 할 수 없이 지켜야 하는데, 앞치마를 달라니까 어떤 운전수는 부인의 삼베 앞치마를 잘라서 타이어 가운데 있는 쇠바퀴 살에 붙들어 매어 함께 빙글빙글 돌아가도록 만들어 흙탕물이 더욱 튀기도록 하는 일도 일어났다.

경찰서에서 어떻게 달아야 한다는 방법을 알려주지 않아 생긴 말썽이었다. 뒷바퀴는 앞치마가 돌아가지 않도록 팬더 양쪽 끝에 달아두면 되지만 앞바퀴는 방향을 틀 때면 타이어가 밖으로 튀어 나와 달이 맬 재간이 없자 '에라, 달라니까 어쨌든 달아만 놓으면 될 것이 아닌가' 하고 타이어 가운데의 쇠 휠에다 달았던 것이다.

한편에서는 비 오는 날 앞치마가 바퀴와 함께 빙글빙글 돌아가지 않자 경찰관이 그 자리에 차를 세우게 하고는 법칙 위반이라며 호통을 치기도 한다. 앞치마가 돌아가지 않도록 정상적으로 매단 자동차들을 당황하게 만드는 무식한 교통순경들도 있었던 것이다.

서울 종로 네거리에서는 처음 실시했던 '통행금지구역'의 효과로 사람들이 이 정리구역 안으로 들어가는 것은 점차 사라졌으나 문제는 전차와 자동차가 서로 먼저 통과하려다 충돌하는 사고가 점점 늘어가는 점이었다.

1923년 6월 들어 전국에 1080여 대, 서울에만 320여 대의 자동차와 60여 대의 전차로 늘어나자 이들의 충돌사고를 막기 위해서 네거리 한복판에 자동차와 전차의 진행방향을 지시하는 인간 신호기인 호루라기를 문 교통 신호수가 등장했다. 이것이 최초의 자동차용 신호등이었다. 3년 후인 1926년에는 교통 신호수의 팔 젓기 수고를 덜어주는 교통 신호 표지판이 등장했다. 운전자들에게 확실한 신호를 인지시켜주기 위해 앞, 뒤에 '가시오'라는 進자와 '서시오'라는 止자를 쓴 2.5m 높이의 둥근 신호 표지판이었다. 그러다 1929년 계속 늘어나는 자동차와 전차에 덩치 큰 부영버스 20대까지 가세하자 서울에서 가장 혼잡한 4곳의 네거리 교통정리에 교통 신호수로서는 한계가 있다하여 일본과 미국의 대도시에서 사용하던 전기식 신호기를 처음 설치했다. 이 최초의 전기 신호기는 수동식으로 높은 철탑 4면 각각에 빨간색과 노랑색 두 개의 등불이 달려 있었는데, 빨간색은 '서시오'이며, 노랑색은 '가시오'였다.

최초의 자동차 백두산 탐사

1921년 7월 초 신문에 흥미진진한 기사가 보도됐다. 함경남도 도청과 동아일보사 주최로 우리 역사상 처음으로 자동차를 타고 백두산을 탐험한다는 내용이었다. 민족의 발상지로 단군신화가 서려있는 백두산을 구석구석 취재하고 사진을 찍어 그 비경을 신문을 통해 전 국민에게 생생히 알리겠다는 취지다.

야심찬 계획이었다. 두 명의 취재기자는 용감한 젊은이 스무 명과 함께 탐사대를 조직해 네 대의 자동차에 분승한 후 함흥을 출발해 북청, 함관령 개마고원의 풍산과 갑산을 거쳐 해산진까지 고산 험로 600여 리를 달려 백두산을 탐사한다고 밝혔다.

『동아일보』의 두 기자는 함흥에서 탐사대와 합류하기 위해 7월 3일 열차편으로 서울을 출발해 함흥으로 향했다. 함흥에 모인 기자들과 탐사대 일행은 네 대의 자동차에 분승하여 두 대씩 두 팀으로 나누고, 7월 8일 30분 간격으로 아침 8시와 8시 30분에 드디어 백두산을 향한 모험의 대장정에 올랐다.

그러나 출발부터 고난이 닥쳤다. 후발대는 함흥을 출발하고 얼마 못 가서 함흥과 홍원 사이 도로가 계속된 장맛비로 무너지는 바람에 길이 막혀 다시 함흥으로 되돌아와야 했다. 선발대는 다행히 길이 무너지기 전에 통과해 홍원에 도착할 수 있었지만, 두 팀은 멀리 떨어져 연락이 끊어졌다.

무전기나 카 폰 따위는 꿈도 못 꾸던 시절, 함흥으로 돌아온 후발대는 이튿날 아침 다시 작전을 짜고 11시에 개마고원을 향해 출발했다. 다른 길로 돌아 선발대가 기다릴 홍원으로 달린다는 계획이었다. 가는 도중 홍수로 무너진 길을 통과하느라 차를 타고 가는 일보다 진수렁에 빠진 자동차를 끌어내며 비지땀을 흘리는 일이 더 많았지만, 후발대는 진흙탕 길을 뚫고 선발대와 합류하기 위해 열심히 목표지점으로 달려갔다.

이렇듯 고생하며 진수렁 길을 약 30리 정도 돌파했을 때 먼저 갔던 대원 한 명이 달려와 선발대의 소식을 전해주었다. 전날 홍원으로 들어갔던 자동차 중 한 대가 후발대를 걱정한 나머지 에스코트하러 함흥으로 오다가 역시 진수렁에 빠져 꼼짝 못하고 있다는 소식이었다. 현장으로 달려간 후발대의 도움으로 빠져나온 일행과 세 대의 자동차는 홍원을 향해 달렸다. 그러나 고생은 그것으로 끝난 것이 아니었다.

이들 일행은 홍원을 얼마 남겨 놓지 않고 세찬 냇물을 만났다. 진수렁에 빠졌던 때처럼 대원들은 전부 내려서 걷고, 운전수들은 빈 차로 조심조심히 건너가는데 한 대가 그만 엔진 고장을 일으켜 물 가운데서 서고 말았다. 차체가 반 이상 물속에 잠겨 양쪽 발판에 실려 있던 짐들이 몽땅 물속으로 잠겨버린 것이다. 겨우 물 밖으로 끌어낸 후 짐부터 부랴부랴 조사했더니 트렁크와 짐 상자 안에는 물이 가득했다.

이것은 대원들에게 커다란 타격을 안겨 주었다. 의류, 식품, 부품 들은 햇빛에 말리면 그런대로 쓸 수 있지만 응급약품과 수십 타의 사진 필름은 전혀 쓸 수 없었다. 당시의 필름은 오늘날처럼 셀룰로이드 재질이 아닌 얇은 유리판 위에 감광약을 발라 가공 처리한 것이라 조금이라도 물기가 있으면 사용이 불가능했다. 사진이 이번 탐사의 생명이나 다름없는데 큰 낭패였다. 탐사대는 할 수 없이 홍원에 도착한 즉시 함흥에 사람을 급파하여 약품과 필름을 구해오도록 했다.

홍원에 모두 모여 다시 출발한 일행이 북청을 벗어나자 이번에는 높고 험준한 개마고원이 앞길을 막았다. 그 첫 관문이 바로 함관령 고개였다. 이 고개는 오르기 20리, 내려가기 20리 길의 준령인데 이 산맥을 따라 만든 꼬불꼬불한 길은 차 한 대가 겨우 지나갈 수 있을 정도로 협소했다. 그것도 가는 듯하다 다시 되돌아오게 되고, 막다른 길에서 다시 길이 열리는 그야말로 구절양장 험로였다. 굴곡이 가장 심한 곳은 약 8m 간격으로 U턴형 꼬불길에 한쪽은 절경을 끼고 반대쪽은 깎아지른 듯한 깊은 절벽을 따라가는 고갯길이라 자동차들은 모두 벌벌 기었다.

고생 끝에 낙이 온다던가. 함관령 정상에 올라 개마고원 입구 후치령 쪽으로 내려가는 길은 비교적 완만했다. 경치도 너무 수려해서 아름다운 산수화를 보는 것 같았다. 그러나 그 즐거움도 잠시 개마고원을 관통하려면 넘어야 할 또 하나의 고산준령인 후치령이 웅장한 자태로 탐사대를 가로막았다.

후치령 입구에 도착해보니 아무리 눈을 닦고 찾아보아도 자동차가 갈 수 있는 길이 없었다. 근 한 시간 동안을 찾아 헤맸지만 허사였다. 개마고원으로 들어가는 길이라고는 사람이 겨우 다닐 수 있는 오솔길뿐이었다. 실망이 전 대원들을 엄습했다. 목적을 달성하기 위해서는 자동차를 포기할 수밖에 없었다.

결국 함흥서 백두산까지 700리 길의 3분의 1도 못 가 자동차들은 함흥으로 돌려 보내야했다. 탐사대는 할 수 없이 인근 산촌에서 나귀를 겨우 빌려 짐을 지고 도보로 100여 리의 험준한 개마고원을 관통해 해산진이 가까운 갑산까지 강행군을 했다. 갑산에 도착한 일행은 해산진에서 대절 자동차를 불러 나머지 여정을 마쳤고 함흥을 출발한지 8일 만에 백두산 천지연에 도착하는 쾌거를 거두었다.

이 최초의 자동차 백두산 탐사는 사진과 함께 그 후 『동아일보』에 시리즈로 15회나 연재됐다. 그로부터 1년 후 백두산 탐사대의 용감한 개척정신을 이어 받은 함흥 태생의 사업가 김효택은 거금 7000여 원을 투입해 후치령에서 갑산까지 자동차도로를 사비로 닦은 다음, 정기노선 버스 운영을 허가받아 풍산에 공여자동차부를 설립했다. 그리고 1922년 8월 2일 함흥-해산진 간 자동차 교통을 처음으로 개통시켰다. 이때 김효택은 함흥-해산진 간의 좁은 길에 맞추기 위해 자동차를 일본에서 들여올 때 아예 25cm 가량 차폭을 줄여왔다고 한다.

조선의 헨리 포드와 최씨 형제의 문전 서비스

"이것 보라우, 김씨 아바이. 나 좀 보자우."

"사장님 와 그러십네까?"

"이리 좀 오라우."

차고 뒤로 따라간 김 씨는 의아스러운 표정으로 방 사장을 올려봤다.

"내래 무어이 잘못한 게 있습네까?"

"그거이 아니구, 내레 김 씨 아바이한데 큰 선물 하나 줄라구 그러는 게야."

"선물이라 그랬습네까?"

"그렇디, 김 씨 아바이 내 다꾸시 열심히 운전해서 돈 많이 벌어다 주니께니 김 씨 몰던 다꾸시 주갔어."

"네! 이 자동차를 저에게 주신다는 말씀이야요?"

"그렇다니끼니, 내레 거딧말 하는 것 봤어?"

"그거이 아니라 꼭 홍두께 맞은 기분이라 그러는 거야요."

"김 씨가 나를 위해 열심히 일한 공로 때문에 주는 게야."

"아이구, 정말 고맙습네다. 이거이 꿈인가 생시인가 모르갔구먼."

"다른 운전수들한테 절대로 이야기하디 말라우."

"예예, 여부가 있갔습네까. 죽을 때까지 비밀로 지키갔시요."

"그런디 말이야 내래 이 차 살 때 3000원 주지 안았갔어? 그냥 줄 수 없으니께니 2000원만 내라우."

"예! 그냥 주는 게 아니야요?"

"2000원 당장에 갚으라는 게 아니야. 돈 벌어서 매달 나누어 내라우. 차 값 다 갚을 때까지, 내 밑에서 열심히 일해야 되는 거야. 알갔어?"

택시가 대기하고 있는 함흥역.

1920년대 말 함경남도 지방의 운수업계에는 조선의 헨리 포드라는 '자동차 왕'이 나타났다. 북청 태생의 방의석, 방예석 형제는 1910년대에 광산에서 번 돈으로 8인승 포드차를 들여와 영업을 시작했다.

북부지방은 워낙 지세가 험해 자동차 도로 만들기가 어렵고 큰돈이 들어가는 데도 사비로 도로를 닦아가면서 영업을 할 만큼 부자여서 방 씨와 경쟁할 상대가 없었다. 그는 두둑한 배짱의 사나이로 이름 난 데다가 사업수완이 비상해서 1930년대 초에는 포드 차만 자그마치 450대를 굴리고 있었다고 한다.

때문에 업자들 사이에 방 씨는 '조선의 헨리 포드'라는 별명으로 통했고, 함남지방의 총 차량 중 75%를 차지했던 자동차 재벌이었다. 방 씨 형제는 배짱 때문에 많은 에피소드를 남겼다. 회사를 늘리는 데는 도가 터서 당시로서는 감히 생각도 못했던 모범운전사 포상제도를 착안해 운전수들이 열심히 돈을 벌어오도록 만들었다. 근 500명이나 되는 운전수들 중에는 별의별 친구들이 많아 골치도 썩였으나 그중 건실하고 열심히 일하는 운전수가 발견되면 몰래 불러다가 자동차를 주겠다고 선심을 써 재산을 늘렸다.

평생 아무리 허리띠 졸라매고 벌어도 가질 수 없는 자동차가 굴러들어왔으니, 순진한 운전수들은 입이 함박처럼 벌어져 차 값을 갚기 위해 그전보다 더욱 열심히 일할 수밖에 없었다. 방 씨는 경영에는 문외한이라 회사가 어떻게 돌아가는지는 몰랐지만, 사람을 발탁해 쓰는 능력이 탁월해 함 씨라는 똑똑한 부하에게 회사 경영을 맡기고는 회사 늘리기에만 정력을 쏟아 자동차 운수재벌이 되었다고 한다. 1920년대 말 그의 재산은 당시 돈으로 10억 원은 되고도 남았다는 후담이다. 신형 포드 차 한 대 값이 2500~3000원 할 때였으니 자동차 영업으로 얼마나 많은 돈을 벌었던가를 알 수 있다.

북쪽에 방씨 형제가 있다면 남쪽 호남지방에는 최종열, 최승열 형제가 자동차 재벌로 두각을 드러냈다. 1922년부터 남부지방에서는 대지주들이 너도나도 자동차 영업에 뛰어들어 승합자동차회사가 우후죽순처럼 생겨났고 업자들 간에 경쟁이 극심해졌다. 이즈음 호남지방에서 가장 크고 잘나갔던 업체는 전주의 대지주 최종열과 최승열 형제가 운영하던 공화자동차부였다.

최씨 형제는 1919년 일본인 야마모도가 경영하던 자동차회사를 쌀한 가마니에 20~25원할 때 2만 원을 주고 인수한 후 공화자동차부로 이름을 바꾸고 헌 차 5대로 전주-남원, 전주-군산 노선을 운영했다. 그런데 이듬해 자본금 10만 원의 군산자동차부와 전주자동차부가 생겨나 전주-군산 노선에는 모두 세 개의 회사가 경쟁하게 되었다. 손님이 그리 많지 않던 시절이었기 때문에 세 회사는 피나는 손님 쟁탈전을 벌여야 했다.

어떤 때는 각 회사의 운전수와 조수가 손님을 뺏으려고 패싸움을 벌이기도 했고, 길을 가다가 경쟁 회사의 차가 오면 일부러 길 가운데 서서 비켜주지 않으며 훼방을 놓기도 했다. 사정은 최씨 형제 쪽도 마찬가지였다. 치열한 경쟁에 고전을 면치 못하고 있었다.

"형님, 이래 갖고는 자동차 영업 힘들어 못하겄수. 군산하고 전주자동차부를 싹 없애 버리는 방법을 찾아야 쓰겄소."

"그려, 근디 고것들이 자꾸 훼방 놓아쌌지 않은가…. 긍게 동생, 이왕 내친 김에 자동차를 아예 새 놈으로 싹 들여와버리는 것이 어떨가

잉. 지금 차들은 전부 고물이지 않응가?"

"아따 형님, 고것 참 기똥찬 생각이구만이라우. 새 차 들여오믄 손님들이 우리 공화자동차부로 몽땅 달려들 것잉게 그리 합시다요."

최씨 형제는 일본 오사카에서 최신형 포드차를 한꺼번에 10대나 들여와 헌 차와 바꾸었다. 그러자 손님들은 공화자동차부로 몰려들었다. 이때 생겨난 것이 문전 서비스였다. 손님들은 차부(자동차회사 정거장)까지 갈 필요가 없이 집에 앉아서 시간과 행선지를 전화 한 통화로 차부에 알리기만 하면 되었다. 버스 출발시간 30분 전에 전화주문 받은 집 앞까지 일일이 찾아와서 손님을 태우고 차부로 들어가면, 차부에서는 각 행선지별로 버스에 태워 떠나가게 하거나 역으로 들어가 기차에 태우는 시스템이었기 때문이다. 최씨 형제는 그야말로 '고객은 왕'이라는 정신하에 최고의 서비스를 손님들에게 제공한 덕분으로 인기를 끌어 호남의 운수재벌이 되었다.

제1호 학생 오너드라이버

"내가 열 살 전에 큰 아버님이 영국제 자동차를 사오셨지. 운전수가 없어 상해에서 중국인 운전수를 데려왔는데, 제복을 입은 운전수가 집안 어른들을 태우고 다녔어. 차가 집에 있을 때는 어른들 몰래 태워 달랬지. 집안을 도는 정도였지만 말이야."

윤보선 대통령과 자동차와의 인연은 구한말 그가 아주 어린 시절부터 시작되었다. 윤 대통령이 1897년생이니 처음으로 차를 탄 것은 1906년 전후라고 하겠다.

"당숙(윤치호) 아저씨가 미국에서 자전거를 처음 사가지고 와서 그걸 즐겨 탄 것이 내가 바퀴를 탄 최초일 거야. 어른 자전거라서 한쪽 발을 차체 사이에 넣고 페달을 밟으며 탔지."

이 시절 사람들은 자전거의 신기한 모습을 보고, '윤씨네 축지기계'라고 불렀다. 윤치호는 구한말 학부협판(교육부 차관)을 지낸 개화의 선각자로 영어, 프랑스어, 중국어, 일본어에 능통한 당대의 최고 지성인이었다.

명문가에서 태어난 윤보선은 장성하여 일본 도쿄로 건너가 자취생활을 하며 공부하다가 귀국해 1918년 21세 때 독립운동을 하기 위해 상해로 건너갔다. 1919년 3·1운동이 일어난 후 상해에는 수많은 독립운동가들이 모여들었고 대한민국 임시정부가 수립되었다. 이때 어른들은 아직 어린 축에 드는 윤보선에게 "자네는 외국에 나가 공부를 더 한 다음 독립운동을 하라"고 충고했다.

윤보선은 어른들의 충고에 따라 영국으로 떠날 결심을 하고 22세 때인 1919년 중국인 옷차림을 하고 일본 경찰의 검색을 피해 가까스로 42일 만에 프랑스의 마르세유를 거쳐 영국으로 건너갔다. 영국의 명문 에든버러대학에 입학한 지 2년이 지나 그는 이탈리아제 검은색 '피아트'를 꽤 비싼 값인 400파운드에 샀다. 앞좌석 둘에, 짐을 싣도록 좁게 마련된 뒷자리에도 간이용 좌석 하나가 있는 스포츠형 오픈카였다.

윤보선은 8000명이나 되는 에든버러 대학생 중 유일한 오너드라이버였기 때문에 학생들의 인기와 부러움을 한 몸에 받았다. 자동 시동기가 없어 쇠막대기를 손으로 돌려 시동을 걸어야 하는 3단 기어의 피

대통령 전용차를 탄 윤보선 대통령.

아트를 몰고 영국 시내를 시간이 날 때마다 드라이브했다. 이 차를 샀을 때 영국에 있는 자동차 판매 회사에서 기술자가 나와 1개월간 그에게 운전을 가르쳐주었다.

윤보선은 일생 동안 자동차 교통법규를 두 번 위반했다고 한다. 한 번은 시골로 여행을 가는 길에 기분이 좋아서 스피드를 내다가 갑자기 앞에서 8~9세 된 아이가 뛰어드는 바람에 급브레이크를 밟아 아슬아슬하게 위기를 넘긴 일이다. 또 한 번은 서둘러 시내를 빠져나가다가 신호 위반으로 교통경찰에게 잡혔다. "서툴러서 그러니 한 번만 봐주시오" 하고 사정을 했더니 다행히 경찰이 눈감아주었다고 한다. 에든버러대학 시절 피아트를 탄 것으로 해외에서의 오너드라이버 생활은 끝을 맺는다. 전공이 선사(先史)시대 고고학이어서 스페인과 프랑스의 유적을 찾을 때면 기차여행을 많이 했다고 한다.

광복 후에는 영국제 '오스틴'을 타다가 서울시장, 상공부장관, 국회의원을 지낼 때는 지프차를 탔다. 오스틴을 탔던 시절이 윤보선의 마지막 손수 운전이었다. 그가 관직생활을 시작하던 시절에는 장관이나 국회의원 모두가 지프를 타고 다녔다.

6·25전쟁 때 부산에 내려가 적십자사 총재로 일했을 때는 지프를 닮은 '랜드로바'를 탔다.

"딱정벌레 폭스바겐은 내가 제일 좋아한 차였지."

신한당 총재 시절에는 '크라이슬러' 8기통짜리를 탔는데 기름을 너무 많이 먹어 얼마 안 가 폭스바겐으로 바꾸어 탔다. 대통령후보 시절에는 국산차인 현대의 69년 형 '포드20M'을 타고 다녔다. 윤보선은 자동차를 우리나라에서 제일 먼저 탔던 소년이었고, 다양한 자동차를 탔던 대통령이었다.

자동차로 성공한 최초의 여성

1925년 8월, 이정옥이라는 젊은 여성이 당시 과거시험보다 더 어렵다는 자동차운전면허 시험에 우수한 성적으로 합격하여 널리 회자되었다. "동양 최초의 여자운전수 탄생하다"라는 큼직한 헤드라인 아래 연일 신문에 보도되며 장안이 떠들썩했다. 25세의 새댁 이정옥은 용산에 있는 동양자동차강습소에서 2개월간 운전교습을 받고 단번에 합격해 장안 사람들을 놀라게 했다.

이정옥은 충청도 대지주 집안에서 태어나 경성에서 통역관을 하던 아버지를 따라 하와이로 이민을 갔다. 그곳에서 초등학교를 졸업한 후

14세 때 귀국해 진명고녀와 경기사범을 졸업했다. 이후 그녀는 오산에서 한 2년간 교편을 잡다 서울 사직골에서 정판서로 잘 알려진 양반 집안의 셋째 아들과 중매로 결혼하면서 교직을 떠난다.

이정옥은 매우 활동적인 인텔리 여성이었다. 결혼 후 한동안 살림에 몰두하다 자동차에 매료된 후로 운전면허시험을 보고 합격하여, 여자운전수로서 적극적으로 활동했다. 물론 그녀의 진취성이 순탄하기만 했던 것은 아니다. 운전면허를 딴 후 조선여자들도 사회에서 활동하여 일본인들의 콧대를 꺾어 주어야겠다고 생각하고, 택시운전을 하려 했으나 시댁에서 '여자가 감히 남자들 속에서 볼썽사나운 짓을 한다'며 못마땅히 여겨 사회 진출의 기회를 접고 한동안 시댁과 발길을 끊고 지내야 했다.

그렇게 뜻을 접고 가정에서 살림만 하던 1927년 여름, 자동차 판매업을 하던 일본인 한 사람이 이정옥을 찾아와 은근히 자동차 바람을 다시 불어넣었다.

최초의 택시회사 여사장 이정옥과 아이들.

"옥상(부인), 참으로 옥상의 재주 아깝스므니다. 일본에도 지금 여자들이 사회활동 많이 하고 있스므니다. 조선에도 개화 세상이 열리고 남녀 평등시대가 오고 있스므니다. 자동차 사업해서 신식 여성 되는 것이 조선에 좋은 일이므니다."

"저는 결혼한 몸이라 시댁에서 반

대하는 일은 하고 싶지 않아요."

"용기를 가지십시오. 나 산타로 옥상께 자동차 두 대를 월부로 주겠습니다. 택시영업을 하십시오."

당시 『매일신보』 기자였던 남편도 의논한 결과 아내의 진취성을 막을 생각이 없어 찬성을 했다. 용기를 얻은 이 여사는 집을 담보로 1000원을 빌려 대당 3000원짜리 미국자동차 크라이슬러와 프리머즈를 들여와 서울 신문로에서 대양택시라는 간판을 달고 사업을 시작했다. 1927년 27세의 나이로 최초의 택시회사 여사장이 된 것이다.

처음으로 여자가 택시회사를 개업했다는 소문은 금새 서울 장안에 전염병처럼 퍼져 개업하자마자 전화통이 몸살을 앓았다. 그녀는 장안의 상류층 한량들에게 큰 인기를 끌어 잠시도 핸들에서 손을 뗄 수 없을 만큼 정신없이 바빴다. 돈 많은 미곡상, 포목상, 자전거포 주인, 그리고 고관대작들이 요정에서 여자 운전수를 대령하라고 어쩌나 성화인지 불려 다니는 자동차 영업이었지만, 이정옥은 몇 달 안 가 차 두 대 값의 나머지 잔액 5000원을 전부 갚았다. 월부로 준 일본 판매상이 그녀의 실력에 탄복한 나머지 호랑이가죽 담요를 선물로 주었을 정도였다.

개업한 이듬해 봄 어느 날 프랑스 영사가 전화를 걸어왔다.

"여보, 프랑스 영사가 당신을 좀 만나자고 전화를 했소."

"네? 프랑스 영사가 무슨 일일까요?"

"글쎄 구체적인 이야기는 없구, 비서가 그러는데 나쁜 일은 아니니까 속히 좀 들어오랍디다. 당신이 유명하니까 아마 연애 좀 하자는 것이 아닐까, 허허허…."

"어머, 당신두 별 농담을 다 하세요."

남편의 말을 듣고 의아한 표정을 지으며 그녀가 영사를 찾아가자, 영사는 자신의 비서를 통해 이정옥에게 난데없는 제안을 하나 해왔다.

"어서 오십시오, 이 여사. 다름 아니라 내가 중국 신경으로 전출을 가는데, 차를 가져가기가 힘들어 팔고 가려고 합니다. 이왕이면 이 여사께서 내 차를 사주셨으면 해서 뵙자고 했습니다.

"자동차를 저한테 파시겠다구요. 저 아니라도 영사님의 자동차를 살 분들이 많을 텐데요?"

"그렇습니다만, 이 여사께서는 장안에서, 아니 조선에서 유명하신 신여성인데다가 자동차 영업을 하시고 있기 때문에 내 차를 이 여사께 양도하는 것이 가치 있는 일이라 생각했습니다."

"영사님께서 소인을 극찬하시니 부끄럽습니다. 그런데 보아 하니 매우 고급차 같은데 너무 비싸면 곤란합니다."

"아닙니다. 산지가 얼마 안 되는 비싼 차이지만 헐값으로 드리겠습니다."

영사의 자가용은 8기통 엔진에 유압 브레이크가 달린 미국 GM사의 뷰익이었는데, 조선에서 누구도 가지고 있지 않던 최신 고급형이었다. 그때까지 서울 장안에는 아무리 최고급차라도 6기통 엔진에 기계식 브레이크를 달고 있었다. 이정옥이 새로 인수한 최신형 뷰익에 대한 소문이 신문을 통해 금세 장안에 퍼졌다. 그러자 이상하게도 결혼식장의 허니문카로 불려 다니기 시작했다.

"정자 씨, 결혼식 끝나면 신혼여행 어디로 가고 싶소?"

"어머나! 신혼여행까지요? 제가 어떻게 알아요. 민규 씨가 가자는

데로 갈 거야요."

"그럼 황해도 백천온천이 어떻소? 아버님이 가시끼리(대절) 택시 한 대까지 대절해주신다니까 한번 기분 내봅시다."

"그럼, 요새 장안에서 소문난 대양택시의 여자운전수가 모는 뷰익 차를 대절해요."

"그거 좋소, 얼마나 고급차인가 한번 타봅시다. 여자가 운전하는 가 시끼리 타고 신혼여행을 간다! 또 한번 신문에 나겠구먼."

이정옥은 이때부터 뷰익을 몰고 백천온천이나 온양온천으로 달리 는 신혼여행 자동차 영업하기에 바빴다. 여자가 손수 자동차를 운전 하니까 호기심 때문에 남자 손님들이 추근대는 일도 많았다. 그래서 이정옥은 옆자리에 조수를 태우고 다니면서 손님이 농을 걸면 팔꿈치 로 조수의 옆구리를 찔러 마땅한 대꾸를 하도록 했다. 그래서 항간에는 '여자가 너무 쌀쌀하고 콧대가 세다'는 소문도 돌았다.

이정옥은 1920년대 조선 여인들의 우상이었다. 택시회사를 개업한 지 5년만인 1932년경 그녀는 당시 경쟁업체였던 동양택시까지 인수하여 총 10대의 택시를 굴리는 서울 운수업계의 택시여왕이 되었다. 그러던 어느 날 한밤중 곤히 잠을 자는데 느닷없이 전화가 걸려왔다.

"거기 대양택시 여사장님 댁입니까?"

"그렇습니다만 누구신지요?"

"예, 저는 다름 아닌 이 여사를 사모하는 한 남성이올시다. 무례하게도 밤중에 전화를 드려 죄송합니다. 한번 만나주실 수 없을까 하고 청을 드립니다."

"네, 청은 고맙습니다만 사업이 바빠서 도저히 시간을 낼 수 없군요. 저는 이미 결혼을 한 몸이라 외간 남자를 만날 수가 없습니다. 용서하세요."

"그러지 마시고 한번 만나서 조선호텔 로비에서 코히(커피)나 한잔 하면서 이야기나 나누자는데 왜 그렇게 빼십니까?"

"이것보세요. 너무 무례하지 않습니까. 저의 사정을 말씀드렸으면 이해하셔야지요. 끊겠습니다."

이후 남자는 두 달 가까이 한밤중에 전화를 걸어와 갖은 수작을 떨며 괴롭혔다. 밤이 무서울 정도로 신경쇠약에 걸린 이정옥은 범인을 잡아야겠다고 결심했다. 그리고 태도를 바꾸어 받아들이는 척 호감을 보였다. 결국 만나기로 한 본정통(충무로) 다방에서 범인을 잡았다. 하지만 조선인 변호사라 많이 사정을 봐주어 본정통 파출소에서 2일간 구류를 살게 하는 것으로 매듭지었다.

며느리가 자동차 운전을 한다고 못마땅히 여겨 등을 돌리고 발길을 끊었던 시아버지는 그 후 일절 자동차를 타지 않고 인력거만 이용하리 만큼 보수적인 노인이었다. 어느 날 이래서는 안 되겠다고 생각한 이정옥은 남편과 짜고 시댁 대문 앞에서 기다렸다가 외출을 하시는 시아버지를 억지로 차에 태우고는 시내를 한 바퀴 돈 다음 친구 분이 기다리신다는 장소로 모셔다 드렸다. 시아버지는 차에서 내리며 부드러운 얼굴로 말했다.

"아가, 그동안 내가 너무했구나. 노친네의 고집을 이해하여라. 자동차라는 것이 탈 만하구나."

이렇게 시댁과 화해를 한 이정옥은 조선인의 긍지를 지키기 위해 항상 짧은 치마 저고리의 한복을 입고 운전했다고 한다. 그녀는 1937년까지 만 10년간 무사고 운전을 해 총독부가 주는 모범운전수 표창까지 받았다. 이즈음 난데없이 의친왕가에서 묘한 청을 해왔다.

"여보, 이번에는 고등관 운전수가 되어 보지 않겠소?"

"무슨 말씀을 하시려구 그러세요?"

"의친왕가에서 이강 공 부인의 자가용 운전수로 와줄 수 없겠느냐는 전화가 왔소이다."

"감히 제가 그런 자격이 어디에 있습니까. 언감생심이지 그럴 수 없어요."

시댁의 체면을 위해 이렇게 거절한 이 여사는 1970년대 말까지 서울 문화촌에서 생존했다고 한다.

멋쟁이 운전수의 비극적인 로맨스

1921년경 서울의 멋쟁이 택시 운전수들 중에서 이기연은 미국 영화배우 제임스 딘처럼 반항아 같은 운전수였다. 이기연은 평소에 잘 알고 지내는 자전거포 주인에게 자신의 택시손님을 소개해 자전거 판매를 도왔다. 그동안 이기연의 도움을 받은 자전거포 사장은 답례를 하기 위해 서울 청진동 깊숙이 자리 잡은 요릿집 배화정으로 데리고 갔다.

배화정의 기녀 이진봉과 멋쟁이 운전수 이기연은 서로 첫눈에 반했다. 두 사람은 밤을 새워 이야기를 나누며 서로 비슷한 생각을 하고 있음을 알았고, 마음속 깊은 곳에 일본에 대한 증오와 반항심을 감추고 있다는 것을 깨달았다.

수원 근방 가난한 소작농가에서 태어난 진봉은 6살 때 버림받았다. 그녀의 부모는 빚 때문에 어린 진봉을 서울 권번에 팔아넘기고 북쪽 간도로 떠나버렸다. 소녀는 이름도 없이 기예를 익히며 자랐고, 15세 되던 해부터 이진봉이라는 이름을 달고 장안의 요정으로 불려다녔다. 진봉은 아름다우면서도 총명해 뭇 사나이들의 귀여움을 받았으나 철이 들면서 마음속으로 일본을 미워하기 시작했다.

첫눈에 반한 이기연과 이진봉은 사흘이 멀다 하고 만났다. 그러다 보니 이기연의 집안과 친구들까지 알게 되어 격렬한 반대를 겪어야 했지만 두 사람의 사랑을 막을 수는 없었다. 이기연은 매주 월요일 오후마다 진봉을 차에 태우고 교외로 나가 운전을 가르쳤다. 진봉은 재주가 있어 곧잘 배웠다.

두 사람의 로맨스는 잔잔한 물결처럼 퍼져 나갔다. 기녀와 운전수의 로맨스는 청춘남녀들의 아련한 사랑의 이야기로 혹은 비난의 소리로 계속 꼬리를 이었다. "떴다 보아라. 하늘에는 안창남의 비행기, 내려다보니 땅위에는 엄복동의 자전거, 간다 못 간다 얼마나 울었나"라는 노랫가락이 전국에 메아리쳐 일제에 나라를 빼앗긴 한민족의 슬픔을 조금이나마 시원하게 풀어주던 때였다.

당시 안창남과 엄복동은 우리 민족의 우상이었다. 조선의 많은 젊은이들이 하늘을 나는 비행사가 되는 게 꿈일 정도였다. 이기연도 그랬다. 하루 일을 마치고 느지막이 애인 이진봉의 집에 들른 그는 피곤하다는 듯이 애인의 무릎을 베고는, "에잇, 나도 하늘이나 날까 보다"라며 혼잣말로 중얼거렸다.

"네? 하늘을 나시다니요 서방님, 그러면 비행기 운전수가 되고 싶다는 말씀이세요?"

"그렇소, 땅위에서는 보기 싫은 꼴들이 너무 많으니 안창남 형님처럼 나도 비행기 운전술을 배워 마음껏 세계의 하늘을 날아다니고 싶은 심정이오."

"가만히 계세요. 그것 참 훌륭한 생각이네요. 왜 못하십니까? 하세요, 서방님!"

"배우고는 싶지만, 우선 일본에 있는 비행기학교에 들어가 배워야 하는데 그러자면 학비가 너무 많이 드는구려."

"서방님, 뜻있는 일에 돈이 문제이옵니까. 염려 놓으시고 어서 일본으로 건너가시어 안창남 선생님 못지않은 훌륭한 비행사가 되시어 조국을 만방에 빛내세요. 소녀 분골쇄신해서라도 서방님의 뒷바라지를 하겠습니다."

"농담으로 한 이야기인데 진봉 씨가 진담으로 받아들이니 어디 생각해봅시다."

1923년 1월, 애인 이진봉의 간곡한 바람과 새로운 세계에 도전해보겠다는 의욕으로 이기연은 현해탄을 건너 안창남이 교육받았던 오사카의 오쿠리 비행학교에 입학했다. 당시 비행학교에 들어가려면 우선 자동차학원에서 자동차 엔진과 운전법을 배워야 입학자격이 있었으나 이기연은 이미 국내에서 이름 날리던 자동차 운전수였기 때문에 쉽게 입학했다.

학비와 실습비 등이 엄청나게 들었으나 이진봉의 헌식적인 뒷받침으로 온 정열을 쏟아 6개월 만에 3류 조종사 면허증을 거뜬히 따냈다. 이 소식을 들은 진봉은 하늘로 날아갈 듯 기뻤다. 천한 여인이지만 애인이 깊은 뜻을 이루도록 돕는 보람 있는 일을 했다는 만족감에 수없이 편지를 띄워 이기연의 용기를 북돋워주었다.

이기연 비행사의 추락을 알리는 「조선일보」 신문기사.

이기연은 공부를 더 해서 2류, 1류 비행사 자격증을 계속 따고 싶었으나 경제적 형편이 허락하지 않았다. 자신 때문에 진봉을 더 이상 희생시킬 수는 없었다. 3류 비행사로 만족한 이기연은 조선의 청년들에게 항공교육을 시키는 것이 조국의 독립을 위해 헌신하는 길이라 결심하고, 일본에서 얼마간 남아 실기 경험을 쌓은 후 중고 비행기 한 대를 구입하여 1924년 귀국했다.

귀국한 즉시 여의도에 조선항공학교를 세운 이기연은 그 길로 전국을 돌아다니며 조선 청년들에게 비행교육을 시키는 데 모든 정열과 힘을 바쳤다. 그러던 중 1927년 경북 문경의 청년회로부터 비행교육 초청을 받았다.

"서방님, 제발 몸조심하세요."

"염려 마오, 당신을 위해서라도 제비처럼 사뿐히 날아갔다 돌아오리다."

그러나 이것이 마지막이 될 줄 두 사람은 꿈에도 생각지 못했다. 마침 단오절인 6월 1일 문경 교육장에 모인 조선 청년들의 교육을 위해 시범 비행을 하다가 그만 엔진 고장으로 비행기가 추락하여 이기연은 27세의 나이로 생을 마감했다. 우리나라 최초의 항공사고였다.

가슴을 조이며 뜬눈으로 밤을 지샌 6월 2일 아침에 날아든 소식은 '이기연 비행사고로 문경 상공에서 추락사망'이었다. 하늘이 무너지는 듯한 청천벽력에 이진봉은 기절하고 말았다. 절망 속에 빠진 이진봉은 요정을 그만두고 집에서 근 한 달 동안 두문불출하며 눈물로 세월을 보내다가 산으로 들어간다는 말을 남기고 홀연히 사라져 버렸다고 한다.

제 5 장

미모의 안내양과 자동차 만경

최초의 택시미터기

"찰칵."

"운전수 양반, 이것이 무슨 소리요?"

"요금 계산기가 넘어가는 소립니다요."

"요금 계산기라니, 내가 내릴 곳을 다 가지도 않았는데 벌써 돈을 계산하는 것이요?"

"예, 맞습니다요. 돈은 내 손으로 받아도 손님이 내실 돈은 이제부터 내가 계산하는 것이 아니라 요놈의 기계가 계산합니다요."

"이 기계가 계산을 한다? 아니 사람도 아닌데 기계가 저 혼자서 돈 셈하는 재주라도 가지고 있다는 말이오?"

"그게 아니라, 설명드리기 좀 힘이 듭니다요. 그러니까 오늘부터 손님이 타고 1마장(3.2km)을 가면 이 기계가 2원 나왔다고 숫자로 표시합니다요. 보십시오."

"아니, 언제부터 이렇게 됐소? 어저께도 탔는데 서울 장안 어디를 가도 3원만 내면 되지 않았소?"

"오늘부터 우리 회사에서는 손님 편하고 나 편하라고, 이 돈 셈하는 기계를 차에 전부 달아 놓았습니다. 아, 손님께서 돈 더 냈다느니 나는 덜 받았다느니 입 다툼할 필요가 없지 않습니까요."

"뭐요. 그렇다면 따져봅시다. 갈 길을 반도 안가서 2원 내놓으라고 계산을 하다니 이런 법이 천지에 어딨소! 이것이 순 날강도 짓이 아니고 뭐요?"

"손님 말조심 하십시오! 이것은 회사에서 정한 것이니 회사에 가서 따지시우. 처음 1마장에 2원 나오면 다음부터는 2리마다 50전씩 더 가산 됩니다요. 이렇게 해서 앞으로 계속 1리마다 50전씩 더 가산된다는 이야기우."

"그러니 화가 난다는 거야! 반절 조금 더 와서 2원 50전이면, 내가 내릴 때는 6원이 나오겠구먼. 어느 놈이 이 엉터리 같은 수작을 하는 거야. 차 세워! 나 참 더러워서. 누굴 바가지 씌우는 게야? 네 이놈의 다꾸시 다시 타나봐라."

1926년 5월 경성역 건너편에 있던 아사히자동차부에서는 처음으로 요금 계산기를 들여와 가시끼리(대절)차에 모두 달아놓고 거리에 따라 자동적으로 요금을 계산하여 받도록 했다. 이것은 그동안 주먹구구식으로 계산해 받던 요금 때문에 수시로 일어나는 승객과의 시비를 막기 위해서였으나 실시 처음부터 아니나 다를까, 거센 반발을 받고 말았다.

이 최초의 택시미터기는 2마일(3.2km)에 대한 기본거리 요금을 2원

받도록 되어 있었고, 추가
요금은 매 0.5마일(800m)당
50전씩 가산하는 미국식 계
산 방법으로 만들어졌다.
이때부터 우리 땅에 계산기
를 단 진짜 택시가 등장하
기 시작했다. 이전의 택시
는 미터기가 없던 택시여서
엄밀한 의미에서는 택시가
아니라 대절 자동차였다.

1926년 서울역 앞 아사히 택시.

전세택시를 부를 시간이 없어 바쁜 김에 길에서 아사히 택시를 잡아
탄 손님은 미터기가 '찰칵' 할 때마다 돈 올라가는 소리에 가슴이 덜컹
내려앉아 목적지에 도달하기도 전에 내려 버리는 해프닝이 벌어지는
가 하면, 미터기 6원 거리를 타고서 3원만 내던지고 도망치는 일도 있
었다.

아사히자동차부는 택시요금 때문에 시비 붙을 일 없어 손님도 편리
하고, 회사도 수입이 더 오를 줄 알았지만 현실은 전혀 그렇지 않았다.
똑같은 거리를 가는데 이전보다 요금이 더 나오자 한번 당한 손님들
은 아사히 택시를 피해 미터기 없는 택시만 골라 탔다. 덕분에 수입은
계속 떨어졌고 아사히자동차부는 결국 4개월 후 모든 미터기를 떼어
버리고 다시 옛날식으로 돌아갔다.

최초의 시내버스와 여차장

1927년까지만 해도 서울, 평양, 부산 같은 대도시에는 대중교통 수단으로 택시 아니면 전차밖에 없었다. 시내버스는 언제 생겼을까? 다소 의외지만 최초의 시내버스는 개인 경영으로 대구에서 생겨났다.

그 시절 대구는 영남 내륙의 중심 도시로 사과의 명산지이자, 방직 공업이 발달하고 있던 상업도시였다. 그런데 대구의 인구는 계속 늘어나는데 반해 전차와 같은 대중교통 수단은 없었다. 그래서 1910년 중반부터 호텔을 경영하던 일본인이 대구의 교통을 원활히 하고, 호텔 고객의 교통을 돕기 위해 1920년 7월 시내버스 영업을 시작했다. 그에 관한 사실을 『동아일보』는 이렇게 전했다.

"대구 시내 자동차 운전─지난 6월 3일에 허가─대구 호텔주인 미촌옥차랑 씨의 주선으로 당국에 허가신청 중이던 전차대용의 시내 자동차 운영은 지나간 3일에 당국에서 허가하여 7월 1일부터 개통한다는데, 그 내용은 대구역을 기점으로 시작하여 대구 시내 각 방향은 물론이요 북편으로는 팔달교까지, 동편으로는 동촌까지 운행할 터이요. 처음에는 자동차 4대만 우선 사용하여 쉴 사이 없이 시내 각 시가를 왕래 운전하여 교통을 편리케 할 터이며, 각 중요한 곳에는 정류소를 설치하여 정류장에서 타고 내리게 할 것이며 또 전차와는 달리 운행하는 도중에서도 타고 싶은 사람이 손만 들면 곧 정거하여 태운다하니 대구 시내 교통이 자못 편리하겠더라."

그러나 대구 시내버스는 2년가량 운행하다가 호텔이 타인에게 매각되면서 적자운영으로 중단되고 말았다. 관청에서 운행하는 정식 시내버스가 등장한 것은 1928년이었다. 이해 4월 경성부청과 12월 대구부청에서 운영하는 대형 시내버스가 등장했다. 이 사실을 『매일신보』는 다음과 같이 보도했다.

　"**구체화 된 부영버스－우선 15대를 여름까지 운행－유람버스도 겸용－**경성부에서는 부의 교통이 나날이 번창해감에 따라 소화 3년(1929년)도 부 예산으로 부영버스를 운영하기로 하고 목하 구체적인 안을 작성 중인데, 경기도 보안과에서는 경성전기회사와 황금정 2정목(을지로 2가)의 정전림 씨로부터 누누이 버스영업허가 신청이 있었으나, 그것을 공영사업으로 하여 시내버스 영업의 우선권을 경성부청에 주는 것이 합당하다는 계획을 가지고 부청의 신청을 기다리고 있다더라.

　부청에서는 노선을 결정하는데 각 방면의 의견이 적지 않으므로 직원을 각 중요 도로에 배치하여 우선 실제 교통 상황을 조사하는 중인바 그 노선은 동대문으로부터 서대문에, 광화문통으로부터 용산을 지나 노량진까지 동서남북의 2대 간선을 중요 노선으로 정하고 또 전차선로에만 병행하면 피해가 적지 않을 모양이라 다시 동대문을 출발하여 약초정(을지로)을 경유하여 창덕궁 앞을 지나는 북부 간선도로와 태평도로(태평로) 등 전차가 없는 대로를 지선으로 정하여 운행하고 그 성적 여하에 따라서 시외 왕십리와 청량리에도 노선을 만들어 부영버스의 본래 목적인 도시거리 교통시간의 축소를 실현 할 예정이라더라.

　버스는 22인승의 대형 승합차 15대 가량을 구입하여 1구간에 5전내지 10전을 받을 계획인데 경기도 내무과장은 우선 일본의 선례 도시인 동경, 대판(오사카) 등지의 시내버스 상황을 조사하기 위하여 2월 하순이나 3월 초순경에 일본으로 출장하여 각 자동차 공장과 버스의 우세 등을 실제로 시찰하고 올 예정인바 부청에서는 이 사업을 약 10만 원의 자본으로 실시 할 터이며 또 날로 늘어나는 각지의 관광객의 교통을 위하여 동경과 같이 유람버스도 운행할 계획이라더라."

시민의 기대를 부풀게 했던 부영버스 10대(제1기분)가 일본에서 도입되어 서울 거리에 나타난 것은 1928년 4월 22일이었다. 그때까지 덩치가 작은 승용차만 보아왔던 서울시민들은 대형 버스를 보자 집채만 한 자동차가 나타났다며 그 크기에 놀라움을 금치 못했다. 게다가 생전 처음 보는 처녀 안내양까지 태우고 등장하여 갖가지 화제를 뿌리기 시작했다. 이 엄청난 사실을 『조선일보』는 다음과 같이 보도했다.

"도색의 부영버스 22일부터 개업─1구간 7전으로 매 10분에 1대씩 운행─묘령의 여차장도 이채─서울 장안에는 전차가 사통팔달하여 있고 인력거나 택시 등의 교통기관이 어느 정도 구비되었으나 아직 전차가 아니 놓인 골목이 많고, 또 인력거나 택시를 타면 돈이 많이 들어 시민의 불편이 많던 중 얼마 전 경성부청에서 부영으로 싼 요금을 받으면서 시내 버스영업을 하기로 준비하여 오던 것을 실현하게 되었더라.

일본에 주문했던 버스 10대도 도착하였고 차장으로 근무할 여자인 '버스걸'과 운전수의 채용도 전부 완료하였으므로 봄날의 꽃이 아주 무르녹는 오는 22일 아침부터 영업을 개시하기로 되어 우선 20일에는 시내 유지 200명을 초대하여 시승 겸 개업의 자축연을 장춘단에서 거행할 터이더라. 이리하여 금춘부터 묘령의 버스걸과 남색 버스가 장안에서 이체를 띄우려 하는데 부영버스의 운행 내용은 다음과 같다더라.

자동차 운전대수 : 10대(제1기분) / 1대의 승차 정원 : 14개 좌석과 8개의 가죽 손잡이에 매달려 타는 인원 8명, 계 22명 / 1구간 요금 : 7전 / 발차 시간 : 10분에 1대씩 / 구간 정류장 이름: 제1노선은 경성역—총독부(구 중앙청)—본정4정목(충무로4가)—경성역 / 제2노선은 경성역—명치정(명동)—황금정4정목(을지로4가)—창경원앞 / 제3노선은 경성역—황금정3정목(을지로3가)—경성운동장—장춘단.

총각들 가슴 태웠던 여차장의 희로애락

서울에 처음으로 부영버스가 운행되던 1928년 말 대구 부청에서도 예산 8만 9000원을 투입, 서울의 부영버스와 같은 차종을 10대 도입하여 역시 버스 걸을 태우고 12월 1일부터 운행하여 대구의 명물이 됐다. 그런데 서울에 부영버스를 들여올 즈음 경성부청에서는 엉뚱한 발상을 했다. 일본 도쿄 시내버스에 등장한 여자 안내원을 부영버스에도 고용하자는 것이다.

"청장각하, 이번 부영버스를 시민들이 많이 이용하도록 인기 작전을 쓰면 어떻겠습니까?"

"부영버스를 위해 인기 작전이라니 무슨 말인가 운수과장?"

"하이, 다름이 아니라 동경 시내버스처럼 표도 끊어주고, 차비도 받는 여차장을 고용하자는 것입니다."

"여차장이라! 예쁜 처녀들을 모집해서 표 가방을 달아 태우자는 말

1928년 부영버스 안내양.

인가?"

"그렇습니다. 각하, 양장을 시켜 버스에 태우면 호기심 많은 조선사람들이 우리 부영버스를 많이 타게 될 것입니다. 그렇게 되면 수입이 오르는 것은 땅 짚고 헤엄치기입니다."

"음, 그거 괜찮은 발상인데. 한데 조선 처녀들이 부끄러움을 많이 타서 감히 남자들 득실거리는 버스를 탈 만한 배짱 좋은 처녀가 있을까."

"염려 마십시오. 월급 후하게 준다고 신문광고 내면 많이 몰려들 것입니다."

이렇게 해서 광고를 냈으나 처음에는 응모하는 아가씨들이 없어 애가 탄 담당관은 결국 여학교를 찾아다니며 담임선생들을 붙들고 사정하여 겨우 10여 명을 모집해 교육시킨 다음 버스에 태웠다.

여차장의 출현은 당시 사회에 여러모로 파문을 일으켰다. 노인들은 다 큰 처자가 다리를 훤히 내놓고 다니는 해괴망측한 세상이라고 한탄했고, 젊은 남성들은 차장 아가씨를 유혹하기 위해 온종일 버스를 타고 따라다니며 추근대기 일쑤였다. 어쨌거나 신식 양장의 유니폼을 입고 표 가방을 둘러 맨 채 표를 찍어주며 "오라이, 스톱"을 외치는 여차장들의 인기는 하늘 높은 줄 모르고 치솟았다. 고루했던 조선 땅에 자유연애 바람을 일으켰다 해도 과언이 아니다.

이렇게 등장한 최초의 시내버스는 값이 꽤 비싼 편이었다. 당시 시내버스 요금은 구간 당 7전이었는데 전차요금은 구간 없이 3전이었다. 게다가 버스노선이 전차노선과 중복되는 곳이 많았기 때문에 승객들은 점차 버스보다 전차를 이용하는 쪽으로 돌아섰다. 승객이 줄고 적자가 계속 누적되자 1933년 4월, 경성부청은 개업 5년 만에 운행하던 시내버스 54대를 경성전기회사에 넘겨주고 말았다. 부영버스를 인수한 경성전기는 은색 바탕에 청색으로 띠를 둘러 칠하고, 경전마크를 달았다. 그리고 '경전버스'로 이름을 바꾸어 운행했다. 경전버스는 요금도 내려 받으며 계속 운행되다가 해방되면서 사라졌다.

1928년 버스 여차장의 등장으로 일반 여성들의 사회 진출 문도 조금씩 열리기 시작했다. 당시는 남존여비사상이 지배하던 시절이라 특별한 재주가 필요한 전문분야가 아니면 여성은 사회 진출하기가 힘들었는데, 대구·부산·평양 등 대도시에 시내버스가 생기면서 '여차장'이라는 서민적인 직업이 여성세계에 번졌다. 하지만 남녀칠세부동석이라는 관념이 팽배하여 여차장은 기이하고 이색적인 흥미꺼리로 인식되었다.

1982년 자율버스가 등장하면서 55년간 온갖 사연과 함께 이어오던 버스 여차장 시대도 막을 내렸지만, 여차장들은 한국 여성의 사회진출이라는 길을 개척한 용감한 여성들이었음에는 틀림없다. 일제강점기 초기의 여차장들이 겪은 회로애락을 당시 신문들은 다음과 같이 심심찮게 보도하여 세인들의 눈길을 끌었고, 그녀들에 대한 이해를 촉구했다.

"사랑도 영화도 부모에게 바친 신세—부모 위해 일신 희생—7전짜리 자동차—동대문에서 서대문 악박골 약수터까지 가도 7전이면 미인 차장이 가냘픈 손으로 표를 끊어준다─버스 걸은 경성의 새 구경거리이며, 버스 걸의 신변에 도는 풍문은 가장 새롭고 흥미로운 이야깃거리가 된다.

경성부영 승합자동차 사무소에는 현재 23명의 버스 걸(9명은 견습)이 있으니 그들은 가세가 빈곤하여 겨우 보통학교를 졸업하였거나 중등학교 2, 3학년 정도로 공부를 중도에서 멈추고 바로 학창을 떠나 직업을 찾아 나온 17, 18세 내지 20세 내의 처녀들뿐이다. 그들의 눈물겨운 사정을 들어보면 위로는 연로하신 부모가 있고 집안에는 돈벌이 할 오라비 하나 없어 도저히 생활을 할 수 없는 형편이라 부득이하여 직업을 구해 나왔다는 처녀들이다. 그러기 때문에 다른 곳의 여직공이나 여사무원보다 몹시 고되고 기력이 부치는 노동을 하면서도 한번 버스 걸이 된 이래 드나드는 차장이 매우 적다고 한다.

아직은 버스의 승객이 적기 때문에 정오부터 출근하여 밤 10시까지 한번 교대하여 매일 5~6시간 근무하지만 돈이라고는 일당 60전, 그 외에 특별근무 수당, 현금취급 수당 등을 합하여 1개월 통산하면 1일 80전밖에 벌지 못한다더라.

꽃 같은 나이에 좋은 배필 만나 살면 이 같은 고생은 안 할 것이다. 그러나 그렇게 되면 자기 한 몸은 편할지 모르나 의지할 곳 없는 부모가 차마 마음에 걸린다. 그렇다고 처갓집 식구까지 먹여 살릴 신랑도 적고, 그런 덕을 보자니 속도 상할 것이니까 꽃 같은 청춘을 버스 위에서 꺾어버리는 것이다.

버스 걸은 유니폼 같은 업무복이 있다. 그러나 차 밖에서는 그것을 입는 것을 보지 못하였다. 그녀들은 버스 걸 노릇을 하고 있으나 기름때 사람때

묻은 업무복을 그대로 입고 나서서 부모 앞이나 동네사람 앞으로 다니기는 차마 어려운 것이다. 그래서 책보에다가 업무복을 싸가지고 다니며 차 속에서 입는다. 짓궂은 장난꾼들이여, 어리고 가여운 버스 걸을 너무 시달리게 하지 말아라. 그녀의 가슴은 언제나 청춘을 아끼는 눈물이 스며있다."
(「청춘을 희생하는 눈물겨운 버스 걸」,『매일신보』)

"사랑의 중계기관-달리는 버스와 같이 젊은이들의 온몸을 담금질 하는 정열의 여인-어여쁜 가두의 용사들이여-경성부에서 부영버스를 시작한 지도 어언간 3년 전의 일이었다. 처음에는 버스와 버스 걸을 무슨 이단자 대하듯이 생각하여 어디든지 버스가 서기만 하면 무슨 구경거리가 난 듯이 인산인해를 이루던 것이 이제는 누구 한 사람 돌아보는 사람도 없게 되었다. 버스의 대중화라고나 할까!

사실 처음 버스가 나타났을 때 버스를 타는 사람들은 경성 내 어디를 가든 7전만 내면 버스를 탈 수가 있다는 소위 '7전짜리 자동차' 맛 때문에 타는 사람들뿐이요, 혹 그 외에 또 다른 승객이 있다면 버스 걸의 어여쁜 자태를 한번 농락해보려는 풍류남아에 국한하였다. 그러나 지금은 버스 요금이 5전으로 떨어진 탓도 있겠지만 늙은이, 젊은이, 어린이, 여편네 할 것 없이 누구나 다 버스타기를 전차 타는 것보다 좋아하니 어찌 버스의 대중화라 아니하랴. 겨울로부터 봄까지 텅 빈 버스를 이끌고 다니며 손해 보던 버스도 늦은 봄부터 여름으로 들어가기 시작하면 악박골 약수터나 한강으로 소풍 나가는 상춘객, 피서객으로 차마다 만원을 이루어 겨울 동안의 손해를 일거에 회복하고 만다. 이리하여 '다음은 남대문이올시다. 내리실분 아니 계십니까, 오라잇, 스톱' 하는 버스 걸의 가냘픈 목소리도 요사이는 가련하기 짝이 없다. 처녀의 몸은 버스의 은인이라 할까!

　무더운 여름날 가장 돈 적게 쓰고 피서를 하는 법은 5전을 내고 전차를 타는 것이 첩경이라 한다. 그러면 전차의 사촌격인 버스는 과연 어떠한가? 배탈이 날만큼 흔들린다. 허리가 아프다. 가솔린 냄새가 코를 찌른다. 그래도 여름날의 버스는 항상 만원을 이루니 즉 같은 값이면 다홍치마란 말인가! 오, 버스 걸의 위대한 매력이여!

　부영버스가 생긴지 3년 동안 서울에는 버스와 버스 걸을 중심으로 가지가지 로맨스가 많이 생겼다. 기러기의 짝사랑 모양으로 혼자서 버스 걸을 사모하여 불붙는 정열을 억제하지 못하는 젊은 청년이 대낮에 버스 걸의 손목을 잡았다가 경찰서 유치장 신세를 진 불량소년은 말할 것도 없다.

　이름도 성도 모르는 버스 걸 때문에 정신에 이상이 생긴 청년도 있다고 한다. 그리고 그 외에도 또 훈련원에 있는 버스 차고에는 지금도 날마다 'ＯＯ호 차장 전'이라는 애끓는 엽서가 하루에도 수 십장씩 들어온다 하니 버스는 사랑의 복덕방이라고나 할까! 버스사무소 주임의 말을 들으면 버스 걸로서 3년을 하루같이 근무하는 처녀는 아주 없는 것은 아니나, 대게 1년이 보통이고 1년 이상 있는 사람은 가뭄에 콩 나기로 아주 적다고 한다.

　그 원인은 백년가약을 맺기 위한 것이요, 그렇지 않으면 죄의 씨를 처치하기 위함이라하니 어찌 버스를 사랑의 중계장이라 아니하랴. '다음은 악박골이올시다. 내리시기 바랍니다. 오라잇!' 아, 이 얼마나 귀여운 목소리인가. 검은 빛 유니폼을 입은 가두의 어여쁜 용사 버스 걸에게 영원히 행복이 있을지어다."(「버스 걸의 로맨스」,『매일신보』)

　"붉은 넥타이를 휘날리며 '오라이, 스톱'을 경쾌한 목소리로 연방 부르는 거리의 꽃. 혹은 야심으로, 혹은 장난으로, 혹은 진심으로 이 꽃 냄새를 맡으려고 버스를 타는 객이 많다는 것을 누가 부인할 수 있을까? 꽃다운 그들도 생활전선의 용사이다. 좁은 버스 안에 많은 승객들의 눈이 자기 한 몸으로 머리에서 발끝까지 훑어보며 빙글빙글 웃는 낯짝 두꺼운 사나이들, 그녀는 양말의 빵구를 생각하고 얼굴을 붉히며 눈 둘 곳을 몰라 하는 모양이 애처롭다.

더운 여름 버스를 온종일 타고 다니니까 퍽도 시원스럽게 보일지 알 수 없으나 말을 들으니 그렇지도 않다더라.

'승객이 많이 타면 차내가 후끈후끈하고 콩나물 대가리처럼 들어선 사람들 사이를 이 사람 저 사람 비비고 들어가 표를 찍지 않으면 아니 됩니다. 짓궂은 남자들은 조금 비켜 달라 하면 못 들은 척하고 나에게 모욕을 줍니다. 처음에는 정말 속이 상해서 싸움할 듯이 분하였습니다마는 지금은 중성이 되어버렸습니다. 사람은 누구나 황금의 노예입니다. 이 생활이 호강스러워서 하는 것도 아니고 하고 싶어서 하는 것도 아닙니다. 이 모든 것은 빈곤 때문입니다. 옷을 입고 밥을 먹기 위함입니다. 집에는 학교에 다니는 어린 동생과 어머니와 세 식구가 나의 수입으로 생활하지 않으면 안 됩니다. 모르는 사람은 과년한 처녀가 무슨 일로 버스 걸로? 하고 비웃지만 우리 집에서 내가 벌지 못하면 동생의 학교는 물론 내일의 우리 생활이 매우 불안한 형편입니다.'

이 사연을 알 것 같으면 누구라도 그들을 무심히 볼 수 없을 것이다. 그녀들은 용감하게 생활과 싸우며 유혹과 싸우는 거리의 꽃이다.”(「더위와 싸우는 여성」, 『매일신보』)

처음 등장한 유람자동차와 안내양

1931년 가을 서울에는 처음으로 '유람자동차'라는 것이 나타나 시내 관광 사업을 시작했다. 이름하여 '경성유람합승자동차회사'의 등장이다. 이 회사는 우리나라 최초의 관광버스 회사로 일본에서 들여온 24인승 포드 버스 4대로 사업을 시작했다. 사업은 성공적이었다. 2년 후인 1933년에는 추가로 4대를 더 도입해 총 8대로 영업을 했다.

본사는 서울 소공동 조선호텔 건너편에 있었으며, 오전 8시와 오후 1시, 각각 한 번씩 하루 두 번 정기적으로 서울의 명승고적을 돌아오는 시내 관광이었다. 어른은 2원 20전, 아이들은 1원 50전, 10명 이상의 단체손님들은 10% 할인된 요금을 내면, 내려서 구경할 수 있는 곳 20개소와 차에 앉아서 구경할 수 있는 곳 20개소를 관광할 수 있었다. 전부 돌아오는 데는 5시간 정도 걸렸다.

조선 신사-장춘단 공원-창경원-파고다 공원-총독부-경복궁-덕수궁-남대문-한강은 버스에서 내린 뒤 안내양이 설명해주었고, 조선은행-한국은행-경성운동장(서울운동장)-경성제대(서울대)-보신각-창덕궁-조선호텔 등은 차 안에 앉아서 안내양의 설명을 들으며 지나갔다. 화창한 봄날이나 단풍이 아름답게 물든 가을철 일요일에는 아침부터 유람객들이 유람버스 회사 앞에 장사진을 쳐 다른 회사의 노선버스를 빌려다가 임시 운행할 정도로 호황을 누렸다.

경성 유람버스가 이런 인기를 누릴 수 있었던 것은 그리 비싸지 않은 차비만 내면 편하게 앉아서 유명한 곳을 다 볼 수 있다는 매력도 있었지만, 예쁜 여자 안내양이 같이 타고 다니며 낭랑한 목소리로 설명하고 일일이 안내해주기 때문이었다. 이래서 젊은 청년들에게는 유람 버스보다 안내양 아가씨가 더 인기 있었다.

바람기 많은 부잣집 총각들은 관광은 아예 뒷전이고 하루종일 구석 자리를 전세 내다시피 타고 다니며 안내양에게 사랑을 호소하지 못해 냉가슴 앓는 친구들도 많았다. 유람하다가 손님이 "어이, 차장" 하고 부르면 "어이 차장이 무엇이야요, 점잖으신 분이. 이 차는 부영버스가 아니야요. 저를 부를 때는 꼭 안내양이라고 부르셔요!" 하며 매섭게 쏘아붙이는 바람에 무안당하기 일쑤였다.

유람자동차 안내양은 차가우면서도 예절바르고, 지성적인 미모 때문에 부영버스 여차장보다 인기가 더 좋았다. 가냘픈 처녀가 남정네들 앞에서 부끄럼 없이 행동하는 것을 본 갓을 쓴 시골양반들은 눈살을 찌푸리고 망국의 풍조라 한탄하며, 애꿎은 담뱃대만 자동차에다 두드려댔다.

인기 높은 버스 안내양은 연극이나 영화배우로 뽑히기도 했다. 안내양의 인기는 날이 갈수록 하늘 높은 줄 몰랐는데, 1933년 서울에는 경전버스 20여 대와 유람버스 8대 총 30여 대의 버스가 돌아다녔다. 장안의 한량들은 이들 버스에서 근무하는 안내양들의 신상명세를 손바닥을 들여다보듯 훤히 알고 있을 정도였다.

당시는 나운규를 시작으로 윤백남, 윤봉춘 등이 우리나라 영화계를 거의 주름 잡다시피 하던 시대였다. 이들은 감독, 주연, 시나리오 제작까지 휩쓸면서 일제하에서 우리 영화를 활발히 개척해 갔지만 여배우 구하기가 하늘에서 별 따기였다. 그래서 영화감독들은 마땅한 여배우를 찾느라 혈안이었다.

첫 유람 자동차인 서울 시내 관광버스.

1932년 초여름 어느 날, 유명한 Y 감독이 버스회사로 찾아와 버스에서 근무를 마치고 내리는 H 양을 붙들고 이야기나 좀 나누자며 구석으로 데려갔다.

"아가씨, 초면에 실례합니다. 나는 활동사진을 만드는 Y 감독입니다. 이야기나 좀 나누어도 괜찮겠소?"

"어머나, 그러세요. 말씀만 듣던 선생님을 뵙게 되어 영광스럽습니다. 그런데 저에게 무슨 볼일이라도 있으신지요?"

"예, 단도직입적으로 청하겠소. H 양, 나하고 활동사진 만들어볼 생각 없소? 내 말은 배우 노릇 해볼 생각 있느냐는 이야기요."

"네에? 제가요! 아이, 저는 그런 자격이 없습니다. 하찮은 제가 어떻게 그 어려운 배우가 된다는 말씀이셔요?"

"그건 그렇지 않소. 아가씨는 충분히 자격이 있소. 서울 장안에서 이름난 미인이오. 아름다운 목소리에 훤칠한 키며 거기다가 학식까지 갖추었으니 내가 찾던 배우가 바로 아가씨요. 당장에 결정하라는 말은 않겠소. 며칠을 두고 생각해보시오. 우리 영화는 아가씨 같은 인재가 필요하오. 값있는 일을 한번 해봅시다."

이렇게 하여 안내양 중에서도 가장 인기가 높았던 H 양이 하루아침에 배우로 출세하게 되었다. 그녀는 영화·연극인으로 동양극장과 부민관에서 데뷔해 폭발적인 인기를 얻었으며, 특히 영화배우로 출세해 연예계의 히로인이 되었다.

조선인 자동차 판매왕

"미스터 서, 진심으로 축하합니다. 나 로버트 조선에 와서 가장 기쁜 날입니다."

"미스터 보스(지배인), 내가 무슨 일이라도…?"

"네, 무슨 일 있습니다. 미스터 서 크게 했습니다. 우리 본국 제너럴 모터스사장이 당신에게 GM오너클럽 멤버십 금배지를 드립니다."

"무슨 소립니까. 내가 어떻게 그 귀한 금배지를 받습니까, 미스터 보스?"

"당신이 우리 GM의 조선 대리점인 경성모터스에 입사한 지 1년 만에 자동차를 96대나 팔았습니다. GM사장이 매우 기뻐해서 당신에게 공로상을 주는 것입니다. 이렇게 큰 상을 받는 것은 조선에서는 미스터 서 한 사람뿐입니다. 당신은 GM의 VIP가 되었습니다. 기뻐하십시오."

26세의 혈기 왕성하고 재기가 번뜩이는 조선 청년 서용기는 1930년 당시 그가 근무하던 GM의 조선 판매대리점인 경성모터스 지배인으로부터 금배지를 수여받고 꿈인지 생시인지 몰라 눈만 껌벅거렸다. 서울 태생인 서용기는 24세인 1928년 일본의 요코하마 자동차전문학교를 졸업하고 영어를 배운 다음, 귀국하자마자 포드대리점인 세루(Sale)상회에 입사해 한국인 최초로 자동차 세일즈맨이 되었다.

건장하고 미남인 서 씨는 일어와 영어에 능통한데다 자동차에 관한 지식도 해박했다. 그가 엘리트 세일즈맨으로 두각을 나타내자 당시 서울에 운집했던 9개의 자동차 판매회사들이 그에게 눈독을 들이며 서로 스카우트 전을 벌였다. 세일즈맨이라기보다는 아이디어맨에 가까웠던 서용기는 치열한 경쟁에서 앞서기 위한 참신한 판매 작전을 많이 내놓았다.

"미스터 보스, 우리 세루상회가 다른 회사보다 자동차를 많이 팔아야 하지 않습니까?"

"물론입니다. 미스터 서, 무슨 아이디어라도 있습니까?"

"나에게 좋은 아이디어가 있습니다. 경쟁에서 이기는 방법은 자동차를 선전하는 것입니다."

"신문이나 라디오 광고 말이오? 그건 나도 생각해봤습니다만…. 별로 신통한 방법이 아닌 것 같습니다."

"그러면 새로 들어온 자동차를 종류마다 한 대씩 뽑아 캐러밴을 조직하여, 각 도시를 돌아다니며 카퍼레이드를 하면 어떻습니까? 아마 선전이 잘 될 것입니다."

"베리 굿 아이디어! 그런데 자동차만 달려간다고 큰 효과가 있을까

1920년경 을지로 입구 자동차 상회.

요… 가능한 많은 사람들이 우리 캐러밴을 구경할 수 있는 방법이 필요합니다."

"그것은 간단합니다. 미국 선교사들을 동원해 운전시키면 됩니다. 북을 치고 나팔을 불어대면 분명히 사람들이 구름같이 모일 것입니다. 퍼레이드가 끝나면 선교사들도 전도를 할 수 있으니, 서로에게 이익이 되지 않겠습니까? 아마 선교사들도 좋아할 것입니다."

그의 아이디어는 적중했다. 실크 모자를 쓴 양코배기 선교사가 헤드라이트를 번쩍이고 클랙슨을 울려대며 운전하는 자동차 대열이 도시에 들어가면 단번에 구경꾼들이 모여들어 서커스단보다 더 인기가 좋았다. 어쩌다가 산골마을에서 이런 쇼를 벌이면 생전 처음 자동차를 본 시골 사람들은 괴물이 나타났다고 집안으로 숨거나, 쇳덩이들이 마을을 덮친다고 혼비백산해 달아나기도 했다.

포드 조선대리점에서 실력과 기발한 재기로 두각을 나타내던 서용기는 1년도 못 되어 GM 조선대리점인 경성모터스로 자리를 옮겼다. 그런데 서 씨가 옮긴지 1년 만에 최고 판매실적을 올려 GM의 VIP 금 배지를 탔다는 소문이 장안에 퍼지면서, 그는 1930년부터 자동차업계의 대스타가 되었다. 그리고 1년 후인 1931년. 만주사변을 일으킨 일본이 이후 조선의 자동차 판매까지 장악하기 위해 외국인 자동차 판매회사를 강제로 철수시킬 때, 서 씨의 실력을 익히 아는 GM은 1939년 경성모터스를 그에게 인계하고 돌아갔다.

서 씨가 지배인으로 일선에서 뛰고 있던 어느 날, 한 세일즈맨이 숨이 턱에 닿도록 헐레벌떡 뛰어 들어오면서 다급하게 외쳤다.

"사장님, 큰일 났습니다. 빨리 가보셔야겠습니다."

"큰일? 무슨 일인가 김 군?"

"최창학 사장이 '마스터 비크(뷰익)'를 타고 가다가 임진각 나루터에서 전복 사고를 냈다는 급한 전갈입니다."

"뭐야 최창학 씨의 차가? 이거 큰일났군. 그 양반에게 판 지 며칠 안 된 새 차인데…. 빨리 그 현장으로 가보세!"

사색이 되어 현장에 달려간 서 씨는 깜짝 놀랐다. 죽었거나 크게 다

쳤을 줄 알았던 최 사장은 물론이고, 운전 부주의로 5m 벼랑 아래로 떨어졌던 자동차도 말짱했기 때문이다. 마스터 비크는 GM에서 가장 뛰어난 최고급차로 차체를 순강철로 만들었다. 미국 차 중에서 가

1938년식 뷰익 클럽 세단.

장 튼튼하기로 유명한 차였는데, 서 씨는 이 차를 최창학에게 1만 원에 팔았다. 당시 5000원 안팎이던 포드나 시보레, 닷지보다 2배 이상 비싼 가격이었다.

서용기에게 이 사고는 전화위복의 계기가 되었다. 그는 이 사실을 판매선전에 이용하여 큰 덕을 보았다. 이 사건이 있고 얼마 후의 일이다. 인촌 김성수가 뷰익차 한 대를 사겠다고 전갈이 와서 서 씨가 직접 그를 찾아갔다.

김성수는 최창학의 마스터 비크(뷰익)를 사려는 계획이었다. 카탈로그를 훑어보고 난 그는 마스터 비크의 가격이 엄청나게 비싸서 표준형 비크의 가격을 물었다. 서 씨가 6500원이라고 하자 인촌은 바가지를 씌울 셈이냐며 직접 값을 계산하기 시작했다. 자신의 책상 서랍에서 영문판 세계시장 물가표를 꺼내놓고 한참 계산한 후 인촌은 말했다.

"비크차 한 대에 6500원은 폭리야! 5900원 이상은 못 주겠네. 이 가격이면 서 사장도 밑질 게 없지 않은가? 싫으면 그만두시게."

김성수의 야무진 성격과 고집은 세상이 다 아는지라 서 씨는 울며 겨자 먹기로 그가 제시한 값에 차를 팔 수밖에 없었다. 섣불리 대접할 수 없는 고매한 분이라 어쩔 수 없었다. 이 사업을 하면서 생전 처음으로 진땀을 뺀 서 씨는 속으로 '돈 많은 양반이 더 짜군' 하며 돌아섰다.

일본 자동차 판매 거상을 꺾은 조선 남자의 배짱

조선인 최초의 자동차 세일즈맨인 서용기 씨에 관한 시

원하고 멋진 일화가 하나 더 있다. 제2차 세계대전 발발 1년 전인 1938년, GM이 철수할 당시 함경남도 흥남지점인 공동모터스 지배인으로 부임했을 때의 일이다. 서울에서는 알아주는 세일즈맨이었지만 함경도에서는 그렇게 못해 서 씨는 6개월간 차를 한 대도 팔지 못해 속을 태웠다.

이때 흥남에선 일본인이 경영하는 포드대리점 함경모터스가 판을 치고 있었는데, 가장 큰 고객은 일본인 경영의 조선질소비료 공장이었다. 이 공장은 한번 구입했다 하면 한꺼번에 10여 대의 차를 샀다. 그런데 이 공장은 조선 사람과 거래 않기로 유명해 서 씨는 번번이 함경모터스에 판정패를 당했다.

그러던 어느 날 한 직원이 달려와 보고했다.

"지배인님, 중요한 정보가 있시오. 질소비료공장에서 도라쿠(트럭) 30대를 구입한다는 소문이야요."

"뭐야, 정말인가. 양 씨?"

"틀림없시오. 내레 친구 아이가 함경모터스에 있지 안갔시오? 그 친구레 일러주었시요."

서용기는 그 길로 교섭하기 위해 비료공장으로 달려갔다. 하지만 수위실에서부터 문전박대를 당했다. 포기하지 않고 며칠을 찾아가 통사정을 했으나 소용없었다. 수위가 꿈쩍을 안했다. 함경모터스와 트럭구입 계약을 했는지, 헛소문인지 진상이라도 확인하고 싶었지만 전화마저 받아주지 않아 입술이 탔다.

비료공장 사무장과 만나야 담판을 짓겠는데 들어갈 방법이 없어 이리저리 궁리하던 끝에, 서 씨는 비료공장 트럭들이 시내 한 음식점에서 종종 점심을 사 먹던 것을 기억하고 거기로 갔다. 과연 트럭 두 대가 서 있었다. 서 씨는 들키지 않게 포장을 친 트럭 화물칸 속으로 몰래 숨어들어 무사히 공장 안에 들어갈 수 있었다. 서 씨는 잽싸게 사무장을 만나 붙들고 늘어졌다.

"사무장나리, 나 공동모터스의 서 상올시다. 무조건 내 트럭을 사주시오. 이렇게 부탁합니다."

"아니, 당신 어떻게 들어왔소? 어이, 겐다로 수위를 불러와! 고노야로, 들여보내지 말라니까!"

한바탕 소란이 벌어지는 것도 아랑곳없이 서 씨는 청산유수로 사무장을 설득했다. 시보레트럭이 포드트럭보다 좋은 점, 성능, 가격 등을 제시하고 단도직입적으로 흥정을 하자 어안이 벙벙해진 사무장은 서

공동모터스의 시보레 트럭.

씨의 열변을 한참 듣더니 그 자리에서 함경모터스에 전화를 걸어 납품기일을 어겼다는 이유로 취소하고 대당 3950원 하는 트럭 30대를 다시 계약했다. 계약에 성공해서 싱글벙글 웃으며 돌아가는 서 씨에게 사무장은 "당신 배짱에 내가 두 손 두 발 다 들었소"라며 혀를 찼다.

그는 GM이 철수할 때 인계 받은 경성모터스를 공동모터스로 이름을 바꾸어 운영하다가 광복을 맞았다. 그 후 이 나라 운수업계와 자동차 산업은 물론 체육계의 거목으로 조국 발전을 위해 헌신했던 진정한 자동차인이었다. 서용기 선생은 생전에 필자와도 교분이 있어 한국의 자동차 역사를 전수해주셨던 대선배이기도 하다.

이 땅에 처음 등장한 카 라디오

많은 사람들은 운전을 할 때 라디오를 듣는다. 요즘같이 교통이 복잡한 세상에서 교통 정보는 물론 뉴스, 음악을 들으며 운전하면 기분도 좋고 안전운전을 할 수 있다. 지금은 카 라디오 없는 자동차가 거의 없다. 라디오가 없으면 비정상적이라고 할 정도로 라디오는 자동차의 필수품목이 되어버렸다. 카 라디오는 언제쯤 등장했을까?

세계 최초의 카 라디오는 미국의 한 고등학생이 개발했다. 가정용 라디오는 19세기 말에 등장했지만 자동차에 사용하기 시작한 것은 1920년대 초부터였다. 1922년 미국 시카고의 랜 고등학교 라디오클럽 부장이었던 존 프로스트 군이 만들어, 아버지의 포드차에 설치해 당시 한창 유행하던 재즈와 브루스를 들으며 운전한 것이 최초의 카 라디오였다.

우리나라에 카 라디오가 처음 등장한 것은 1931년이었다. 당시 광산 왕으로 유명했던 최창학이 미국제 뷰익 자동차를 한 대 샀는데, 이 차에 카 라디오가 달려있었다. 그런데 당시 유일한 방송국이었던 경성방송국의 주파수와 맞지 않아 방송을 들을 수 없는 먹통 라디오였다. 게다가 요즘처럼 회초리식 안테나가 아니라 옥상의 텔레비전 안테나처럼 가지들이 얼기설기 얽혀있는 키 높은 안테나여서 좁은 골목길에 한 번 들어갔다 나오면 추녀나 전깃줄에 걸려 부러지는 일이 잦았다.

방송을 들을 수 있는 진짜 카 라디오가 들어온 것은 1년 후인 1932년이었다. 서울에 있던 종로택시 사장이 최창학의 카 라디오를 보고, 같은 해에 일본에서 영업용 포드택시 세 대를 들여올 때 경성방송국의 주파수와 맞춘 카 라디오를 달았던 것이다. 이 소리통 택시가 서울 바닥에 나타나자 큰 인기를 끌었다. 토요일, 일요일만 되면 부잣집 도련님들이 "야, 차돌아 우리 소리통 다꾸시(택시) 타러 안 갈래! 한번 타봐. 복혜숙의 구성진 신파극소리에 윤심덕의 꾀꼬리 같은 노래 소리를 소리통으로 들으며 다꾸시 타는 맛이 기가 막힌다구."

이렇게 시작한 카 라디오는 상류층 자가용으로 번져 나갔지만 워낙 귀하고 비싼데다가 2차대전 중에는 일본경찰의 통제로 인해 카 라디오를 단 민간인 자가용은 극소수였다. 우리가 카 라디오를 많이 볼 수 있었던 것은 광복 직후 미군이 상륙하고서부터였다. 미국의 고급장교용과 그들의 가족용으로 들어온 미국제 세단에 카 라디오가 달려 있었다.

1955년 최초의 국산차로 시발택시가 나왔지만 카 라디오가 달리지 않아 트랜지스터 라디오를 싣고 다니며 들었으나 이것도 귀했다. 1950년대 말까지 시발택시와 더불어 미국제 세단택시들이 우리나라 택시의 반을 차지했다. 당시 택시들은 예외 없이 카 라디오를 달고 들어와 이 땅에 달리는 라디오 시대를 열어주었다. 국산차로 처음 카 라디오를 달고 시판된 자동차는 '새나라' 세단이었다. 지금은 카 라디오가 기본 사양으로 달려 나오지만 이때는 선택 품목이어서 돈을 더 주어야 달아주었다.

새나라차의 처음 출고가격이 22만 원이었을 때 카 라디오 값은 1만 5000원 정도였다. 지금에 비하면 엄청나게 비쌌다. 그래서 카 라디오가 없는 차들은 당시 크게 유행하던 미국제 제니스와 빅타, 아니면 국산 금성 트랜지스터 라디오를 차에 가지고 다니며 들었다. 웃돈을 더 주어야 달아주던 카 라디오를 공짜로 달아주기 시작한 것은 고속도로가 개통되던 1975년 국산 고유 모델인 포니가 등장하면서부터였다.

1970년 경부고속도로가 개통되어 전국이 일일생활권으로 접어들자 자동차와 교통량이 급증하고 교통사고도 이를 따라 급증하게 되자, 이때부터 각 방송국에서는 '푸른 신호등', '가로수를 누비며', '명랑 하이웨이', '달려라 팔도강산' 등 교통정보용 전문 프로그램을 만들어 방송했다. 특히 명절 때 귀성, 귀경 길 교통정보 안내에 큰 역할을 했다. 이후 각 메이커들은 라디오를 자동차의 필수품목으로 정하고 차 값에 포함시켜 출고했다.

지금은 카 라디오에 카세트는 물론 오디오에 CD를 넘어 TV, 네비게이션까지 달고 다니는 통신 만능 자동차 시대가 됐다. 이중 TV는 운전을 방해한다하여 선진국에서 운전대에 설치를 금하고 있기는 하지만,

어쨌든 카 라디오는 자동차의 영원한 친구이자 안전운전의 훌륭한 파트너로 사랑받고 있다.

최초의 자동차 공장

"대감, 제가 타고 다니는 자동차가 호루(천막)지붕이라서 겨울이면 찬바람이 마구 스며들어 추워 못 타겠습니다. 듣자하니 장안에는 호루지붕을 양철지붕으로 바꾸고 유리창문을 달아 주는 공장이 있다는 소문을 들었는데 내 차도 그렇게 좀 꾸몄으면 합니다."

"알았소 부인. 우리 왕실과 총독부 차를 도맡아 수리하고 개조해주는 공장이 있소. 내 어차고 집사에게 말해놓겠소."

저녁상머리에서 부인의 부탁을 받은 의친왕 이강 공은 그 길로 어차고의 책임자를 전화로 불러 부인의 요구대로 개조할 것을 지시했다. 1930년대 초까지 우리나라에 굴러다니던 자동차들은 자가용, 영업용 할 것 없이 천막지붕차가 많았다. 그래서 눈, 비, 바람, 먼지를 막기 힘들었다.

1928년 서울 인사동에 에가와라는 일본인이 천막지붕 자동차의 불편함을 알고 에가와상회라는 자동차 수리공장을 세우고 얇은 철판으로 유리창문이 달린 자동차 지붕을 만들어 씌워주고 짭짤하게 돈을 벌고 있었다. 에가와의 자동차 공장은 곧 이름이 나서 왕실과 총독부도 단골이 되었다. 비록 엔진이나 중요한 구동부품은 만들지 못했지만, 이 공장은 차체와 인력거까지 만들어 우리나라 자동차 공장의 기초가 되었다.

1930년경 목수출신인 구스모토라는 일본인이 만주에 가면 일확천금을 노릴 수 있다는 소문을 믿고 무작정 갔다가 돈은커녕 알거지가 되어 일본으로 돌아가던 중 조선 땅에 혹시 일거리가 있지 않을까 생각하고 경성역에 내렸다.

　　그날부터 서울 장안을 헤매며 일거리를 찾다가 인력거꾼에게 인사동에 있는 경성상회에서 차체와 인력거를 만든다는 소문을 듣고 찾아가 주인에게 일거리를 부탁했다.

　　"구스모토상 당신은 무슨 기술이 있습니까?"

　　"하이, 에가와상. 본국에서 목수질을 했스므니다."

　　"보아하니 딱한 모양인데, 자동차와 인력거의 호루대(천막지붕 받침대)를 만들겠소이까?"

　　"아리가토, 아리가토 고자이마스, 사조상(사장님). 열심히 만들겠스므니다. 소인을 살려 주셨스므니다. 그런데 염치없는 부탁 하나 있스므니다. 돈이 한 푼이노 없어 방이노 구할 수 없스므니다. 선금 조금 주시면 더욱 감사하겠스므니다."

　　이렇게 해서 구스모토는 지금의 서울 을지로 3가 초동에다 다다미방 하나를 얻고 밤낮없이 정성껏 만들어 납품했다. 그는 실력을 인정받아 일거리가 대량으로 밀려들었고 일 년도 못 되어 경제적 여유가 생기자 일본에 있는 처자를 데려왔다.

　　구스모토는 열심히 만들어 내고 그의 부인이 판매를 전담했다. 활발한 내조 덕분에 당시 제일 컸던 포드차 대리점인 세루상회에까지 납품하여 사업기반을 차분히 닦았다. 1931년 일본이 만주를 침략했을 때 서울에는 6개의 자동차 판매상이있었는데, 그 중에서 포드대리점인 세루상회와 GM대리점인 경성모터스가 가장 컸고 미국인들이 경영했다. 그런데 일본은 전쟁을 하기 위해 조선 땅에 있던 외국인 기업들을 강제로 철수시키기 시작했다.

이때 미국으로 철수하는 포드의 세루상회를 거의 공짜로 인수한 구스모토는 자동차업계의 거상으로 부각하면서 평소의 꿈이었던 자동차 제조 공장 설립의 기회를 얻었다.

빈털터리로 조선에 온 일본인 목수 구스모토는 에가와상회 자동차 공장을 만나 자동차와 인력거용 천막지붕 받침대를 만들어주고 기반을 잡았고, 일본에게 쫓겨나 미국으로 철수하는 포드 대리점인 세루상회까지 인수해 자동차 판매 사업은 날로 번창했다. 구스모토가 인수한 세루상회의 포드차는 어떤 차종보다도 튼튼하고 힘이 강해 우리의 도로 사정에 적합할 뿐만 아니라 값 또한 제일 싸서 영업용으로 큰 인기를 얻고 있었다.

사업이 바빠지자 구스모토는 1933년 가을, 평생의 소원인 자동차 제조 공장을 세우기 위해 일본에서 월급쟁이 생활을 하는 대학출신의 처남 야마구치를 데려왔다.

"처남, 다름이 아니라 내가 경성에서 자동차를 만들기로 결심했네. 조선에는 아직까지 자동차 만드는 기술이 없어 전부 미국이나 일본에서 비싸게 주고 사다 쓰고 있다네."

"아니, 매형. 매형은 목수지 자동차 기술자가 아니지 않소. 어떻게 만든다는 말이오? 매우 어려울 텐데."

"그건 간단해. 일단 공장만 지어놓으면 일본 오사카에 포드자동차 조립공장이 있지 않은가. 그 공장에서는 승용차는 물론 버스와 트럭

일본 사람 구스모토가 설립한 최초의 버스공장.

도 만들지 않나?"

"그럼 애써 고생할 필요 없이 그것을 수입해다 팔면 쉽지 않소?"

"그건 모르는 소리일세, 오사카의 포드 공장에서 차체만 빼버린 엔
진, 변속기, 핸들, 브레이크가 달린 하체만 들여오면 값이 쌀 것 아닌
가. 내가 목수니까 철판과 나무로 버스의 차체를 우리 공장에서 만들
어 씌워 팔면 큰 이익이 남을 것이네. 또 우리 일본이 조선을 완전히
장악하기 위해서는 자동차 공업도 우리가 여기서 일으켜야 큰소리 칠
수 있네 알겠나?"

"듣고 보니 맞는 소리요. 그런데 이렇게 시작한다는 거요?"

"처남은 내일부터 우리 상회 조선인 지배인과 같이 다니며 초동이
나 인현동에다가 땅을 한 2000평 사게. 거기다 공장을 지을 테니 처남

은 그것을 책임지게. 처남은 머리가 똑똑하니까 잘할 것이네. 그리고 조센진(조선인)들 땅을 싸게 사게. 안 된다고 하면 내게 말하도록 해 총독부를 동원해 눌러버릴 테니까."

구스모토의 공장에서 만들어낸 20인승과 30인승 포드버스는 조선 땅에서 처음으로 탄생한 자동차라는 소문이 나서 각 지방 운수업자들이 앞다투어 사갔다. 그러나 제일 큰 고객은 서울 부영버스를 경전버스로 바꾸어 운영하던 경성전기주식회사였다. 이 회사는 한꺼번에 5, 6대씩 사가는 것이 보통이었다.

그러나 잘나가던 구스모토도 서서히 브레이크가 걸리기 시작했다. 일본이 중일전쟁을 일으키고 제2차 세계대전에 돌입한 무렵인 1937년 일본의 대 자동차 메이커인 이스즈가 인천 옆 부평에 국산자동차주식회사를, 2차대전이 터진 1939년 도요타가 서울 원효로에, 닛산자동차가 서대문에 각각 조립공장을 세워 군용차를 대량으로 조립해 중국과 동남아 전선에 투입하기 시작했다. 때문에 영세한 구스모토의 자동차 공장은 고래싸움에 새우등 터지는 격이 되어 결국 두 손 털고 일본으로 사라지고 말았다.

이승만의 난폭운전

"허니, 플리즈 슬로다운.(여보, 제발 속력 낮추세요.) 나 정말 겁이 납니다."

"오케이, 돈 워리 허니.(알았소, 걱정 말아요.)"

"오우, 대낮에 헤드라이트 켜고 시속 140km로 달리면 어떻게 해요."

"할 수 없소. 워싱턴 프레스클럽에 강연시간이 촉박해서 달려야겠으니 꼭 잡고 걱정 말아요. 내 운전솜씨 당신도 알지 않소."

"웨엥…."

"에그머니! 경찰이 뒤따라와요, 여보."

"오케이, 나도 스피드 더 높여야지. 붙들리면 중요한 강연이 허사가돼요. 두 눈 감고 꽉 움켜잡아요."

미국에서 독립운동을 하던 우남 이승만 박사는 넓은 땅을 여러 곳 돌아다니며 미국민들에게 독립운동의 정당성을 강연을 통해 호소했다. 눈코 뜰새 없이 바쁜 스케줄을 지키기 위해서 자동차는 그에게 필수적이었다. 이승만은 1920년대에 운전을 배워 능숙한 운전자가 되었다. 그런데 평소에는 조용한 성격의 그였지만 일단 핸들만 잡았다 하면 과속에 난폭운전사로 돌변하여 시속 100km는 보통이었다. 그렇지만 일평생 사고 한번 낸 적이 없는 베스트 드라이버였다.

1934년의 일이다. 워싱턴의 프레스클럽에서 연설하기로 되어 있는데 뉴욕에 왔다가 볼 일을 보느라 약간 늦게 출발하게 되었다. 약속을 지키기 위해서 과속에 난폭운전을 시작했던 것이다. 결혼한 지 얼마 안 된 프란체스카 여사는 항상 그의 비서겸 타이피스트로 옆을 떠나지 않았다. 이날도 옆자리에 동행하던 여사는 다른 날보다도 더 과속 난폭운전을 하는 남편 때문에 그만 새파랗게 질리고 말았다.

대낮에 헤드라이트를 켜고 신호도 무시한 채 시속 140km를 넘나드는 속도로 질주하는 이승만의 차가 드디어 두 대의 경찰오토바이에 걸리고 말았다. 쫓기고 쫓는 경찰과의 대 레이스는 결국 그의 승리로

끝났다. 정시에 프레스클럽에 도착한 이승만은 쏜살 같이 강단으로
올라가 능숙한 영어로 열변을 토하기 시작했다. 그의 연설에 매료된
청중들은 수십 번의 기립박수로 화답했다.

얼마 후 겨우 따라온 경찰관들이 험상궂은 얼굴을 하고 씩씩거리며
강연장 입구에 버티고 서서 "나오기만 해봐라. 단번에 체포해버리겠
다"며 단단히 벼르고 있었다. 그런데 이 경찰관은 이승만 박사의 열변
에 빠져들어 자기들도 모르게 그만 박수를 치고 말았다. 연설을 끝내
고 나오는 그에게 두 경찰관은 승리의 V자를 손가락으로 만들어 보이
면서, 히죽 웃고는 옆에 따라 나오는 프란체스카의 귀에다 대고 말했

다. "기동경찰관 20년에 따라잡지 못한 단 한 사람의 교통위반자가 있다면 바로 당신의 남편이오. 굿 럭 마담!(부인 행운이 있기를 빕니다.)" 하며 사라졌다.

프란체스카 여사는 남편에게 운전을 배웠지만 남편과는 반대로 얌전하고 비단처럼 부드럽게 운전해 이승만 박사가 '실키 드라이버(비단 같은 운전수)'라는 별명을 지어주었다는 일화도 유명하다. 조국 독립을 위해 동분서주하는 남편의 바쁜 스케줄을 도와 프란체스카 여사는 1인 4역을 했다. 때로는 그의 운전사로 비서로, 타이피스트로 그러면서 주부의 자리를 지키는 그녀는 일평생 이승만 박사의 분신이 되어 헌신적인 내조를 아끼지 않았다.

광복과 더불어 귀국한 이승만은 대통령이 된 후 6·25전쟁 때까지 종종 손수 운전을 했다. 6·25전쟁 중 북한군의 교란작전으로 아군이 많은 곤란을 겪을 때였다. 한국의 지리와 한국인을 잘 모르는 미군들이 피난민으로 가장해 섞여 내려오는 북한군의 간첩들을 색출하지 못해 쩔쩔매고 있었다.

이 문제는 미군과 우리 군의 혼성 수색대를 편성한다면 간단히 해결할 수 있었으나, 미군 고위층에서 이 요구에 응하려 들지 않아 사태는 점점 심각해지고 있었다. 이런 급박한 상황을 보고받은 이 대통령은 분노가 폭발했다.

순간 밖에 서 있는 지프에 급히 오르더니 질풍노도처럼 내달렸다. 흙탕물을 튀기며 사납게 지프를 몰고 들어온 이 대통령을 본 무쵸는 그 자리에서 요구를 들어주었고, 이것이 이 대통령이 손수 운전한 마지막이었다고 한다.

제 **6** 장

목탄버스와 자동차 수난

일제강점기 대표적인 교통사고

우리나라에 자동차 영업 붐이 본격적으로 일어나기 시작한 것은 1918년부터였다. 이해 말 전국 자동차 보유대수 212대 중 140여 대가 콜택시 격인 전세차와 지방의 버스 격인 승합차였고 서울에서 운행했다. 이때부터 전국적으로 자동차 영업이 우후죽순처럼 생기면서 자가용보다 영업용 차량이 급속히 늘어났다.

이렇게 급증하는 영업차량들은 당시 미숙했던 운전기술과 도로여건, 그리고 차량의 급속한 노화로 인한 잦은 고장 때문에 예상치 못한 갖은 교통사고를 일으키기 시작하여 일제말기인 1930년대 말까지 사고 뭉치였다. 이런 현상을 불러일으킨 데에는 허술한 도로교통법과 국민의 교통질서 의식 부재, 미비한 도로교통시설도 한몫 거들었다.

1920년대 초부터 1930년대 말까지 신문지상에 보도된 각종 교통사고를 살펴보면 사고의 주요 원인은 음주운전, 행인들의 교통법 준수

1936년 서울 전차 협격 자동차 사고.

의식 결여, 차량 고장, 법규위반 벌칙 허술 등으로 충돌, 전복, 사상사고가 주류를 이루었다. 그 천태만상을 당시의 신문기록을 통해 살펴본다.

"**자동차가 소아를 역살**—지난 23일 오전 9시 40분경 종로 3정목에 있는 오성자동차부 운전수인 박일용(22)은 전기 오성자동차부에서 제100호 자동차를 운전하여 가지고 여주로 향하던 중 종로 5정목 188번지 앞에 이르러 열 살가량 되어 보이는 사내아이가 동대문에서 오는 전차를 보고 맞은편에서 궤도를 가로 건너 힘껏 달려와 차 앞으로 닥치거늘 차를 멈추려다가 그만 무참히 치어버렸는데, 그 아이는 입과 코와 귀로 붉은 피를 한없이 뿜으며 한참 소리를 지르다가 정신을 잃어버렸다더라.

그 아이는 즉시 동대문병원으로 보내어 응급치료를 하는 중이며 운전수 박일용은 방금 동대문서에서 취조를 받는 중이더라. 그런데 그 아이는 진단한 결과 좌편 귀로부터 좌편 눈까지 깊이 세 치가량 으스러졌으며 후두부로부터 좌편 눈까지 여섯 치가량 상하였으며 기타 머릿속까지 상하여 대뇌가 대략 오 푼가량 깨어졌다는데 그 상처가 너무도 중하기 때문에 응급치료도 헛되이 이날 오전 10시 50분에 그만 사망하여 주소와 성명을 조사 중이라더라." (1920년 『동아일보』)

"충남 괴산에서 생긴 참혹한 일: 다리 아래로 자동차 추락, 원인은 운전수가 만취한 까닭 — 조선자동차회사 소유인 자동차가 지나간 26일에 충청남도 괴산으로부터 청주로 돌아오는 길에 그날 오후 세 시쯤 되어 북일면에서 약 오리가량 되는 곳의 다리 위를 진행할 즈음 별안간에 자동차가 거꾸로 다리 아래에 떨어져 타고 있던 승객 네 명이 모두 부상하였는데, 그 중에 김한식이라는 사람은 즉사하고 기타 세 사람은 모두 중상을 당하였으며 운전수 한 명만 무사하였다더라.

　　이 급보를 듣고 청주로부터 즉시 현장으로 달려가서 부상한 사람을 운반하여 청주 자혜의원에 수용하고 응급치료를 하는 중인바 자동차가 그와 같이 별안간 다리 아래로 떨어진 원인은 운전수 이남순이 술에 취하여 기계를 잘못 튼 까닭이라 하며 그 자동차는 지난 22일에도 청주—조치원 사이에서 전복하여 승객 두 사람이 부상한 사실이 있다더라."(1921년 『동아일보』)

　　"역살당한 유족에게 위로금 350원 — 평안남도 대동군 고평면 서성리에 사는 김용석의 처 홍씨(46)는 지난달 17일 평양시내 육로문통 큰길에서 평양 소방대 자동차에 치어 머리가 깨어지고 창자가 밖으로 나와 그 자리에서 즉사하고, 그와 동시에 평양 신양리 최일화라는 사람도 치어 중상한바 즉시 자혜의원으로 데려가서 응급치료를 받게 하였는데 최일화도 그 이튿날 그만 죽어버렸다.

　　홍 씨의 남편 김용석과 최일화의 아우 최일용은 경찰서로 가서 자기의 아내와 자기의 형이 운전수의 과실로 불의의 횡사를 하였다고 사정을 호소하야 응당한 보상을 요구하였다더라. 경찰에서는 이를 동정하고 소방대에 교섭하여 일인당 금 350원을 주었다하며 운전수 조 씨는 즉시 면직 시켰다더라."(1923년 『동아일보』)

이때는 아직 보험제도가 없었는데 쌀 한 말에 7원 전후였으니까 꽤나 큰 보상금이었던 셈이다.

"**교통사고 500건**−1월 1일부터 12월 말까지 경기도 관내의 교통사고는 얼마나 되는가? 경기도 경찰부 보안과에서 조사한 바에 의하면 철도사고가 도합 76건으로 그 중에서 치어 죽은 사람이 36명이오, 치어 중상을 당한 사람이 19명이며, 전차 사고가 도합 452건으로 그중에 치어 죽은 사람이 세 명이며 치어 중상을 당한 사람이 351명이며, 기타는 모두 경상을 당한 사람이오. 이러한 교통사고는 모두 승객의 부주의가 대부분이라더라. 원인은 차로 횡단과 차 승강에 주의하지 아니함이니 이에 대하여 경기도 경찰부보안과 교통취체계 주임은 말하되 이와 같이 경기도 관내에서 만 1년 동안 많은 희생자를 낸 것은 교통상에 적지 않은 문제이라 일반은 깊이 주의할 필요가 있다.

기차와 전차는 물론이고 자동차까지 그와 같은 사고를 발생하는 것은 기차와 전차 승무원의 부주의로 인함보다는 대개가 승객의 부주의로 일어나는 것이다. 그 예방으로는 별로 신기한 방책은 없으나 하여간 기차나 전차 선로를 극히 주의하여 건너다니고 또 기차나 전차를 타고 내릴 때 차가 완전히 정거되기를 기다려 승하차해야 한다. 뛰어내리고 오르거나 선로 옆으로 가까이 다니는 것은 극히 위험하다고 하더라."(1924년 『동아일보』)

"설 놀이 자동차가 음주운전으로 추락 분쇄: 1명 즉사 중상 9명 − 경남 삼천포에서는 구정에 설 놀이 한다고 초하룻날부터 대야자동차부에는 대절할 사람이 물밀듯하여 시내 각 처에는 자동차 소리를 들을 수 없다더라. 지난 4일 오후 9시경 대야자동차부 제17호 자동차가 설 놀이 승객 9명을 태우고 동금동에서 한 바탕 논 다음 선귀리로 들어오던 중 높이 12척이나 되는 팔도교에서 미끄러져 거꾸로 떨어진바 김점분(23)은 현장에서 무참히 죽고 그 나머지 승객과 운전수 정칠상 외 8명은 모두 중경상을 당하였으나 생명에는 별 관계가 없다 하며 운전수 정필상은 소관 경찰이 소환하여 음주운전으로 부주의 한 죄로 방금 엄중히 취조하는 중이라더라." (1926년 『매일신보』)

"자동차 추락사고: 자동차가 떨어져 불이 나서 세 사람이 타 죽고 두 사람이 중상 − 14일 오전 3시경 경성시내 죽청정 일정목에 있는 고양자동차부의 제261호 자동차를 문창모(23)가 운전을 하여 조수 한 명과 승객 세 명을 태우고 한강을 다녀가 경성으로 돌아오던 중 장춘단 솔숲 너머 고양군 한지면 한강리 토교 위를 지나다가 높이 한 길 반이나 되는 다리 위에서 전복되어 추락하면서 운전수, 조수, 승객 한 명은 차체와 함께 참혹히 타서 죽고 승객 두 명은 간신히 생명을 구하였으나 인사불성의 중상을 입은 일대 참사가 생겼다.

이즈음 자동차업이 성행하는 경성에서 이 같은 일대 참사가 발생하기 이번이 처음이다. 사건이 발생한 현장은 장춘단에서 한강 서빙고로 통한 산골로 겨우 자동차 한 대가 통할 수 있는 길이며 삼면은 푸른 숲 붉은 진달래로 에워싸인 곳으로 인가가 도무지 없어 자연 그대로 어둠에 잠자고 있는

自働車爆發發火
三名一時燒死
運轉手二名과乘客一名
昨曉漢江里大慘事

1928년 운전 미숙으로 생긴 자동차 화재 사고.

곳인바 현장에는 자동차 차체가 거꾸로 뒤집혀 있고 쇠붙이만 남기고 전부 가 재로 사라져버렸다.

그 옆에는 사지가 흐트러져 분간할 수 없어 참혹히 타 죽은 시체는 왕굴 거적을 덮어놓았는데 그 옆에서 유족들이 목을 놓아 우는 참경은 피려는 산골의 초화까지 우는 듯 산골이 올리어 한적한 산중의 곡성은 보는 이의 눈을 제대로 뜰 수 없게 하더라.

일대 참사를 일으킨 자동차는 원래 고양자동차부 소유로 일광자동차부의 부탁을 받아 당일 오전 한 시경에 손님 세 명을 태우고 청량리를 일주한 다음 으스름 달빛을 따라 장춘단길의 밤경치를 보고 돌아 오고저 하던 것이 서 빙고까지 갔다가 돌아오는 길에 그렇게 된 것이다.

원래 사고현장인 토교로 진입 하는 데가 급히 도는 곳이라 그곳에 이르러 스피드를 줄이지 못하고 그만 전복되면서 추락하여 약 10분 만에 축전지의 누전으로 휘발유에 불이 붙어 그와 같이 전부 타버린 것이라더라.

이 급보를 접한 소관 용산경찰서에서는 공의와 함께 자동차로 현장에 급행하여 점검하였고 경성지방 법원에서는 검사가 서기를 대동하여 현장에 출장하였으며 씨 에프 구락부(운전수로 조직된 클럽)에서는 간부가 급행하여 조의를 표하는 외에 스타자동차부와 한양을 위시하여 다수의 자동차 업자들은 각각 자동차를 몰아 현장에 와서 유족을 위문하는 등 일대 혼잡을 깊은 산골에서 연출했다.

타버린 자동차는 고양자동차부에서 새로 구입한 미국제 닷지 새 자동차로 가격은 4500원이며 보험에도 아직 들기 전인데 전부 타버렸을 뿐만 아니라 남아있는 쇠붙이 조각도 모두 휘어졌으므로 쓸 수 없게 되었다더라.

이 때 참사에서 구사일생으로 생명을 구한 승객은 경성제국대학생 강 모와 김 모인바 당시 찰라의 참혹한 광경을 이렇게 말했다. '어떻게 살았는지 모르겠습니다. 지금도 내가 꿈인지 생시인지 모르겠습니다. 뒤에서 벌컥하면서 뒤집혀 떨어질 때 나는 이제 죽었구나 했습니다. 그러는 찰나에 다만 팔뚝 하나 통할만한 곳으로 희미한 빛이 들어오기에 그곳을 뚫고 강 모부터 먼저 내보내고 내가 나온 후 운전수를 끌어내려 하였으나 그동안 벌써 자동차 뒤에서 불이 붙기 시작하더니 별안간에 확 붙어버렸습니다' 하면서 놀랜 가슴을 안정치 못한 어조로 말하더라.

참사한 운전수는 원래 황해자동차부에 있다가 처음으로 경성에 온 운전수로 그 길을 간 것도 처음이라 더욱 밤중의 산길에 서툴러 그리된 것이라며 이와 같이 직무 중에 참사한 운전수와 조수를 위하여 자동차 운전수로 조직된 씨 에프 구락부에서는 장래를 구락부 장으로 거행하였다더라."
(1928년 『매일신보』)

이 사건은 당시의 험한 도로 상태와 기술적으로 미숙했던 운전과 더불어 무모한 자동차 풍류 때문에 일어난 1920년대 말 최대의 교통 사고였다.

자동차 연료 수난시대

"망할 놈의 일본새끼들! 저희들이 전쟁을 일으켜 갖구 선, 그나마 병아리 오줌만큼씩 주던 휘발유 배급까지 끊어버렸으니 이거 큰일났네. 휘발유가 있어야 차를 굴려 밥을 얻어먹지."

"아니, 여보, 일본놈들이 휘발유까지 몽땅 빼앗아 간답니까? 이러다 간 저 왜놈들 때문에 다 굶어죽겠수. 곡식배급, 채소배급, 비누배급, 소금배급, 설탕배급 아주 별의별 것을 갈증 나게 애기 눈곱만큼씩 배급 주고 남은 것들은 몽땅 착취해가니 살겠수!"

"누가 아니래, 이놈들 전쟁 일으켜 놓고 도라꾸(트럭), 탱크, 비행기 들을 움직이려니 휘발유가 없으면 안 되니까 눈깔들아 벌게 가지구서 휘발유 끌어 모으기에 발광들이야."

"여보, 자동차 발 묶어놓으면 어떻게 사우, 야매(암거래) 휘발유라도 어떻게 좀 구해보우."

"이 사람아, 요새 야매 하다가 순사한테 들키면 맞아 죽어!"

순조롭게 발전하던 우리나라 자동차는 일본이 중국을 삼키기 위해 일으킨 만주사변, 상해사변이 한창 무르익던 1935년부터 내리막길을 걸었다.

이때부터 일본은 아시아대륙을 정복하기 위한 준비에 열을 올려 우리의 모든 경제와 사회활동을 억압하기 시작했다. 제1차 세계대전 때부터 전쟁에서 능률적이고 빠른 기동장비로 인정받은 자동차는 제2차 세계대전 때에는 절대로 필요한 전쟁장비로 꼽혔다. 일제는 이들을 움직이기 위한 휘발유 비축을 시작하였고, 1938년부터 휘발유 배급제를 실시하면서 자동차와 수리용 부속품까지 수입을 금지해 우리는 '자동차 수난시대'를 맞았다.

1938년 휘발유 품귀 보도.

휘발유 통제는 갈수록 심해졌다. 1939년 7월 일제는 군용과 비상용을 제외한 휘발유배급을 더욱 감소시켰다. 그러자 휘발유 암거래가 잠시 생겨나기도 했지만 생활물자 사용을 엄격히 통제하는 일제의 경제경찰 때문에, 당시 인구 40만 명의 서울에 굴러다니던 택시와 버스 총 680대는 날이 갈수록 운행정지 및 노선단축 등으로 발이 묶여갔다.

한편 일제는 민간 자동차의 숨통을 너무 조이면 조선 내 경제유통에 큰 지장을 가져와 자신들에게도 불리해질 것을 느꼈다. 그래서 휘발유를 빼앗아 가는 대신 아세틸렌이나 카바이트, 숯불로 가는 자동차 개발을 서둘러 이를 민간용으로 대치하려는 계획을 세우고 1939년 8월 시험운전에 성공하자 민간 차량으로 권장했다.

1940년 초 제2차 세계대전이 가열되면서 일본은 병력과 군수물자 수송 부담이 커지자 이를 보충하기 위해 민간 차의 휘발유 사용을 강제적으로 금지시켰다. 이에 할 수 없이 휘발유 차에서 카바이트나 아세틸렌 차로 개조하여 운행했으나 힘과 속도가 휘발유 차를 따라갈 수 없어 사람이나 짐을 절반밖에 실을 수 없었다.

"야, 조수야. 시동이 영 안 걸린다. 카바이트 연통구멍 들여다봐라. 또 꽉 막혔나 보다. 아침에 청소해놨는데 점심나절도 안 되어 이 모양이니."

"빌어먹을 놈의 카바이트, 또 이 내 몸을 횟가루 분단장시키려는 구나."

특히 카바이트 자동차는 하루에도 연통을 몇 번씩이나 청소해야 하고 하얗게 쏟아놓은 카바이트 찌꺼기 처리 문제로 골치를 썩였다. 그나마 쥐똥만큼 배급받던 아세틸렌이나 카바이트도 전쟁에 쓴다고 배급이 중단되자 이때부터 트럭은 물론 택시 버스도 숯불 자동차로 개조하지 않으면 생명을 유지하기 어려운 지경에 처했다.

숯불 자동차라고도 불리던 이 차는 목탄을 피우는 드럼통을 달아 숯을 피워 얻은 가스로 움직이게 하였으나 힘과 속도는 휘발유차의 절반도 못 따라갔다. 휘발유 고갈로 국내 자동차는 운행이 단축되거나 노선이 아예 사라지기도 했다. 각 도별로 자동차회사들 간에 통·폐합·축소되는 사태가 속출했다.

목탄 자동차 시대는 1945년 해방 직후까지 계속됐다. 아침마다 자동차에 숯불 피우기가 귀찮아 북부의 어느 운전사는 옥수수나 수수로 만든 독한 중국 술 고량주를 연료로 사용하다가 자동차를 홀랑 태워

먹는 사고를 일으키기도 했다.

헐떡거리며 달리는 목탄 자동차

　　전쟁이 가열되자 일제는 조선의 젊은이들을 강제로 징병하는 것은 물론, 군수품을 전선으로 수송하기 위한 트럭 징발에도 열을 올렸다. 마지막에는 징발할 민간용 트럭이 귀해지자 전국에 산재한 버스와 트럭회사들을 1개 도에 1개 업체로 통폐합시키고 남은 트럭과 휘발유까지 착취해갔다. 그래서 1943년 말부터는 각 도의 이름을 딴 트럭 · 버스 · 택시 회사가 생겨났다. 경기택시, 경남여객, 충남화물자동차주식회사 등이 그 예이다.

　　버스도 연료난과 차량 부족 때문에 노선을 단축하거나 폐지시켰다. 그래서 시골 사람들은 버스 타기가 하늘에 별 따기만큼이나 어려웠다. 지방 소도시는 오전, 오후 각각 하루 1회밖에 운행하지 않았기 때문에 더욱 그랬다. 버스는 숯불 화통을 실내에 설치할 수 없이 뒤꽁무니에 달고 다녔다. 그런가 하면 예비용 숯을 실을 자리가 없어 시골 버스 정류소마

목탄차 보도.

다 매일 오전, 오후에 한 번씩 숯을 싣고 다니며 배급하는 숯 배달 버스가 돌아다니기도 했다.

버스가 정류소에 도착하면 손님들이 승하차하는 동안 조수가 뒤꽁무니 화통에 숯을 가득 채우고 땀 흘려 풀무질을 해 불을 벌겋게 피워야 했다. 1920년대 누렸던 멋쟁이 운전수의 황금시절은 사라지고 이제는 숯 깜둥이 신세를 면치 못하게 됐으니, 운전수는 인기는 고사하고 일본 놈들이 전쟁을 일으키는 통에 밥 굶기 딱 알맞다는 넋두리밖에 나올 것이 없었다.

승객과 곡식 자루며 장 보따리들을 가득 싣고 힘겹게 달리다가 높은 고개를 만나면, 버스는 노인들이 숨 헐떡이는 것 같이 느릿느릿 고개를 넘었다. 어찌나 느린지 차라리 걷는 것이 더 빨랐을 정도였다. 이 때문에 고개 주변에 살던 꼬마들은 버스만 나타나면 뒤따라가며 장난치기 일쑤였다. 심할 때는 개구쟁이 꼬마들이 화통 밑의 재 뽑아내는 뚜껑을 열어놓아 애써 만든 목탄가스가 죄다 빠져버려 힘겹게 올라가던 버스가 갑자기 꼼짝 못하고 서버리는 일도 있었다. 그러면 개구쟁이들이 장난 친 것을 알아챈 조수가 "게 섰거라! 이놈들아!" 하고 고함치며 아이들과 한바탕 추격전을 벌여야 했다.

트럭도 마찬가지로 적재함 앞쪽 왼편 귀퉁이에 목탄가스를 만들기 위한 커다란 숯불화통을 설치하고 그 밑에는 냉각관과 여과기 등 250kg이 넘는 무거운 장치를 달아야만 했다. 더구나 적재함 한 모퉁이에는 항상 숯을 대여섯 포씩 예비용으로 싣고 다녀야 했기 때문에 짐을 그만큼 적게 실어 수입도 줄어들었다.

아침 일찍 화물을 싣기 위해 시골장으로 가려면 트럭의 조수는 새

뒤에 숯불화통을 단 목탄버스.

벽부터 화통에 숯을 가득 채우고는 화통 밑에 달린 선풍기를 열심히 돌려 불을 벌겋게 피워야 했다. 그래야 차를 움직일 가스를 얻을 수 있었다. 이렇게 한 차례 고역을 치르고 나면 운전수와 조수는 온통 숯 깜둥이로 변하기 일쑤였다. 운행 중에 소나기라도 만나면 피웠던 숯불이 몽땅 꺼지는 바람에 비가 그치기를 기다렸다가 또 한 차례 고역을 치뤄야 하는 고달픈 신세의 연속이었다. 그래서 운전수나 조수 모두 아침에 일어나면 제일 먼저 일기를 점치는 것이 첫 일과였다.

이 시절엔 버스가 귀해 트럭이 버스 역할까지 했다. 겨우 시골장에 도착해 짐을 내리고 난 후 한나절이 훨씬 넘어 파장 때가 되면, 트럭 운전수와 조수가 아무리 고래고래 소리를 지르며 "짐을 많이 못 싣는다"고 말려도 사람들은 막무가내로 짐을 태산만큼 실었다. 그리고 그 위에 새하얗게 올라탔다. 무척 위험한 일이었다. 신나게 한참 달리다가 트럭이 커브길을 휙 돌면 짐 더미 위에 탔던 사람들이 떨어져 다치

목탄가스 트럭.

고 죽는 사고가 예사로 일어났다.

추운 겨울 눈이 올 때나 높은 고개를 만날 때는 아예 밑에서 열심히 풀무질을 하여 가스를 충분히 채운 다음 올라갔다. 그래도 힘이 없어 못 올라가면, 트럭에 타고 있던 사람들이 모두 내려 밀어야 했다. 길이 안 좋아서 겪는 사고도 많았다. 자갈길을 한참 달리면 차가 제멋대로 흔들리는 바람에 밑에 붙어 있던 가스 냉각관 여과기 등이 떨어지고, 스프링이 부러지는 등 고장도 많아 그것들을 고치느라 시간을 다 잡아먹는 일도 많았다.

택시도 형편은 다르지 않았다. 1942년에 접어들면서 긴급활동용이나 응급환자 수송용 외에는 운행이 철저하게 통제되어 택시 운행은 거의 전멸 상태였다. 일본군이 마지막으로 택시마저 징발해 간 탓도 있었다. 택시 역시 휘발유가 없어 목탄 화통을 뒷 트렁크에 장치하고

다녔다. 서울의 경우 전쟁이 발발하기 전에 900여 대의 택시와 일반
승용차가 거의 운행정지나 징벌을 당해 50여 대밖에 굴러다니지 못했
다. 그것도 폐차 직전의 고물 택시들이었다.

사보타지 붐

　　"여보, 큰일 났어요! 저 아랫동네 바위 아범이 트럭하고
몽땅 일본 헌병 놈들한테 징발당했어요! 이를 어째요. 당신도 빨리 피
해요!"

　　"이거 정말 올 것이 기어이 오고 마는구면."

　　"당신이 운전수라는 거 이 동네가 다 알고 있는데, 누가 헌병들한테
고자질이라도 하면 어떡해요. 어서 친정으로 피하세요."

　　"나는 트럭이 없으니까 괜찮을 거야."

"무슨 소리에요? 트럭이든 버스든 운전수란 운전수는 다 전쟁터로 끌고 간대요!"

"그럼 안 되겠군. 우선 면허증부터 없애고 운전수 행세를 하지 말아야겠어."

제2차 세계대전이 막바지로 치닫던 1944년 패색이 짙어진 일본은 최후의 발악을 했다. 운전수는 물론 자동차와 우마차까지 전시 비상 동원용으로 등록시켜 꼼짝달싹 못하게 만들었다. 특히 트럭은 군장비로 취급되었기 때문에 징발 바람이 더욱 거셌는데, 일제는 운전수들까지 징용해 군수품을 가득 실은 트럭을 운전시켜 전쟁터로 끌고 나갔다.

이때부터 일본군들의 눈을 피해 다녀야 했던 운전수들의 고달픈 수난이 시작되었다. 어떤 운전수들은 징용을 피하기 위해 면허증을 찢어버리고는 타향으로 피난을 갔고, 혹시 운이 나빠 만주나 남양군도 전선으로 끌려가던 운전수들은 일본군의 감시가 소홀한 틈을 타서 달아났다. 징용당한 운전수들 사이에서는 사보타지(sabotage : 태업)가 유행하기 시작했다. 일본군의 감시는 더욱 심해졌고 운전수들은 잘 가는 자동차를 고장이라고 속여 엔진과 변속기를 고의로 고장 내든가, 그것도 뜻대로 안 되면 엔진 속에 흙먼지를 가득 쓸어 넣어 아예 차를 망가뜨리기도 했다.

8 · 15 광복이 해방시킨 자동차

"진수 씨! 우리나라가 해방이 됐어요! 왜놈들이 망했어요! 이제 이런 다락방 생활 안 하셔도 돼요."

"예? 주미 씨, 지금 뭐라고 했습니까. 해방이오! 정말입니까?"

"저, 소리 들어보세요. 환희에 찬 만세소리 말이에요."

"주미 씨, 정말 고생했소. 학도병 안 끌려가도록 내가 끝까지 숨어 있게 도와준 그대의 헌신적인 사랑이 없었다면, 나는 벌써 전쟁의 희생양이 됐을 것이오. 어서 나가 만세를 외칩시다."

1945년 8월 15일, 일제는 히로시마·나가사키에 원자폭탄이 투하되자 무조건 항복을 선언했다. 이로서 무려 1500만 명의 인명을 앗아간 제2차 세계대전이 끝났다. 그간 전쟁 통에 사람은 말할 것도 없고, 우리의 자동차들도 많은 수난을 당했다. 전쟁 전 우리나라에는 총 7300여 대가 있었으나 전쟁으로 75%의 자동차가 징발되었거나 파손되어 해방 후에는 약 2000여 대밖에 남지 않았다. 그것도 반 이상이 폐차 직전의 고물차였다. 그나마 일본군이 쫓겨 가면서 남겨둔 군용차 1000여 대가 있어 숨을 쉴 수 있었다.

해방되었을 때 서울에는 경선전기주식회사 소속의 목탄버스가 10대, 전차가 101대, 택시가 40여 대 있었다. 해방 당시 서울에는 101대의 전차가 운행되었지만, 약 1주일간은 타는 사람들도 태우는 전차도 전차요금을 받을 엄두를 못 냈다. 연일 전차는 대만원이었고 그것도 모자라 곁에도 주렁주렁 매달려 해방의 환희를 외쳤다. 그 바람에 50대의 전차가 부서져 10월 초에는 51대로 줄어들었다. 이때 전차 1구간 요금은 15전이었다.

얼마 안 있어 일본군이 전쟁용으로 비축해둔 휘발유가 저유탱크에서 유출되기 시작하자 목탄차들이 하나둘씩 사라지면서 휘발유차로

1945년 광복 당시의 서울 종로거리 자동차 물결.

다시 둔갑했다. 목탄차를 휘발유차로 개조하느라 군소 정비업자들이나 운수업자 모두 눈코 뜰 새 없이 바빴다. 하지만 워낙 고물차인데다 부속품이 귀해서 개조를 해도 6개월 정도 운행할 수 있으면 다행이었다.

운수업자들은 모자라는 차량을 보충하기 위해 자동차 확보에 열을 올렸다. 전라도의 자동차 왕 최승렬이 운영하는 전북여객의 버스는 총 120여 대였지만, 그중에서 운행 가능한 차량은 30여 대에 지나지 않았다. 고물버스 2, 3대를 뜯어낸 다음 쓸 만한 부속들을 모아 재조립해 1대를 만들었기 때문이다. 당시 서울 여의도 비행장에는 일본군이 남기고 간 장갑차 100여 대가 있었다. 운수업자들은 이 차들이 그래도 새 것이라 서로 군침을 삼켰지만 미군정(美軍政)이 적산(敵産)으로 관리하고 있었기 때문에 함부로 쓸 수가 없었다.

국내 자동차 교통의 폐허 상태를 본 미군정청은 얼마 안 있어 이들 장갑차를 불하했다. 운수업자들은 이 차를 서로 가져가려고 치열한 경쟁을 벌였다. 1945년 말 이리저리 긁어모은 국내 자동차는 4500여 대로 늘어났다. 하지만 여전히 태부족이었다. 당시는 자동차가 없어서 교통 지옥이었다.

해방의 명물 초록포장 역마차

"딸랑딸랑…. 미아리행 역마차요! 어서 타시오! 전차보다 빨라요. 미아까지 30전!"

"허허, 서울에 버스가 없으니까 일제강점기 때 다니던 역마차가 다시 나타나는구나."

"할 수 있소? 사람은 많고 전쟁 통에 버스나 전차는 거의 다 망가지고, 자동차라고는 씨알 하나 안 남았는데 역마차라도 다시 나온 게 다행이다 생각하고 타려면 잽싸게 타슈."

인구가 95만이었던 수도 서울은 광복을 맞을 당시 교통난이 이만저만 심한 것이 아니었다. 택시는 몇 대 있었지만 하늘의 별따기처럼 잡기가 힘들었고, 전차마저 해방의 기쁨 때문에 100여 대 중 반이나 부서져버렸으니, 탈 것이 너무 부족했다. 이때 택시의 기본요금은 2km에 50원, 1km 초과할 때마다 20원씩 더 받았다.

이런 시민의 교통난을 해소하기 위해 나타난 것이 승합마차였다. 1945년 10월부터 해방된 서울 거리에는 지붕에 진초록색 포장을 둘러친 사각 상자모양의 역마차가 등장했다. 한 필의 조랑말이 방울을 울리며 끌던 승합마차는 앞바퀴가 작고 뒷바퀴가 큰 12인승이었다. 나무로 만든 상자형 차체에다가 창을 내고 유리가 없어 셀룰로이드를 끼운 덮개형 창문을 달았다. 벤치식 나무의자를 양쪽으로 길게 놓고 처음 등장한 역마차는 고무타이어 대신 나무바퀴라서 쿠션이 여간 따딱하지 않았다. 그러나 이것마저도 한번 타려면 30분 이상을 기다려야 했다.

앞에는 마부가 나팔과 채찍을 들고 앉아 말을 몰다가 사람이 가로

1946년 해방 명물 역마차.

막으면 나팔을 길게 불어 클랙슨을 대신했고, 뒤에 붙은 승강문 옆에는 남자 차장이 앉아 차비를 받았다. 서울 시내 간선도로에서 정기노선으로 운행하던 역마차의 한 구간 요금은 처음에는 30전을 받다가 얼마 후 50전으로 올라갔다.

총 200여 대의 승합마차의 가격은 새 것은 30만 원, 헌 것은 15만 원, 말 한 필에 2000원까지 호가했다. 쌀 한 가마니에 120원 정도 할 때였으니 꽤나 비싼 값으로 거래됐던 셈이다. 통금시간인 밤 9시가 가까워지면 정원 초과는 예사였다. 말은 미아리 고개를 못 올라가 헐떡거리며 제자리걸음을 하기 일쑤였고, 그러면 젊은 남자 승객들은 전부 내려 마차를 밀며 오르막 길을 올랐다. 40여 년간의 일본의 압제에서 풀려난 기쁨과 온 나라에 울려퍼지던 만세소리 속에서 자유와 환희를 싣고 부지런히 달리던 낭만의 초록 포장마차는 유행가를 만들어냈다.

'해방된 역마차에 태극기를 날리며…' 22세의 장세정양이 센티멘탈하게 부른 이 노래는 해방의 기쁨을 더욱 고조시켰고 금세 전국을 휩쓸었다. 이후에는 신카나리아가 반야월이 만든 '울어라 은방울아'와 '초록포장 둘러치고 역마차는 달린다' 라는 노래를 불러 대히트를 했다. 그러나 일본군 트럭들이 버스로 둔갑해 나타나기 시작하면서,

해방의 명물이었던 초록포장의 역마차는 하나둘 사라져갔다.

"사장님, 우리 트럭들을 버스로 만들어 영업하면 어떻습니까? 지금 서울에는 버스와 택시가 부족해서 시민들의 교통이 여간 불편한 게 아니잖아요."

"이 사람아, 트럭을 어떻게 버스로 고치나? 전부 뜯어내고 버스 차체를 만들어 얹으려면 돈이 왕창 들어갈 게 아닌가?"

"에이, 트럭 뒤의 화물칸을 들어내고 초록포장 둘러친 역마차처럼 꾸미면 되지 않습니까?"

"그거 정말 괜찮은 생각이군! 간단히 개조할 수 있겠어. 트럭버스라… 짐을 산더미처럼 싣고 시골길 다니느라 고생하는 것보다야 서울에서 사람만 태우고 다니면서 돈 버는 트럭버스가 훨씬 낫지! 암, 시

1947년 수원 버스터미널의 풍경. 미군용 트럭을 개조한 버스들.

1948년 미군 폐차를 재생한 민간 트럭.

민교통도 돕고 고장도 적게 나고 수입도 더 짭짤할 테니 일석삼조로
구먼. 허허, 해방 서울에 목탄버스 다음으로 또 한번 괴상한 버스가 나
타나게 생겼네 그랴."

　1945년 말부터 서울 시내에는 고물트럭과 불하받은 일본군 트럭을
개조한 트럭식 버스가 나타났다. 이 때문에 해방의 명물이었던 초록
포장 역마차가 타격을 받아 사라졌다. 일명 트럭버스는 트럭의 화물
함을 뜯어내고 대신 천막지붕의 나무로 컨테이너형 승객실을 만든 후
긴 나무의자를 양옆에 놓았다. 모두 20명 정도가 탈 수 있었는데 유리
가 귀해 투명한 셀룰로이드를 끼운 창을 달았다.

　모양은 조금 괴상했지만 초기에는 이것도 귀해서 트럭버스 한번 타
기가 힘들었다. 편리하고 빠른 버스라 한 구간의 차 삯이 50전인데도
일요일이면 젊은이들로 만원이었다. 트럭버스는 서울 시내뿐만 아니

라 지방노선에도 나타나 여객수송에 큰 도움을 주었다. 그나마 1946년 말쯤에는 차량이 조금 늘어 전국에 총 9000여 대가 굴러다녔다. 하지만 여전히 자동차 교통은 불편했고 도시뿐만 아니라 지방에도 버스가 귀해 트럭이 버스 역할을 대신했다.

1948년 해방의 혼란이 가라앉고 대한민국 정부가 수립되면서 교통질서가 잡히자 자동차와 전차도 불어나기 시작했다. 6·25전쟁이 일어나기 1년 전인 1949년 말, 해방된 지 5년 만에 자동차는 상당히 증가하여 전국에 1만 6350대가 굴러다녔다. 해방 후 1949년까지 옛날 고물차를 수리해 영업하던 업자들은 실패하고, 1947년부터 미군이 불하하기 시작한 미군용 GMC트럭이나 쓰리쿼터, 지프 등의 폐차들을 재생하여 버스나 트럭을 만들어 영업한 업자들은 그런대로 돈을 벌었다. 이때부터 우리의 자동차는 오른쪽 핸들의 구식 일본 차에서 왼쪽 핸들의 신식 미국차 시대로 바뀌었고, 군용차를 재생하면서 자동차 공업에 활기를 찾기 시작했다.

1949년 7월에는 미군의 중형 트럭으로 6륜 구동의 쓰리쿼터 섀시로 만든 버스를 불하받아 서울 시내에는 2차대전 후 처음으로 관광버스가 등장하여 1회 승차에 어른은 요금 600원을 받고, 서울 시내 고적을 운행했다. 이때 휘발유 1갤런(약 3.8ℓ)에 83원 50전 했다.

그러나 자동차는 늘어나는데 부품을 구하기가 힘들었다. 특히 가공이 불가능한 정밀 부품과 타이어가 귀했는데, 얼마 안 가 이를 수입하는 조선자동차 배급주식회사가 설립되어 부품의 공급에 숨통이 트이게 되었다. 1950년 3월 정부는 자동차 공업을 육성하기 위해 국산 자동차 부품 12개 종목을 장려 자동차 부품으로 지정하여 군납을 허용하였고, 4월에는 국내 자동차 공업인들의 권익 보호와 대정부 활동을 위한 대한자동차 공업협회를 발족시켰다.

"따르릉 따르릉."

"여보세요, 충정로입니다."

"아, 사장님! 저 김 과장입니다. 큰일 났습니다! 북한 인민군이 전쟁을 일으켰습니다. 38선을 넘어 남한을 공격해오고 있어요!"

"뭐야! 인민군이 전쟁을 일으켰다고? 사실인가?"

"오늘 새벽 4시에 38선을 넘어 파죽지세로 우리 국군을 밀고 서울을 향해 내려오고 있답니다. 탱크를 앞세우고요. 빨리 피난하셔야 합니다."

"가만히 있자, 이거 큰일 났구먼. 김 과장 자네는 빨리 회사로 나가 버스와 직원들을 피난시키게. 나도 곧 나갈 테니."

"아니 여보! 전쟁이 터졌다니요? 그게 무슨 소리세요?"

"어서 짐 싸시오, 당장. 북의 인민군이 지금 서울을 향해 탱크를 앞세우고 진격해 온다고 하오."

"이 살림들은 다 어쩌라구요. 여보 저를 도와줄 회사직원 몇 사람만 보내주세요."

"피난가는데 무슨 살림이야! 간단한 가재도구와 옷, 비상식량이나 준비해둬요."

"여보, 회사 버스들은 어떻게 해요?"

"글쎄, 모르겠소. 안 되면 버스 몇 대 몰고 올 테니, 조용히 우리 친척들을 불러 모으시오."

1950년 6월 25일 새벽, 동족상잔의 비극이 시작되었다. 서울 사람들

1950년 6월, 서울을 침공한 인민군 부대와 광복 당시 일본제 고물 트럭(위).

은 날벼락을 맞은 듯 보따리 몇 개씩 싸들고, 식구들과 우왕좌왕하며 남쪽으로 피난길에 올랐다.

1920년대 말 한국인 최초로 자동차 판매업계에 종사하여 운수업계의 거목이 됐던 서울의 서용기 씨는 버스회사를 운영하다가 갑자기 전쟁이 일어나 인민군이 미아리까지 내려오자, 버스 두 대에 가족과 친척, 동네 사람들을 태우고 부산으로 피난을 떠났다. 다행히 그는 한강철교가 폭파되기 하루 전에 한강을 건넜기 때문에 부산으로 무사히 피난을 갈 수 있었다.

부산으로 피난 온 서 씨는 서울에서 운수업을 하던 친구들이 한두 대씩 끌고 온 버스 60대를 모아 순수한 피난민 버스회사인 '서울버스공사'를 조직하고 자동차의 맥을 이으려 노력했다. 그리고 부산에 온

피난민을 도운 미군용 폐차 재생 버스.

서울 피난민을 돕기 위해 무임승차권 500장을 만들어 생계를 유지하도록 도와주었다.

미군과 유엔군의 급파로 1950년 9월 28일 서울이 수복되자 서 씨의 서울버스공사 버스들은 피난민들을 태우고 올라왔으나 한강 도강이 허용되지 않아 노량진에서 피난민을 내려주고 기다렸다가 집에 들어가 쓸 만한 물건을 찾아온 피난민을 다시 태우고 부산으로 내려왔다. 전쟁의 소용돌이 속에서 파괴된 경부 간 국도 450리 길을 고물에 가까운 버스로 왕래했던 일은 생을 초월한 서 씨의 용기였다.

10월 7일 서울이 완전히 수복되자 귀경한 서용기는 운수업자들과 함께 서울시 운수부흥대책협의회를 만들어 서울 시민들을 위한 생필품을 버스와 트럭으로 무료 수송해 전쟁의 고통을 덜어준 인간적인 운수업자였다. 그러나 1951년 1월 중공군의 대거 남침으로 서울의 버스들은 이북과 서울의 피난민을 싣고 고행의 피난길을 다시 떠나야 했다. 쌀 한 가마에 부산에서 당시 8만 환할 때 서울에서 부산까지 버스요금 3만 4000환을 받아도 서로 타려고 아우성들이었다.

휴전협정으로 정전이 된 후 전쟁의 피해로 부족해진 버스를 대신하여 트럭과 군용차가 사람과 화물을 수송해야 했다. 정전 직후 특히 지방에는 자동차 타기가 하늘의 별 따기만큼 어려웠다. 이때부터 군용트럭을 민간수송용으로 빌려주는 '후생트럭'이 나왔으며 군용 폐차 재생시대가 열렸다.

제 **7** 장

고물 자동차의 무한 변신

미군용 폐차 재생시대

해방 후 6·25전쟁 전까지 1만 6000여 대로 불어났던 자동차는 한국전쟁 때문에 약 80%인 1만 2000여 대가 파손되었다. 고물차를 수리하고 미군이 불하한 군용 폐차를 재생해 가까스로 수요를 충당해가던 우리의 자동차는 전쟁으로 인해 또다시 큰 타격을 입은 것이다. 그나마도 쓸 만한 민간 트럭은 모두 군에서 징발해가서 당시 우리의 자동차 교통은 거의 전멸 상태였다.

1953년 7월 정전협정으로 전쟁이 끝났을 때, 다행히 전쟁 중 파손된 미군용 폐차가 불하되어 우리 자동차는 활기를 되찾기 시작했다. 이를 바탕으로 전국의 정비업소나 운수회사들은 재생 자동차를 만들어냈다. 미군의 GMC트럭은 버스와 민간용 트럭으로, 지프차는 천막 대신 드럼통을 펴서 만든 탑을 씌워 정객이나 VIP들의 자가용 승용차로, 4분의 3톤짜리 중형 미군 트럭인 쓰리쿼터는 합승택시로 개조되

미군용 폐차를 이용한 합승택시 제조공장의 모습.

어 전시 중 후방의 민간교통을 담당했다.

합승택시는 쓰리쿼터의 뼈대에 엔진 등 구동장치를 장착하고 드럼통을 펴서 만들었으며 12인승으로 왜건형이었다. 얼마 지나지 않아 합승택시는 손님을 많이 태우기 위해 19인승의 마이크로버스로 변해 시민교통의 주역이 되었다. 특히 충남 공주 출신의 김창원은 부산으로 피난 갔다가 그곳에 정착하여 '신진공업사' 라는 자동차 제조공장을 세우고 2700여 대의 25인승 마이크로버스를 만들어 당시 운수업자들에게 폭발적인 인기를 얻었다. 김창원은 이를 바탕으로 대규모 종합자동차 제조회사인 (주)신진자동차공업을 세우는 기반을 마련했다.

마이크로버스는 노랑머리 푸른 눈의 미국사람들 차로 만들었고 노랑색을 칠해 '노랑차'라고 불렸는데, 1965년경 서울에는 무려 900여 대가 운행했다. 우리의 자동차 공업은 6·25전쟁의 비극을 겪었으나 전쟁 후의 미군용 폐차 불하 덕분에 기술적인 기반을 닦을 수 있었다.

일본의 자동차 공업이 기사회생을 할 수 있었던 것도 바로 6·25전 쟁의 특별 수요 때문이었다. 제2차 세계대전에서 패한 일본은 경제 사 정이 말이 아니었다. 군국주의에서 해방된 노동자들의 인권쟁취를 위 한 극심한 데모, 미군정하에서 통제되는 경제, 외화의 악화, 막대한 전 쟁보상비 지불 등의 악조건에 놓였다.

일본은 경제 재건의 기본이 되는 자동차 공업을 살리기 위해 안간 힘을 다했다. 그런데 때마침 터진 6·25전쟁은 우리에게는 동족상잔 의 큰 비극이었지만 일본에게는 자동차 공업 재기의 절대적인 활력소 가 되었다. 미군은 1만여 대의 군용차 정비를 일본 자동차 회사에 위 탁하면서 일본의 도요타, 닛산, 이스즈 자동차에 한국군용 트럭 1만여 대의 납품을 의뢰하였다.

6·25전쟁이 끝나자 우리나라 자동차업계도 활기를 찾았다. 전국 200여 곳의 정비업소들은 불타버린 공장 터에 천막을 쳐 놓고 재생 자 동차를 만들기 시작했다. 전쟁통에 쏟아져 나온 군용 폐차를 불하받 아 망치로 드럼통을 펴서 버스, 트럭, 합승택시를 만드는 '군용 폐차 재생시대'를 맞은 것이다. 부서진 군용차 부속품들과 드럼통, 산소용 접기, 망치들이 천막 속으로 들어간 후, 며칠 만에 자동차가 만들어져 나오는 것을 본 미군들은 깜짝 놀라며 한국 사람들은 신기(神技)를 가 졌다며 감탄했다.

6·25전쟁 때문에 위문대와 도민증이 생겼고 '인해전술', '빽'이라

는 말이 유행하였다. 여성은 플레어스커트, 남성은 잠바가 대유행했고 서민들은 당시 히트했던 '아내의 노래', '남쪽나라 십자성', '단장의 미아리 고개' 등의 유행가를 부르며 전쟁의 상처를 달랬다.

전장의 영웅 '지프'의 한국 상륙기

강력한 등판 능력, 튼튼한 차체, 무엇이든 할 수 있는 다목적성, 길이 없어도 어디든지 갈 수 있는 네 바퀴 굴림의 꼬마 군용차 지프는 그 다이내믹한 매력 때문에 특히 젊은이들이 좋아하는 차이다. 최근에 나오는 지프형 차에는 4WD 또는 4×4라는 엠블렘이 붙어 있다. 바로 네 바퀴 굴림이란 뜻인데, 일반도로를 달릴 때는 뒤쪽의 두 바퀴만 구동하다가 진수렁이나 모래밭, 가파른 언덕을 만날 때는 앞바퀴까지 구동시켜 아무리 힘든 곳이라도 돌파할 수 있도록 만들어졌다.

이처럼 필요에 따라 두 바퀴 구동 또는 네 바퀴 구동으로 자유롭게 바꿀 수 있는 것을 일시 4륜구동식(Part Time 4WD)이라 부른다. 최근에는 4륜구동식 승용차, 왜건, 밴 등이 다양하게 나와 레저용으로 큰 인기를 끌고 있다. 이들 차 중에는 '아우디 콰트로'나 벤츠의 '겔란데바겐' 처럼 항상 네 바퀴가 구동되도록 고정시켜버린 차들도 있다. 이런 차를 상시 4륜구동식(Full Time 4wd)이라 부른다.

우리나라도 코란도, 무쏘, 산타페, 투싼, 스포티지, 테라칸 등 많은 4wd 자동차를 생산하고 있지만, 이들의 원조는 미군 지프이다. 지프라면 뭐니뭐니해도 제2차 세계대전 초인 1941년 미국에서 개발하여

6 · 25 전쟁 때 38선 지프.

전장의 작은 영웅으로 맹활약했던 미군의 MB형 지프가 오리지널이
다. 4기통 2200cc 60마력의 휘발유 엔진을 얹었던 이 지프는 1945년
전쟁이 끝날 때까지 무려 60여만 대가 생산되었다.

미군 병사와 지프는 한 몸이 되어 전장에서 생사고락을 같이 했다.
'화장실에 가는 데도 지프요, 밥 먹으러 가는 데도 지프요, 볼일 보러
가는 데도 지프' 였으리만큼 미군 병사와 지프는 일심동체였다. 적군
이었던 독일군이나 일본군들이 '미군' 하면 '지프' 라고 여길 정도였
다. 특히 미군에서는 계급의 고하를 가리지 않고 지프를 탈 수 있었기
때문에 병사들의 가장 가까운 친구였다. 지프는 전쟁 때문에 태어났
으나 자동차 기술 발달에 새로운 전환기를 가져오기도 했다.

우리가 지프를 처음 본 것은 제2차 세계대전이 끝난 직후인 1945년
9월 미군이 전후 통치를 하기 위해서 우리나라에 상륙했을 때였다. 미
군정이 실시되면서 우리나라에는 지프와 함께 4분의 3톤짜리 쓰리쿼

6·25전쟁을 치른 지프.

터, 6발이라 불렸던 6륜구동 대형트럭들이 줄지어 들어왔는데, 모두 일제 고물차들과는 비교가 안 될 만큼 최신식의 자동차들이었다.

사람들은 미군이 지프를 타고 한겨울 깡깡 얼어붙은 한강을 건너다니거나 45도의 급경사진 가파른 언덕도 힘 안들이고 거뜬히 올라가는 것을 보며 경탄을 금치 못했다. 당시 우리나라 자동차들이 얼마나 고물이었던지 미군들은 "그게 차냐! 쓰레기통에 갖다 버려라"며 놀리고 무시하기 일쑤였다.

당시 남북 총인구는 2000만이었으며 기록상 자동차는 통틀어 7300여 대였는데, 사실상 태반이 움직일 수 없는 고물들이라 우리에겐 자동차 하나하나가 너무나 귀했다. 자가용도 귀했지만 버스는 더욱더 귀해 트럭이 버스와 화물차 역할을 했다.

곧이어 미군이 가지고 들어온 지프와 쓰리쿼터, 트럭 들은 우리나라의 자동차들을 미국식으로 바꿔가면서 불어나기 시작했다. 지프를 재활용해 철판지붕을 씌워 높은 사람들의 자가용 승용차를 만드는가 하면, 쓰리쿼터는 껍데기를 벗겨 낸 후 오늘날의 프레지오, 그레이스, 이스타나와 같은 모양의 섀시로 만든 차체를 얹어 마이크로버스를 만들었다. 또, 6발이 트럭은 앞에 있는 엔진박스인 보닛만 살려두고 드럼통을 펴서 만든 철판을 나무골조 위에 씌운 차체를 만들어 운전대와 적재함, 뒤 차축 두 개 중 한 개를 떼어낸 섀시 위에 얹어 버스로 만들었다.

민간용으로 재생한 자동차들 중에서 자가용 지프만이 앞 차축을 떼어내지 않아 4륜구동이었고 승합차, 버스, 트럭들은 휘발유를 많이 먹는다는 이유로 앞 차축 구동기어를 탈거해버려 뒷바퀴만 구동하는 2륜구동식이었다. 이 시절은 미국의 원조로 휘발유가 풍부해서 트럭이나 버스는 모두 휘발유 엔진이었다. 물론, 미군용 차 엔진들이 모두 휘발유용이라 엔진기술이 없던 우리로서는 그대로 쓸 수밖에 없었기 때문이기도 하다. 어쨌든 이런 과정을 통해 한국에는 1950년 6·25가 일어나기 전까지 총 1만 6000여 대의 차가 있었다.

1950년 6·25전쟁이 났을 때도 지프는 예외 없이 대량 건너와 미군병사와 무기를 싣고 전선으로 달려가 용맹을 떨쳤다. 이때 들여온 지프는 엔진의 출력을 65마력으로 높이는 등 오리지널 모

1950년대 자가용 지프.

델인 MB를 좀 더 개량한 M38형이었으나 외형은 MB와 똑같았다. 이 지프는 1952년까지 한국전선에서 사용되었고 완전히 외형 디자인을 바꾸고 크기를 늘려 72마력의 엔진을 얹은 제2세대 지프 M-38A1이 개발되자 대체되었다. 바로 쌍용자동차에서 1996년까지 생산했던 코란도 지프의 오리지널 모델이다. 이 두 지프는 전쟁이 끝날 때까지 6000여 대가 들어와 한국에서 사용되었다.

전쟁 전 총 1만 6000대였던 자동차가 전쟁이 끝났을 때 약 80%인 1만 2000여 대가 부서져버렸다. 특히 전체의 62%였던 9700여 대의 트럭은 거의 전멸 상태였다. 전쟁이 터졌을 때 우리 국군은 군용 트럭이 없어 민간용 트럭을 전부 전선으로 징발했기 때문에 민간 자동차는 또다시 고갈 상태였는데, 다행히 전장에서 부서졌거나 총탄 세례를 받아 못 쓰게 된 미군용과 유엔군용 폐차들이 쏟아져 나와 그나마 빨리 소생할 수 있었다.

해방 후 1940년대 말기에 생겼던 미군용 폐차 재생 붐이 6·25전쟁 이후 다시 크게 일어났다. 버스는 주로 미군의 6발이 트럭을 이용해 만들었고, 민간용 트럭은 미군 6발이 트럭은 물론 영국군의 세미 보닛형으로 '맹꽁이 트럭'이라 불렀던 영국제 오스틴과 배드포드, 북한 인민군이 버리고 달아난 소련제 가즈(GAZ) 트럭을 색깔만 청색으로 칠해 이용했다.

그러나 지프는 미군이건 유엔군이건 모두 미국제 지프를 사용하여 승용차 품귀였던 전쟁 말기부터 1960년대 중반까지 대통령, 장관, 국회의원, 시장, 기업체 사장, 연예인할 것 없이 거의가 탑을 씌워 까만 칠을 한 지프를 탔다. 간혹 버리고 간 인민군의 소련제 지프도 불하됐지만 크고 못생겨서 자가용으로 이용하지 않았다.

제2차 세계대전에 이어 6·25전쟁에서 활약한 지프는 너무나 유명하여 이를 배경으로 한 미국영화나 TV에도 자주 등장해 인기를 끌었다. 6·25전쟁 때의 실화로 한국전에 파견되어 오산비행장에서 미 제5공군전투비행단장으로 근무했던 딘 헤스 대령(록 허드슨 대역)이 전쟁고아 900명을 인민군의 남침으로부터 구하기 위해 제주도로 수송하는 작전을 그린 영화 〈전송가〉(1956년 작)에서도 지프는 어김없이 맹활약한다.

1970년대 미국과 유럽에서 TV시리즈로 폭발적인 인기를 끌었던 미국 드라마 〈매시(MASH)〉(1970년 작)에서도 지프는 드라마를 실감나게 해주는 소품 중 하나였다. 이 TV드라마는 6·25전쟁 당시 미군의 한 이동외과 병원에서 3명의 군의관과 여군 간호장교들 사이에서 벌어지는 독설과 해프닝을 주제로 한 드라마인데 지프가 전쟁의 비극을 더욱 리얼하게 만들어주는 배경도구로 사용됐다. 그러나 〈매시〉는 6·25전쟁과 당시 우리의 실정을 왜곡한 장면이 너무 많아 국내 방영은 금지당했다. 6·25전쟁은 동족상잔의 비극이었지만 미군을 따라 대거 상륙한 지프는 한국 자동차 산업의 기초를 닦아준 자동차였다.

지프가 만들어 낸 최초의 국산 승용차 '시발'

6·25전쟁이 끝난 1950년대 후반 승용차가 귀해 택시교통이 불모지나 다름없었을 당시, 서울에서 '국제공업사'라는 자동차 정비 및 개조공장을 운영하던 최무성 삼형제는 국산 승용차를 만들기

로 결심했다. 기술, 시설, 공구, 자재 등 모든 것이 빈약했던 당시로서는 대단한 모험이었다. 모든 악조건을 감수하고 1955년 8월, 드디어 지프를 베이스 모델로 만든 지프형의 국산 1호차인 '시발'을 내놓았다.

놀라운 사실은 '시발 자동차'의 엔진이 지프 엔진을 그대로 모방해 만든 순수 '국산 엔진'이라는 사실이다. 시발 자동차는 1955년 10월 창경원에서 열린 "광복 10주년기념 산업박람회"에서 이승만 대통령상을 받아 불티나게 팔리기 시작하면서 1962년 자동차 공학에 의해 탄생한 소형 세단 '새나라'가 나오기 전까지 무려 2700여 대를 생산했다. 시발은 택시와 승용차 고갈을 해소하면서 한국의 자동차 공업을 개척한 자동차였다.

우리나라 최초의 국산 자동차인 '시발(始發)'을 만든 최무성은 원래 신문기자였다.

"형님, 해방되어 자주독립을 하였으니 형님께서도 다시 신문기자로 돌아가셔야지요."

"글쎄, 신문기자는 다시 하고 싶은 생각이 없는데… 일본놈들한테 당한 것을 생각하면 지긋지긋해서 말이야. 이 기회에 다른 것을 해보고 싶구나."

"어떤 일을 하시려구요?"

"신문기자나 정치꾼과 완전히 다른 일, 뭔가 생산적인 일을 하고 싶구나."

"그러시다면 멀리서 찾지 마시고, 자동차 정비공장 한번 해보시는 것이 어떻습니까? 마침 막내아우 순성이가 경성정비공업사에서 엔진

반장으로 있으니 정비공장을 운영할 수 있는 좋은 조건입니다. 앞으로 우리나라도 자동차가 많이 필요한 시대가 올 것이니 말입니다. 제 생각에는 이 사업이 전도가 유망할 것 같습니다."

"그래, 그거 괜찮구나. 낙후된 우리 경제를 일으키는 데는 자동차가 절대로 필요할 게야. 앞으로 우리 손으로 자동차도 만들어야지. 그러자면 정비업부터 시작해 기술을 축적하는 것이 좋겠다."

최무성은 1906년 서울 종로에 있는 가회동의 부잣집에서 6남매 중 장남으로 태어났다. 경신중학교 2학년 때 반일운동에 가담했다가 퇴교당한 후로 국내에서는 요주의 인물로 낙인 찍혀 학업을 계속할 수 없게 되자 학부출신의 엘리트였던 맏누님을 따라 일본으로 건너가 동경의 아카사카 중학교와 일본 전수대학 경제학부를 졸업했다. 귀국 후 경성전기주식회사(한전)에 입사했으나 반일데모를 주동했다는 혐의로 일본 경찰에게 잡혀 6개월간 감옥살이를 했다.

최무성은 풀려난 후 당시 『동아일보』 여기자로 활약하던 누님의 도움으로 독립운동가이자 언론가로 유명한 몽양 여운형 선생이 사장으로 있던 『조선중앙일보』의 사회부로 들어가 기자의 첫발을 내딛었다. 『조선중앙일보』 재직 중 최무성은 일종의 항일운동인 독서회사건과 반제동맹사건에 가담한 것이 탄로나 걸핏하면 일본 경찰에게 잡혀가 수모를 당하는 고통을 겪기도 하였다. 1937년 11월 『조선중앙일보』가 강제로 폐간되면서는 지장을 잃고 강제징용을 피해 지하에서 항일운동을 하다가 해방을 맞았다.

국산 승용차 1호 시발의 탄생에 큰 역할을 했던 두 동생 중 둘째인 최혜성은 예능에 소질이 있어 해방 전에는 〈파시〉라는 영화에 주연까지 말았다. 그는 사교술뿐만 아니라 자동차 운전술도 뛰어났으며 해방될 때까지 원로 작곡가인 황문평과 함께 가극단 〈라이라〉에서 활약했다. 막내아우 최순성은 해방 전부터 서울에서 가장 큰 자동차 정비업체인 경성공업사에서 엔진 반장까지 하던 자동차 정비 기술자였다.

1946년 8월 이들 3형제는 서울 을지로 2가 지금의 중소기업은행 본점 자리에 '국제공업사'라는 정비공장을 차렸다. 맏형 최무성이 사장, 둘째 최혜성이 부사장 겸 섭외담당, 막내 최순성이 기술과 공장장을 맡았다. 국제공업사는 당시 서울 바닥에 굴러다니던 도요타, 닛산, 시보레, 크라이슬러 등 상류사회의 고물 승용차를 뛰어난 기술로 수리해주면서 입소문이 나 유명해졌다. 그리고 우리나라에 와 있던 미군이 쓰다 불하한 고물차를 새로 꾸며 팔아 수입도 짭짤하게 올렸다.

그러다가 1950년 6·25전쟁이 발발하자 형제들은 부산으로 피난을 가서 전쟁통에 망가진 미군 지프차와 쓰리쿼터라는 4분의 3톤짜리 트럭을 수리해주고, 폐차 부속품들을 모아 차를 만드는 일을 계속하며 자동차의 기술을 익혔다. 전쟁이 끝나고 서울로 다시 올라와 보니 공장과 시설은 몽땅 잿더미로 변해 있었다.

"미군이 불하한 지프차를 수리해 그 위에 탑을 씌워 만들어 돈 좀 모았으니, 이 돈으로 폐품 재생차가 아닌 진짜 자동차를 우리 손으로 만들어보면 좋겠는데, 너희들 생각은 어떠냐?"

"형님, 미군 지프차를 고쳐 탑을 씌워 팔아도 돈을 버는데, 충분한 기술이나 장비도 없이 그 어려운 자동차를 어떻게 만든다는 말입니까? 제 생각으로는 도저히 불가능합니다. 얼마나 엄청난 돈이 드는지 아세요?"

최무성 삼형제와 시발 자동차.

"아니야, 만날 미군 폐차만 고쳐 팔 수는 없다. 그리고 부서진 미군 지프나 쓰리쿼터 트럭이 계속 나온다더냐? 조만간 그것도 동이 날거 야. 정비업도 그렇지, 차를 만들어 내야 정비할 일거리도 생길 게 아니 냐?"

"그러면 어떻게 하시려구요?"

"제일 중요한 엔진부터 우리 손으로 만들어보자. 엔진만 해결되면 자동차 만드는 것은 쉬운 일 아니냐?"

"예에! 엔진을요? 형님 정신 있으세요? 엔진은 쇠를 녹여 주물을 부 어 몸체를 만든 다음 깎고 다듬어야 하는 고도의 기술이 필요합니다. 그것이 문제가 아니라 주물 기술자가 어디 있습니까?"

"걱정마라. 엔진을 만들어본 경험이 있는 기술자가 우리 공장에 있지 않느냐. 혜성이가 데려온 김영삼 말이다."

"네? 그 친구 엔진에 대해 잘 알고는 있지만…."

"한번 모험을 해보는 거야. 모험 없이 발전할 수 있나!"

"혹시, 이거 겨우 밥 먹고 살 만큼 벌어놓은 돈을 모두 날리는 것 아닙니까? 실패하면 어쩌려고 그러세요?"

"어떤 일도 개척정신과 희생 없이는 성공 못한다."

6·25전쟁이 끝나고 수복한 뒤 서울로 다시 올라온 최무성 삼형제는 부산에서 정비업을 해 모은 돈으로 잿더미가 된 '국제공업사'를 복구시켰다. 전쟁이 끝난 후 쏟아져 나오던 미군 지프 폐차를 여기저기 손본 후 길거리에 흔하게 굴러다니던 드럼통을 망치로 펴서 탑을 만들어 씌웠다. 이렇게 수리된 지프차는 승용차가 귀하던 시절이라 만들기가 무섭게 불티나게 팔렸다.

어쨌든 맏형인 최무성의 국산차 제작에 동의하여 형제들은 엔진부터 만들기 시작했다. 물론 당시 우리의 기술로서는 그리 쉬운 일이 아니었다. 지프 엔진을 가져다 놓고 엔진 제작 경험이 있다는 '함경도 아바이' 김영삼과 밤낮을 가리지 않고 연구해 엔진 몸체인 실린더블록을 그대로 만들었다. 이 정도면 자신 있다고 믿었지만, 실린더블록은 높은 열을 견디지 못한 채 부서지고 말았다. 삼형제의 실망은 이만저만 큰 것이 아니었다. 제대로 그린 설계도나 기술 없이 경험으로만 만들어내자니 그 고생이 이루 말할 수가 없었다.

이렇게 숱한 실패를 겪은 끝에 1955년 4월, 드디어 4기통의 휘발유 엔진을 완성했다. 역사 이래 우리 손으로 만든 최초의 자동차 엔진이었다. 최씨 삼형제와 김영삼은 그로부터 4개월 후인 8월, 이 엔진을 얹은 최초의 국산용 승용차를 만드는 데 성공한다. 네 사람은 의논 끝에 이 차의 이름을 우리 손으로 '국산자동차 만들기를 처음 시작한다' 는 뜻에서 '시발' (始發)이라 지었다. 드럼통을 펴서 만든 상자형 차체를 씌운 지프형 시발은 4기통 가솔린 엔진에 전진 3단 후진 1단의 변속기를 가졌다. 문 두 개에 5인승으로 비록 지프 모양이었지만 완전히 우리 손으로 만든 최초의 국산 자동차였다.

가장 어려운 엔진의 몸체와 피스톤 등 차에서 가장 중요한 부품을 경험만으로 창출해 냈다는 것은 그야말로 기적이 아닐 수 없었다. 시발은 탄생하자마자 행운을 잡았다. 2개월 후인 1955년 10월 해방 10주년 기념 산업박람회가 서울의 창경궁에서 열렸다.

삼형제는 '시발' 차를 국민에게 선보이기 위해 박람회에 출품 전시하기로 결정했다. 그런데 생각지도 않았던 최우수 작품으로 선정되어 대통령상을 받게 되었다. '시발' 의 인기는 하룻밤 사이에 치솟았고 날개 돋친 듯 팔려나갔다. 최씨 삼형제는 회사 이름을 국제공업사에서 시발자동차주식회사로 바꾸었고 돈방석에 앉게 되었다.

엔진도사 김영삼의 집념

"김 씨, 아직도 자동차 엔진 만들겠다는 집념 가지고 있소?"

"그거 어찌 묻소? 내래 평생소원이 고거인데 잊을 리 있갔소? 하긴 뭐 자동차 엔진을 만들고 싶어도 돈 없고 공장도 없으니…."

"김 씨, 을지로에 있는 국제차량공업사라고 들어보았소? 미군 폐차 가지고 새 차 만들어 파는 공장인데, 우리 볼트 가게 단골이오. 그 공장 최혜성 부사장이 나한테 자동차 기술자 있으면 소개해달라고 부탁합디다. 김 씨, 이 기회에 솜씨 좀 발휘해 보려우? 혹시 모르잖우. 언젠가 김 씨가 그렇게 소원하는 엔진을 김 씨 손으로 만들게 될지도."

"싫수다. 내래 남의 집에서 일하는 거 원치 않수다. 나 혼자 엔진을 만들갔시오."

고집 강한 김영삼은 볼트 가게 주인의 호의를 거절하고 마포에 있는 자기 집에서 학교 의자를 만들고 있었다. 그러던 어느 날 국제차량공업사의 부사장 최혜성이 그의 집까지 찾아와 간곡히 도와주기를 청하는 바람에 하는 수 없이 국제차량공업사에 입사한다.

당시 40대 초반이던 김영삼은 자기가 다니던 교회 목사의 소개로 연희대학(연세대학)에 의자를 만들어 납품하고 있었다. 그는 여기에 필요한 볼트, 너트를 주물공장, 철공소, 철물 가게들이 모여 있던 서울 원효로의 한 볼트 상점에서 단골로 구입해다 썼는데, 이 가게 주인의 소개로 최 씨 삼형제와 인연을 맺

1954년 엔진 몸체를 가공하고 있는 김영삼.

게 된다.

우리 역사상 최초로 자동차 엔진을 만든 김영삼은 강원도 북단 장전이라는 조그만 포구에서 태어났다. 그는 어릴 때부터 기계에 관심이 많았으며 작은 발동선의 석유 엔진을 보고 엔진에 대해 남다른 흥미를 갖게 되었다고 한다. 독실한 기독교 신자인 김 씨는 소년 때부터 철공소에서 일하면서, 교회의 야간학교에서 한글과 일본글을 배운 후 도쿄에 있던 기계설계학원 강의록을 구해서 스스로 기계기술을 익혔다.

김영삼은 엔진에 대해 깊이 공부하고 싶어 청운의 뜻을 품고 단신으로 일본에 건너가 낮에는 산소병 제조공장에서 일하고, 밤에는 기계학원에서 기계제도나 설계, 용접기술을 배웠다. 엔진 수리공장을 열심히 찾아다니며 실력을 쌓은 후 고국에서 일하기 위해 귀국하려 했으나 2차대전을 일으킨 일제의 징병을 피하기 위해 중국으로 피신했다. 중국에서 김영삼은 발동기 수리공장에 취직해 엔진 제작기술을 익힌 다음 직접 철공소를 차려 배 엔진도 수리하면서 기계 부속품을 만들어 팔았다.

그러다가 해방이 되자 공장이 많은 원산으로 들어와 주물공장 겸 철공소를 차려 계속 기계 부속품과 놋쇠제품들을 만들어 팔았다. 그런데 뜻하지 않게 6·25전쟁이 일어났고 원산에 피신해 있는 동안 북진한 국군의 해군정보요원에게 붙들려 해군 함정용 대형 발전기를 수리하게 된다. 원산까지 진격한 해군은 미국 GM사에서 만든 발전기를 가지고 있었으나 작동법을 몰라 헤매다가 원산에서 기계 기술 1인자로 이름난 김영삼의 소문을 듣고 수소문하게 된 것이다. 교회를 통해

서 김 씨의 은신처를 알아낸 해군은 김 씨를 찾아와 발전기를 수리하고 작동시켜달라고 강력히 청했다.

김 씨도 생전 처음 보는 발전기라 처음에는 주저했지만 신앙심과 자기의 기술을 믿고 달려들어 수리했고, 시동을 걸어본 결과 천만다행으로 성공해 해군의 곤경을 해결해주었다. 그날부터 발전기 기술자로 해군 기지창에 붙들려 지내던 김영삼은 얼마 후 중공군의 대거 남침으로 식구들을 만나지 못한 채 곧바로 해군함에 실려 부산으로 홀로 피난하는 신세가 되고 말았다. 부산에 혼자 와있던 김영삼은 가족을 만나기 위해 원산으로 다시 되돌아가려고 해군에서 몰래 도망쳐 나왔다. 그런데 마침 그날이 일요일이라 예배나 보고 가려고, 어느 교회에 들어갔는데 그곳에서 뜻밖에도 가족들을 모두 만나 서울로 올라오게 된 것이다.

'함경도 아바이'로 통하던 김영삼은 최씨 형제의 국제차량공업사에 입사한 처음 1년간 미군 폐차 지프의 엔진, 변속기, 차축 등을 재생하여 차 뼈대를 만든 다음 그 위에 얹는 차체를 만들었다. 그리고 1954년 서울 경복궁에서 열렸던 해방 9주년기념 산업박람회에서는 김 씨가 만든 국제차량의 재생 지프차가 차체 장려상을 받는 행운을 얻기도 했다.

김영삼은 자동차 일을 하면서도 엔진 만들기의 꿈을 버릴 수 없어 그해 가을 최 사장에게 국산 엔진을 만들자고 권했다. 처음에는 김 씨의 엔진실력을 믿을 수 없고 제조시설마저 없어 불가능하다고 반대했다. 엔진이란 자동차에서 가장 복잡하고 정밀해서 만들기 어려운데다, 엔진 주물을 깎고 구멍을 뚫는 공구며 설계나 제조기술이 백지 상태인 당시의 국내 자동차 기술 수준으로는 허황된 꿈에 지나지 않는다고 생각했기 때문이다.

최무성은 거듭된 김 씨의 자신만만한 간청 때문에 결국 큰 모험을 해보기로 결정한다. 만약 김 씨가 엔진만 성공한다면 최 사장은 순수한 국산자동차를 만들 수 있겠다고 생각했다. 이것이 바로 '시발' 차를 탄생시킨 동기였다.

시발차의 엔진을 만들고 있던 어느 날 상공부 직원과 기자, 도쿄 맥아더 사령부에서 왔다는 미군 등 6명이 원효로에 있는 엔진 주물공장을 구경하러 왔다. 한국의 시발자동차회사에서 지프차 엔진을 만들고 있다는 정보를 받고 조사하러 온 것이었다. 정밀 공작 기계와 신식 시설을 갖추고 엔진을 만드는 줄 알았던 미군 측은 원시적으로 천막을 치고 흙으로 된 틀에 쇳물을 부어 주물을 만든 후 손으로 직접 구멍을 뚫고 깎아내는 광경을 보고 눈이 휘둥그레졌다. 한국 사람들의 신기에 가까운 손재주에 감탄을 금치 못했다.

그러나 엔진 주물과 완성해 놓은 엔진이 지프 엔진과 꼭 같은 것을 보더니 더 이상 만들면 안 된다는 엄포를 놓고 갔다. 그 이유를 알고 보니 당시 지프차 메이커였던 미국의 윌리스 오버랜드사가 '자사의 설계를 허락도 없이 시발이 도용하고 있다' 고 일본에 있는 맥아더 사령부에 항의를 했기 때문이었다. 잘못하면 시발차 제작이 중단될 뻔했다. 그러나 최 사장 형제가 적극적으로 정부와 맥아더 사령부를 설득해 일주일간의 제작정지 후 다시 만들어도 좋다는 허락을 받았다.

이렇게 시중에 나온 '시발' 차가 대통령상을 받고, 날개 돋친 듯 팔려나가자 동종 업자들 간에는 '시발 엔진이 가짜' 라느니, '지프 엔진을 재생한 엉터리'라느니 하는 말이 떠돌았다. 그만큼 당시의 기술수준이 낮아서 시발이 한때는 의심의 대상이 되기도 했다.

이후 김영삼은 1956년 자신이 직접 자동차를 만들기 위해 최씨 형제의 시발자동차회사를 나왔다. 그는 시발 엔진 때문에 알게 된 원효로 일대의 주물공장과 공작소 등을 이용하여 6기통 가솔린 엔진을 만들어 얹은 9인승 합승택시를 만들었다. 모양은 미국 윌리스 지프의 스테이션 왜건 모양이었다. 이때부터 미군 쓰리쿼터 트럭의 구동 부속품들을 이용한 9인승 합승택시가 서울과 부산, 대구에서 나오기 시작했다. 김영삼은 '국산차 개발'이라는 표지를 앞창에 붙인 이 차를 자기가 살고 있는 마포의 경찰서장에게 보였다. 시승을 해본 서장은 크게 감명을 받고 치안국에 운행허가를 신청해 주는 등 배려해주었다.

그러던 어느 날 문병선이라는 사람이 찾아와 자동차 제작 사업을 같이 하자고 끈질기게 김 씨를 설득했다. 결국 김 씨는 수락을 하였고 문병선은 김 씨가 만든 합승택시를 대량생산하기 위해 서울 명동성당 근방 을지로 쪽에 쌍마자동차라는 회사를 세웠다.

김 씨는 공장장 겸 기술고문으로 이 회사에 들어가 6기통 휘발유 엔진을 100여 기나 만들어냈다. 김영삼은 6기통 가솔린 엔진도 우리나라에서 처음으로 만들어 낸 것이다. 쌍마자동차 공장에서는 이 엔진으로 김영삼이 만든 11인승 합승택시를 그대로 본떠 만들어 팔았다. 쌍마자동차의 사장 문병선은 자유당의 실권자였던 이기붕 국회의장의 수석비서이며 당대의 주먹으로 이름을 날린 이정재와 절친한 사이였다.

문씨는 이정재를 통해 이기붕을 불러내고 첫차를 시승시켜 김 씨가 만든 합승택시의 진가를 과시했다. 독립문을 돌아오는 시승을 하고 난 이기붕 의장은 노고를 치하하면서 어려운 점이 있으면 말하라고 격려했다. 이정재의 개입으로 정치적 특혜를 받아 영업허가와 자동차 제조허가까지 따낸 것이다.

김영삼은 쌍마에서 1년 정도 일하다가 독립하기 위해 나왔다. 그 후 1950년대 말 쌍마에서는 시발차보다 더 예쁘장하게 다듬은 '베이비 왜건'을 대량 만들어 판매했다. 1960년에는 '베이비 왜건' 물결이 일 었으며 그 때문에 시발도 고전을 겪었다. 베이비 왜건은 시발과 크기 는 같았으나 엔진 변속기 등 중요한 구동품은 지프차의 폐품을 재생 해 썼고, 차체는 철판을 손으로 하나하나 두드려 만들어 얹었는데, 시 발보다 훨씬 디자인이 예쁘고 세단차와 비슷해서 인기를 모았다. 그 러나 1962년 일본 차 '새나라'의 등장으로 인해 시발과 같은 운명에 처하고 말았다.

오직 엔진 기술자라는 외곬수 인생을 살아온 김영삼. 그는 컴퓨터 화 된 자동차를 능가하는 제2의 기계식 시발자동차를 연구하다가 1996 년 일생을 마쳤다. 기계 발명에 대한 그의 정열과 연구적인 자세, 기술 은 후대 엔지니어들에게 큰 교훈이 되고 있다.

국산차 '시발'의 인기

"각하, 지금 창경원에서 광복 10주년기념 산업박람회가 성황리에 열리고 있습니다. 그런데 역사상 처음 우리 손으로 만든 국 산 자동차가 전시되어 대단한 화제를 모으고 있습니다."

"오, 그런가? 누가 만들었는가?"

"네, 각하 서울에서 정비업을 하는 최무성이라는 사람이 전쟁 때문에 이 나라 자동차 교통이 황폐한 것을 실감하고, 자동차 공업을 크게 일으켜 보겠다는 굳은 의지로 처음 만들어냈다고 합니다."

"그렇지. 앞으로 우리도 미국처럼 자동차 공업을 육성시켜야 할 것이야. 그 사람 고마운 일 하는구먼. 어떤 차인가?"

"예, 시발이라는 지프형 승용차입니다. 국산화율이 50%나 된다고 합니다."

"응, 잘 살펴보아 알려주게나."

자동차가 귀한 당시로서는 제작과정이야 어떠했든 국산차가 탄생했다는 점에서 정부나 국민들 모두 관심을 보였고, 신문에서도 크게 보도했다. 최무성이 전 재산을 투입해 온갖 어려움을 겪으면서 만든 탓인지 시발차는 박람회에서 최우수상품으로 선정되어 뜻밖에 이승만 대통령상을 받았다.

후에 나온 이야기지만 시발은 원래 서울시장상이 주어지기로 되어있었으나 시발자동차회사의 전무인 조 씨가 당시 경무대 이 대통령 전용차의 운전기사와 막역한 사이여서 대통령상을 타게 되었다는 후문도 나돌았다. 또, 수상 후 이승만 대통령이 직접 경무대에서 시발을 시승해본 뒤 최 씨 형제들의 노고를 치하하면서 국산차 개발에 앞장서줄 것을 당부했다고 한다.

어쨌든 대통령상을 받은 시발의 주가는 하룻밤 사이에 뛰어올라 이 차를 사기 위해 공장은 문전성시를 이루었고 8만 환에도 잘 안 팔리던 것이 30만 환으로 뛰어올랐는데도 불티나게 팔렸다. 시발차는 이렇게 해서 대통령상을 받은 지 한 달도 채 못 되어 총 1억 환의 돈을 확보하게 되었으며, 이 돈으로 원효로에 공장을 사들여 자동차 회사의 모양새를 갖추었다.

특히 영업용 택시로 인기가 높았던 시발차는 공급이 계약을 미처 못 따라가 매일같이 차를 먼저 사려고 권세까지 동원하는 수요자들도 생겼다. 이런 시발의 인기 때문에 부녀자들 사이에는 '시발계' 붐까지 일어났고, 일부 상류층 부녀자들은 소

경무대에서 시발차를 둘러보는 이승만 대통령.

위 '빽'이라는 정치적 권력까지 동원해 한꺼번에 2, 3대씩 사다가 높은 프리미엄을 얹어 전매하는 사태까지 벌어졌다.

이렇게 높던 시발의 인기도 5 · 16 직후 들어온 순정품 일본 차 '새나라'의 위세에 밀려 곤두박질치기 시작했다. 그러나 1964년 문을 닫을 때까지 시발차는 총 2700여 대를 만들어 자동차 공업 발전에 커다란 초석이 되었다.

최씨 형제들은 시발차뿐만 아니라 대체연료 발명에도 관심을 기울였다.

"형님, 상공부에서 대체연료 자동차 발명 현상모집을 한다는 소식 들으셨습니까?"

"대체연료 자동차라니?"

"우리나라는 석유가 한 방울도 나지 않습니다. 대신 석탄은 무진장

한데 그냥 사용하면 유독한 냄새를 내뿜기 때문에 연기가 나지 않는 무연탄으로 개발해서 석유 대용으로 사용할 수 있는 방법을 발명하는 것이랍니다. 상공부의 의도는 자동차의 대체연료도 이 기회에 같이 개발해보자는 뜻일 겁니다."

"그래, 그것 참 좋은 생각이야. 그렇지 않아도 석유를 쓰지 않는 자동차를 개발해보는 것도 좋겠다는 생각을 했던 참이었다."

"시발차 개발도 완성했으니 우리도 앞으로 자동차용 대체연료 연구를 한번 해보는 것도 가치가 있으리라 생각됩니다."

"그럼, 네가 구체적으로 계획을 짜보아."

이렇게 하여 최무성 형제는 우리나라가 비산유국임을 감안, 앞으로 걱정 없이 쓸 수 있는 자동차용 연료를 석탄으로 만들어 보겠다는 기본방침을 세웠다. 즉 무수한 작은 공기구멍들이 있는 스펀지 같은 무연탄을 태워 얻은 가스를 휘발유 대신 자동차 연료로 사용한다는 이론이었다. 바로 제2차 세계대전 중에 나타난 목탄차의 원리와 비슷한 것이었다.

최무성은 이 대체연료 개발을 위해 별도의 연구팀을 조직했다. 그 책임기술자로 초빙된 사람이 서울공대 화학과 출신 오원철이었다. 그는 스펀지탄 자동차를 개발한 후 시발자동차회사를 떠나 정부 관리로 변신해 상공부 차관을 지냈고, 5·16 이후 제3공화국 때는 중화학공업 진흥을 위한 정책수립에 큰 공을 세워 나중에는 청와대 경제 제2수석 비서관을 지낸 인물이다. 오원철을 중심으로 구성된 시발의 대체에너지 연구팀은 드디어 스펀지탄과 이를 이용한 석탄가스 자동차 개발에 일단 성공해 1958년 2월 상공부의 대체에너지 발명 공모전에서 논

문과 발명품 두 부문에서 최고상을 받으며 또 한번 큰 화제를 뿌렸다.

최고상을 받은 시발의 스펀지탄 자동차를 처음 선보였을 때 당시 상공·교통·내무·농림부흥부 장관 등은 시승한 후 격려를 아끼지 않았다. 이에 용기를 얻은 최무성은 한 걸음 더 나아가 무연탄을 액화시켜 메탄올까지 만들 계획을 세우는 한편 디젤엔진 개발도 착수했다.

당시 석탄에서 자동차 액체연료를 만들어 내겠다고 했을 때, 어떤 이들은 허황된 생각이라며 비웃었다. 하지만 실제로 독일의 히틀러가 제2차 세계대전 당시 석탄으로 휘발유를 만들어 독일군의 차량, 탱크, 비행기 연료로 사용했다.

어쨌든 신문들은 시발자동차회사의 스펀지탄 자동차가 무연탄 70kg으로 휘발유 40*l*와 맞먹는 힘을 얻을 수 있는 자동차라고 보도하였고, 회사 측은 당시 전국 차량 2만 7000여 대 중 2만 3000대를 스펀지탄 차로 바꾸자는 건의까지 정부에 할 만큼 대체연료에 대한 자신감과 원대한 포부를 가지고 있었다. 최무성은 시발을 팔아 번 돈을 다른 데 쓰지 않고 자동차 연료 개발 연구에 적극 투자하여 대체에너지 개발에도 앞장섰던 개척자였다. 그러나 이토록 의욕에 찼던 무연탄차와 디젤차의 실현은 그 후 기울기 시작한 사운 때문에 더 이상 빛을 보지 못한 채 역사 속으로 사라지고 말았다.

비운의 시발차와 최초의 자동차 CM송

"야단났다, 정부에서 택시를 증차하지 못하게 만드는구나. 지금 우리 시발차가 택시용으로 불티나게 팔려나가는 판국인데…."

"예? 사장님, 그게 무슨 말씀입니까?"

"조 전무, 정부에서 5 · 8라인이라는 정책을 발표한다는 이야기 못 들었소? 5월 8일 이후부터는 이미 운영하고 있는 택시를 폐차하지 않고는 새 택시를 사들이지 못하도록 한다는 법이요."

"아니, 그게 무슨 뚱딴지같은 수작입니까? 그렇지 않아도 영업용 차량들이 모자라 교통 지옥인데요."

"택시가 늘어나면서 가뜩이나 외화가 부족한데 석유 소비는 계속 많아져 외화 지출이 늘어날 게 아니냐는 게요. 이를 막기 위해 택시의 증가를 억제하자는 것이오. 게다가 늘어나는 택시들 때문에 좁은 도로 사정으로 생기는 교통 혼잡을 해결하기 위해서라도 택시의 증가를 막아야 되겠다는 게요"

"그렇다면 자가용 차 증가도 막는다는 겁니까?"

"자가용 차는 5 · 8라인에서 제외되었소."

"나라의 법이니 반대할 수는 없고…. 그렇다면 자가용 차를 개발하는 도리밖에 없지 않습니까."

"우리 국민의 경제 수준이 낮은데, 자가용이 잘 팔릴까?"

"글쎄요, 어쨌든 우리 시발이 살아남자면 그 길밖에 없지 않습니까? 해보고 시원찮으면 피난 시절에 타고 다니던 영업용 합승차인 마이크로버스를 만들어 팔아야죠. 석유 과소비와 좁은 도로 사정 때문에 자동차의 증가를 막는다니 말이나 됩니까?"

영업용 택시로 불티나게 팔려나가던 시발이 느닷없이 1956년 5월 8일 공포된 정부의 5 · 8라인으로 브레이크가 걸렸다. 할 수 없이 최씨 삼형제는 승용차 개발을 서둘러 모양을 좀 더 예쁘게 다듬고 내부치장을 고급스럽게 꾸민 왜건형 시발을 내놓았다. '뉴 시발(New Sibal)'이라 부르던 이 모델은 그러나 기대와 달리 부유층으로부터 큰 호응을 받지 못한 채 운이 따라주지 않아 실패하고 말았다.

초창기의 시발은 불티나게 팔려 한 달에 100대를 만들어도 모자라 정부로부터 지원받은 1억 환의 융자를 보태어 공장과 시설을 더 확장했었지만, 이것도 올바른 시설과 기술을 갖춘 공장이 아니라서 완전한 차를 대량 생산하기에는 부족했다.

최무성은 현대적 시설을 갖춘 공장을 지어 한 달에 1000대를 생산하기 위한 기술과 자금을 일본에서 물색하다가 이스즈자동차가 기술을 지원하고 미쓰이상사가 2500만 달러를 빌려주겠다는 약속을 받은 후 사업계획서를 제출하고 승인이 떨어지기를 기다렸다. 이 무렵 최씨는 기술제휴와 차관을 얻기 위한 로비활동, 무연탄 자동차 개발, 사업 확장 등으로 번 돈을 몽땅 써버려 운영자금이 바닥나고 말았다. 그래서 정부로부터 새 사업의 승인이 하루속히 나오기만을 초초하게 기다리고 있었다. 하지만 뜻밖에도 5·16 군사정변이 터져 시발을 지원해주던 자유당 정권이 물러나게 되었다.

제3공화국의 박정희정부는 부정부패의 구악을 일소하고 나라를 재건한다는 목표를 내걸었고 그에 따라 세운 경제개발 제1차 5개년 계획 중에는 국내 자동차 공업 보호정책도 들어 있었다. 최씨는 시발차 개발로 한국 자동차 공업을 개척한 실적을 인정받아 왔기 때문에 새 정부의 모든 지원을 받을 수 있는 최우선권이 있다고 믿고 2500만 달러에 대한 차관 승인이 당연히 날 것으로 기대했다. 그러나 정부는 뜻밖에도 재일교포인 박노정 씨에게 새나라자동차회사의 설립 허가를 내주었고, 1962년 초 '블루버드'라는 닛산 자동차의 1200cc짜리 소형 승용차가 분해(CKD)식으로 면세 도입되어 '새나라'라는 이름을 달고 대량 판매되기 시작했다.

손으로 두드려서 만든 시발은 제대로 된 설비하에 만든 산뜻하고 날씬한 일본 차 새나라에 곧 밀려났다. 시발의 매출은 뚝뚝 떨어졌다. 최무성은 정부 후원의 우선권만 믿고 적극적인 로비활동을 등한시했던 것을 몹시 후회했다. 이렇게 긴박한 상황에서 차관 승인이 계속 지연되자 몸이 단 최씨는 뒤늦게 당시 부총리겸 경제기획원 장관 장기영을 아침마다 찾아갔다. 하지만 결국 차관승인은 취소되고 말았다.

이래저래 실망의 늪으로 빠져들고 있던 때인 1962년 정부는 "기계 생산 전문화 조치"를 내렸다. 소형 승용차는 새나라, 중대형은 시발, 디젤엔진은 한국기계가 생산하라는 조치를 내려 중대형 차를 만들어본 기술이나 제조 경험이 없던 최씨에게 더욱 절망감을 주었다. 결국 최씨는 시발의 생산을 중단하고 버스를 만들어 간신히 명맥을 이어갔고 1962년에는 우리나라 최초로 디젤엔진 버스를 만들어내는 개가를 올리기도 했다. 하지만 이 무렵 서울에서 버스제조를 독점하던 하동환 자동차에 밀려 더 이상 지탱하지 못하고 최초의 국산차 시발은 탄생 10년 만에 아쉽게 막을 내리고 말았다.

비록 문을 닫고 말았지만 시발은 당시 우리 국민들에게는 큰 자랑거리이자 민족의 자존심이었다. 일제의 압박과 6·25전쟁을 겪고 나서 경제 사정이 극도로 악화된 상황에서 탄생한 국산차였기 때문이다. 민족적 긍지를 높이고 차의 선전도 하기 위해 광복 후 최초로 각

일간 신문에 다음과 같은 자동차 광고를 내기도 했다.

"여러분, 우리나라를 외국인에게 알리고 자랑할 만한 거리를 찾아야 합니다. 우선 이 '시발' 차를 타고 여의도 공항으로 나가십시오. 얼마나 외교 의전에 도움이 될까요!"

이어 한국자동차 역사상 최초로 시발을 선전하는 CM송까지 만들어 한동안 유행가처럼 퍼져나가는 웃지 못할 해프닝도 벌어졌다.

"시발 시발 우리의 시발, 시발 시발 우리의 시발…."

"에그머니, 망칙해라. 너 그런 노래 어디서 배웠니? 시발이라니, 무슨 노래가 그렇게 해괴한 욕 같으냐?"

"엄마, 우리나라 국산차 시발 알지? 그 시발차를 선전하는 노랜데, 종로에 있는 텔레비전 방송국에서 불러 지금 굉장히 유행하고 있는 거 몰라?"

당시 어린 아이들이나 청소년들이 부르고 다니던 시발차 노래를 잘못 들으면 그 소리가 꼭 쌍스러운 욕지거리같이 들려 어른들은 눈살을 찌푸리기도 했지만, 서울 종로에 있었던 우리의 최초 민간방송 HLKZ-TV에서는 최초의 국산차 시발을 선전하는 노래가 계속 흘러나왔다. 대통령상을 받고 시발차의 인기가 하늘 높은 줄 모르고 치솟던 1956년, 최무성 사장이 시발자동차회사의 사가 겸 시발차 선전 노래를 만들고 싶어 연예계 경험이 있는 동생 최혜성에게 작사를 해보라고 권유한 것이 계기가 되었다.

1956년 늦가을 어느 날 최혜성은 작사한 것을 가지고 HLKZ-TV 방송국에 찾아가 당시 방송국의 음악과장으로 있던 작곡가 황문평에게 작곡을 의뢰했다. 원로 작곡가인 황문평은 일제 말기에 라이라 가극

서울역 앞 시발택시들.

단에서 최혜성과 같이 활약한 적이 있어 최씨 집안과는 잘 알고 지내는 사이였다. 이런 인연뿐 아니라 당시 황문평이 작곡한 '꽃 중의 꽃 무궁화꽃 삼천리 강산에…' 라는 가요가 대단히 유행하고 있었기 때문에 '시발' 사가의 작곡을 그에게 의뢰한 것은 당연한 선택이었다.

황문평은 작곡한 시발자동차회사의 사가를 최 사장의 요청에 따라 당시 유일의 현악단이던 서울 스트링 오케스트라와 합창단을 동원하여 녹음한 후 TV에 몇 번 내보냈다. 이것은 우리나라 최초의 사가이자 자동차 CM송이었다. CM송 개념이 아직 없었던 시절이지만, 이 노래는 오늘날 CM송의 효시라고 보아도 무방하다.

방송을 통해 흘러나간 이 노래는 유행가가 대중가요의 전부였던 시절 특정한 상품을 주제로 했고, 부르기 쉬운데다 가사의 끝부분은 대중에게 쉽게 흡수될 수 있는 세속적인 뉘앙스를 가지고 있었다. 그 때문에 구설수에 오르기도 했지만 그만큼 쉽게 퍼져 서울에서 큰 화제가 되었다.

1960년 새나라차가 나오기 전 '시발' 값이 최고 300만 환까지 뛰어 올라 택시업자들은 '시발'을 사면 황금방석에 앉는 것으로 믿었다. 택시미터기가 나타나기 전 서울의 경우 시발택시를 한 번 부르는 데 기본요금이 30원이었고, 매 2km마다 5원씩 더 가산이 되었다. 이 시절 기차를 타러 서울역으로 갈 때나 위급한 환자들을 태우고 병원으로 갈 때, 극장의 영화를 광고하기 위해 포스터를 붙이고 돌아다닐 때 주로 시발택시를 이용했다.

안타깝게도 지금은 이러한 시발차가 한 대도 남아 있지 않다. 1990년 가을 도로교통안전협회에서 홍보관을 신축하고 이곳에 고종황제의 어차 포드와 시발차를 전시하기 위해 필자에게 시발차의 설계를 부탁해왔다. 당시 실물의 3분의 1 축소 모델을 만들어 전시했는데 비록 모형이긴 했지만 필자가 가지고 있던 모든 자료와 기억을 동원해 최대한 실물과 같게 만들어 그나마 명맥을 이을 수 있었고 보람도 느꼈다. 그 후 2006년 국내 S 박물관에서 시발의 복원을 제의해 와 필자가 가지고 있던 사진과 기초 설계도, 60년대 타 보았던 기억을 토대로 오리지널 모델을 재현할 수 있었다.

드럼통 버스왕과 최초의 자동차 수출

최무성 삼형제가 최초의 국산 승용차 시발을 만들어낼 무렵, 자동차 만들기에 혼신의 힘을 다하던 또 한 사람이 있었다.

6 · 25전쟁의 부산물인 드럼통을 펴서 국산 버스를 만든 하동환이다. 1950년대에서 1960년대 말까지 버스업계에서 하동환 보디(차체)로 이름을 날렸던 그를 아는 사람들은 그에게 세 번을 놀란다고 한다. 첫째는 젊은 나이에 그 같은 업적을 이뤘다는 사실이고, 둘째는 나이보다 너무 젊게 보이는 얼굴이고, 셋째는 종업원과 함께 기름투성이 작업복을 입고 일하는 현장이 그의 사무실이라는 점이다.

1966년 하동환버스는 석유 산유국으로 당시 세계 제1의 부유국이던 동남아의 작은 나라 부루나이에 버스 1대를 한국 역사상 처음으로 수출하였다. 그 다음 해인 1967년 월남(베트남)에 버스 20대를 수출하기 위해 밤낮을 가리지 않고 버스를 만들고 있을 때였다. 하동환 사장 역시 종업원들과 현장에서 동고동락하면서 생산에 몰두하고 있을 때, 하루는 박정희 대통령이 그를 청와대로 불렀다.

"각하, 하동환 씨가 왔습니다."

"들어오라고 하소."

"예, 각하. 하 사장 이리 들어오시오."

"아니, 하동환 씨가 안 오고 아들을 보냈나. 하 사장을 만나보고 싶은데…."

"예, 각하. 제가 하동환입니다. 죄송합니다."

"이게 어찌된 기고? 하동환 씨가 이렇게 젊다말이가!"

당시 하 씨가 37세인데다가 얼굴까지 앳되어 보이니 박 대통령이 의아해했던 것은 당연한 일이었다. 국산 승용차 1호인 시발이 처음 나왔던 1955년, 서울 신촌의 자기 집 앞마당에 천막 버스공장을 차린 초기에는 하동환 사장 역시 미군의 GMC트럭을 불하받아 드럼통을 펴서 버스를 만들어냈다. 오직 망치와 산소용접기, 경험과 노력으로 이뤄낸 작품이었다.

6·25전쟁 정전 후 폐허나 다름없는 버스 교통을 발전시키는 데 큰 공을 새운 그는 하동환보디의 신화를 만들어 낸 자동차 거인으로 아직까지 건재하고 있다. 하동환은 1930년 상업을 하던 하씨 집안의 외아들로 서울에서 태어났다. 철저한 민족주의 정신을 가진 부친은 원래 고향인 개성에서 상업을 했는데, 일본에 비협조적이라는 이유로 시달림을 받자 동환이 태어나기 몇 해 전 가족을 이끌고 서울로 이사했다.

'훌륭한 조상과 역사를 가진 민족이기 때문에 모든 면에서 왜놈들에게 져서는 안 된다'는 부친의 항일정신을 이어 받아 하동환은 항상 우등생이었다. 특히 그림에 재능이 있었는데 초등학교 4학년 때 서일본신문사가 주최했던 한·일 초등학교 그림실기대회에서 2등으로 입상해 푸짐한 상을 받은 적도 있었다. 어려서부터 창의력과 뛰어난 손재주를 겸비한 그는 점차 성장해가면서 훌륭한 기술자가 되려는 꿈을 갖기 시작했다. 또, 남달리 성품이 곧았던 그는 어린 시절 일제의 창씨개명을 거부하다가 학교 선생님에게 호되게 체벌을 받는 일을 겪기도 했다.

1945년 8월 15일 드디어 광복을 맞이하고 중학생이 된 하동환은 못사는 우리 민족이 잘살 수 있는 길은 공장을 많이 세우는 것이라고 믿고 자동차에 관심을 기울이기 시작했다. 특히 이즈음 미군이 우리나라에 진주해오면서 가지고 온 훌륭한 군용차에 관심이 많았는데, 이때부터 하동환은 다 낡아 고물이 된 우리나라 자동차들과 미군의 자

버스왕 하동환.

동차들을 비교해가며 모양과 구조 등을 주의 깊게 관찰했다. 그리고 종이에 그려보며 어떻게 하면 좀 더 훌륭하고 멋진 자동차를 내 손으로 직접 만들 수 있을까 생각했다. 5년제 중학교를 졸업하고 어엿한 청년이 된 하동환은 자동차 기술자가 되기로 결심하고 배울 곳을 찾았으나 당시 대학에는 자동차학과가 없었다.

그러나 아버지를 여의고 가정형편이 어려워 대학 진학을 포기한 하동환은 정비공장에 취직해 생계도 유지하고 기술도 배우는 길을 택했다. 하동환은 그의 똑똑함을 아는 주위의 도움으로 어렵지 않게 서울 원효로에 있던 '원효자동차 수리공장'에 취직되어 기술 습득에 온 정열을 쏟았다. 그의 창의력과 기계를 만지는 손재주가 본격적으로 발휘된 것은 이때부터다. 다른 사람은 5년 걸려야 배우는 기술을 그는 2년 만에 모두 습득해 회사 사장이나 주위 동료들로부터 큰 신임을 얻었다. 얼마 후에는 보다 높은 보수와 중요한 직책까지 맡았다.

하동환은 자동차에 대한 이론 공부도 게을리 하지 않고, 장차 자기 자신의 공장을 가질 야망으로 돈도 차분히 모아갔다. 그런데 뜻하지 않게 6·25전쟁이 터져 공군에 입대했다. 다행히 그의 기술 덕분으로 대구공군기지에 있던 정비창으로 배속되어 기술을 계속 연마해갈 수 있었다. 전쟁이 끝나고 제대해 서울집으로 돌아온 하동환은 전후 복구에 자동차가 대량으로 필요하다는 것을 깨닫고 1955년 정비공장 겸 버스 제조 공장을 차렸다.

신촌에 있는 자기 집 마당에 차린 조그만 공장이었다. 이곳에서 하동환은 차량수리를 하면서 쏟아져 나오는 군용 폐차를 불하받아 부속품들과 망치로 두드려 편 드럼통을 가지고 버스를 만들기 시작했다. 다행히 정비업도 번성했고 드럼통 버스도 잘 팔렸다. 사업을 시작한 지 1년도 못되어 5대의 버스를 만들어 버스회사에 지입 하는 차주가 되었다.

그러나 하동환 사장은 이에 만족하지 않았다. 이것저것 고물들을 모아 짜깁기한 버스가 아니라 진짜 제대로 된 버스를 만들어야 되겠다고 생각했다. 하동환 사장은 주위의 강력한 반대를 무릅쓰고 재산을 전부 정리한 후 1955년 12월, 서대문구 창천동에 대지 450평을 구입하여 순수한 버스 제작 공장인 '하동환 제작소'를 세웠다. 그의 나이 25세 때였다.

당시 버스는 전국 20여 곳에서 만들어내고 있었는데, 한 공장에서 나온 버스라도 모양이 모두 제각각이었으며, 차체는 철재가 귀한 탓에 나무를 섞어 만들었다. 그래서 자동차계의 원로들은 이때를 한국 버스의 춘추전국시대였다고 평하기도 한다. 하 사장은 '고객으로부터 신임받는 버스, 종업원과 자본을 투자한 주주를 위한 기업'이라는 기업철학을 바탕으로 종업원들과 생사고락을 같이 하며 1960년부터 가볍고 규격화된 버스를 만들어냈다. 이는 운수업자들에게 큰 환영을 받았으며 '하동환 보디'로 60년대 버스업계를 주름잡기 시작했다.

1961년 박정희 정부가 들어서 경제개발 5개년 계획을 세우고, 국군

1965년 서울 하동환 버스공장.

을 월남전쟁에 파견하는 등 국가 재건에 온 힘을 다했다. 그에 따라 공업화도 급진전했으며 병기장교 출신 엘리트들이 예편하여 새나라자동차, 신진자동차, 그리고 하동환자동차에서 경영진으로 활약하며 자동차 공업 발전에 큰 역할을 담당했다. 그중 육군분부 초대 병기감 출신인 소병기 준장은 새나라자동차가 문 닫은 후 1964년 하동환자동차의 제2대 사장으로, 병기차감 출신인 이기현 대령은 전무 이사로 각각 부임하면서 자동차 공업 육성을 위해 대정부 및 대외적으로 큰 활동을 했다.

대한항공 창업자인 조중훈 씨도 항공 사업을 하기 전에는 운수업자로 출발하여 6·25전쟁 후 이 나라 육상수송 개척에 큰 공을 세웠다. 조중훈은 월남전이 발발하자 우리나라 기업인으로서는 처음으로 월남에 진출해 군수품 수송 용역사업을 대대적으로 벌여 외화 회득에 큰 공을 세웠는데 하동환 사장과도 친분이 매우 두터웠다.

새나라 자동차가 문을 닫은 후 하동환자동차 사장으로 영입된 소병기 사장은 더욱 적극적이고 진취적인 자세로 하동환자동차를 이끌었다.

"하 회장님, 우리도 버스를 한번 수출해보는 것이 어떻습니까?"

"아니, 무슨 재주로 이 고물 같은 버스를 수출한다는 말이요? 일제나 미제처럼 제대로 된 버스가 아닌데."

"군용차 폐품으로 만든 버스가 아니라 정식으로 섀시를 일본서 도입해 만든 버스를 수출하는 겁니다."

"글쎄 의욕은 좋은데 우리 버스를 받아줄 나라가 있겠소?"

"월남이 어떻겠습니까, 회장님? 우리 국군이 파견되어 돕고 있구요. 회장님과 친분이 깊으신 조중훈 사장님께서 이미 월남에서 미군 물자 수송이라는 큰 사업을 맡아 하고 있으니까 그분의 도움도 받을 수 있

1966년 남대문의 하동환 좌석버스와 그 옆으로 보이는 전차.

구요. 저도 병기장교들과 군 동기들을 통해 월남 수출 루트를 찾아보겠습니다. 여러 각도로 노력해 보면 길이 열릴 것 같습니다."

"듣고 보니 한번 도전해 볼만하구먼. 그럼 소 사장이 한번 힘써 보시오. 밑져야 본전인 셈 치고 다 같이 노력해봅시다."

이렇게 하여 1966년 가을, 한국 최초로 보루네오 섬의 작은 석유 부국인 브루나이로 리어엔진 버스 1대를 수출하는 데 성공했다. 엔진 등 구동장치가 달린 섀시를 일본 닛산자동차에서 들여와 차체와 의자 등 모든 내외장품을 순전히 우리 손으로 설계하여 만든 버스였다. 수출 1호 버스가 브루나이로 떠나던 날 당시 교통부장관 안경모 씨가 직접 축하테이프를 끊어 한국 자동차 수출 1호를 축하했다.

이어 1967년 두 번째로 우리 국군이 월남전쟁에 파병되던 때, 하동환자동차는 수출용 버스 20대를 제작하느라 눈코 뜰 새 없이 바빴다. 필자가 처음으로 자동차계에 발을 디딘 곳이 이 회사였고 수출버스 디자인을 담당했었다. 당시는 경부고속도로가 착공되기 전이라 일본

1966년 국산차 수출1호 하동환 버스 선적 대기.

에서 들어온 버스 섀시 20대를 서울 공장으로 옮기는 일도 만만치 않았다. 유리창이 달린 차체도 없고 의자도 없는 엔진과 바퀴만 달린 앙상한 뼈대에 먼지막이 안경을 쓴 운전기사들이 나무의자에 안전벨트를 매고 앉아 엉덩방아를 찧으며 버스 섀시 20대를 몰고 경부국도를 달리는 그 기이한 모습은 서울 공장으로 오는 동안 지나는 마을마다 큰 구경거리가 되었다.

서울 공장에 도착하자마자 하 회장의 지휘 아래 밤낮 없이 수출버스 만들기에 온 정열을 기울였다. 수출용 버스에 대한 정부의 기대도 커서 버스가 만들어지는 동안 박정희 대통령을 비롯해 장기영 경제기획원장관, 박충훈 상공부장관 등 정부 고위급 인사들이 공장을 방문하여 종업원들을 격려했다. 그리고 1967년 8월 초순. 드디어 20대의 수출버스가 완성되어 서울시청 마당에 전시되었는데, 당시 김현옥 서울시장이 직접 시승해 보고는 찬사를 아끼지 않았다. 버스들이 경찰차의 에스코트를 받으며 부산항을 향해 떠나던 날 공장의 종업원들은 우리 손으로 만든 버스의 수출에 감격하며, 그동안의 노고를 털어내듯 열렬한 박수로 버스를 떠나보냈다.

20대의 하동환버스가 사이 공항에 내렸을 때 당시 월남 수상이었던 쿠엔 카오 키가 직접 환영식장에 나와 축하하며, 이 식에 참석했던 하동환 회장과 소병기 사장의 가슴을 벅차게 만들었다. 그 후 하동환 회장은 하동환자동차공업주식회사를 자동차 종합 메이커인 동아자동차로 크게 키워놓았다. 그러나 1986년 김석원 회장(쌍용그룹)에게 회사를 넘겨주고 일생일대의 사업이었던 '자동차 만들기'에서 은퇴하고 말았다.

일본제 국산차 '새나라'의 인기

"어이, 박가야. 이거 야단났다."

"왜 그러나? 천지라도 개벽되나?"

"천지개벽이 아니라 우리 시발택시 밥줄 끊어지게 생겼다!"

"그게 무슨 소리야?"

"다음 달에 일본에서 신삐(신형) 양장미인 택시가 홍수처럼 들어온다네!"

"신삐 양장미인 택시라니?"

"아, 이달 초에 새나라자동차회사라고 생기지 않았나."

"그래 그 소식 알지. 국산 택시를 만들려고 세우는 신식 자동차 공장이라며?"

"그런데 우리 손으로 그 공장에서 자동차를 만드는 게 아니고 일본에서 만든 택시를 그 회사가 들여와 풀어놓는다는구먼. 그것도 시발차처럼 미군 지프차 고물 부속에다가 드럼통을 펴서 만든 허드레 차가 아니라 일본놈들이 제대로 설계해

1962년 새나라 출고식.

만든 아다라시(순수) 택시라는 거야."

"그럼 일제 아다라시 택시들이 쏟아져 나오면 시발택시는 어떻게 되나?"

"아, 이 맹추야 어떻게 되긴, 하루아침에 똥값이 되지! 그리고 손님들이 아다라시 택시 타려 들지, 이 고물 택시 타려고 하겠나?"

"어이구, 이거 망했구나. 망했어!"

1961년 박정희 정부가 출범한 후 새 정부가 추진하는 경제개발 및 재건, 혁명 한국을 선전하기 위해 각종 국제행사가 열리는 것을 계기로 관광 붐이 일어나기 시작했다. 이 같은 개발 붐을 뒷받침하기 위해서는 제대로 만든 새로운 자동차가 많이 필요했다. 당시 전국의 차량 3만 대로는 태부족인데다 그나마도 폐차된 미군용 차를 이용한 재생품들이라 외국인 앞에 내세울 자동차들이 못됐다.

정부는 기술과 시설부족으로 언제 나올지 모르는 순 국산 자동차를 기다리는 것은 시기 상조라 판단하고, 국내 자동차 공업 발전을 앞당기는 방법으로 우리보다 훨씬 앞선 일본산 자동차를 들여와 사용하면서 기술을 배우기로 결정했다. 결국 일본의 닛산자동차에서 만든 소형 승용차 '블루버드'를 분해식으로 도입해 조립 생산하여 '새나라'라는 우리 이름으로 보급했다.

이래서 우리 국민들도 고물차 아닌 자동차다운 자동차를 타보게 되었다. 1962년 4월 유사 이래 최초이자 최대 위락장인 워커힐 공사가 한창이던 때, 날씬한 일본 자동차 '새나라'가 쏟아져 나와 서울거리를 신나게 달렸다. 이와 더불어 신정부는 국가 재건을 위한 중화학공업 육성에 절대적으로 필요한 기초산업으로 자동차 공업을 꼽고 1962년 1월 '새나라' 자동차 출시를 계기로 '자동차 공업 보호 육성법'을 제정하여 공포했다.

그런데 휘발유 소비를 줄이고 교통난 해소와 국내 자동차 공업을 보호하기 위해 증차와 외제 자동차 도입을 억제하던 정부가 갑자기 국민에게 알리지도 않고, 국내 사업가도 아닌 재일교포 박노정에게 전격적으로 현대식 자동차 공장 설립을 허가해준 일은 의문이었다. 게다가 새나라자동차회사는 일본의 닛산자동차회사에서 만든 배기량 1200cc짜리 '블루버드'라는 완제품 소형 승용차 420대를 면세로 들여왔는데, 이는 자동차 공업 중점 육성을 외면하는 처사였다.

국내 자동차업자들은 이 같은 특혜에 대해 거세게 반발했다. 자유당정부가 발표했던 1956년 5·8라인을 새 정부가 해체한 것은 '새나라차 도입을 위한 사전공작'이라며 비난이 더욱 거셌다. 정부는 일본의 새나라 차를 관광용 목적으로 모두 420대의 완제품 차량을 수입했는데 150대는 외국인 관광용, 250대는 일반 관광용으로 쓰겠다는 계획에서였다. 그러나 처음 계획과 달리 1962년 5월 12일부터 16일까지 16개국의 참가로 서울에서 열렸던 제9회 아세아영화제가 끝나자 새나라 차는 전부 일반 택시로 둔갑해버렸다.

영화제가 열리기 전인 4월 17일, 해방 이후 처음으로 택시미터기 부착을 새나라 택시와 기존 시발택시 등 모든 택시에 의무화시켜 기본요금을 2km까지 30원, 500m마다 5원씩 병산해 받도록 했다. 외국인이나 내국인들에게 택시요금 계산에 편익을 주기 위한 진짜 택시가 등장한 것이다. 1962년 6월 제2차 화폐개혁이 10대 1로 평가절하 되어 실시될 무렵 정부는 새나라를 350대 더 도입했다. 그로 인해 시발택시는 급격히 인기가 떨어져 최고 40만 원까지 호가하던 차가 최하 5만 원이 되어도 사가는 사람이 없었다.

새나라자동차 공장은 우리나라 최초의 현대식 자동차 공장으로 당시 1억 원의 자금으로 경기도 부평에 착공했다. 1962년 8월 공장이 완공되자 새나라를 반제품으로 들여와 우리 손으로 조립하였는데, 이들 첫 출고차 가격이 22만 4000원이었다. 새나라가 등장하면서 지프형 고물 승용차 시대는 막을 내리고 날씬한 유선형의 세단 시대로 접어들었다. 대통령상을 받은 시발이 처음 나왔을 때처럼 사람들은 새나라를 사가려고 문전성시를 이루었다.

새나라자동차는 『동아일보』 등 당시 일간지에 "자동차 국산화 시대는 왔다! 앞으로 완전 국산화될 자동차의 실물은 이렇다! 전시 장소: 서울시청 광장 / 전시 일자: 1962년 3월 30일부터 4월 8일까지 / 후원:

현대식 자동차 공장 1호인 새나라자동차 공장의 조립라인.

상공부, 교통부, 전국택시운송조합연합회"와 같은 내용으로 광고를 내보냈다.

그러나 새나라자동차는 공장 문을 연지 1년도 못 되어 1963년 7월 문을 닫고 말았다. 총 2770여 대를 만들어냈던 새나라자동차는 면세 도입에 고가 판매, 외화낭비로 많은 문제를 일으켰으며, 워커힐 건설 부정 사건, 빠징고 부정 도입, 증권파동 사건 등과 함께 '4대 의혹 사건' 중 하나로 불리면서 정치문제로 비화되어 단명한 것이다.

그 후 육군본부 초대 병기감이었던 소병기 준장이 예편되어 새나라 자동차의 제2대 사장으로 취임했고, 새나라자동차 재건을 위해 온갖 힘을 썼으나 1964년 회사는 결국 사라지고 말았다. 4대 의혹사건도 치명타였지만 외화 사정이 악화되어 더 이상 일본에서 자동차를 들여올 수 없게 되었기 때문이다. 새나라자동차회사가 문을 닫고 난 1년 후,

1965년 8월 이 최초의 현대식 자동차 공장은 부산에서 마이크로버스와 국산 세단 '신성호'를 만들어 급성장한 신진자동차공업주식회사로 넘어가고 말았다.

양키트럭이 만든 노랑차

"형님, 서울 덕수궁 산업박람회에 출품한 우리 마이크로버스가 상공부 장관상을 받게 되었다는 소식이 왔습니다."

"그려? 그것 참 다행이구먼. 받을 만허지. 다른 공장에서 만들어낸 것들보다 모양도 훨씬 예쁘고 실내도 널찍한 것이 다른 마이크로버스보다 사람을 두 배나 태울 수 있잖어. 그래 운수업자들은 우리 마이크로버스보고 뭐란 디여?"

"운수업자들이 빙 둘러싸고는 여태까지 이렇게 널찍한 승합차는 못 봤다면서, 다른 차보다 사람을 곱절이나 태울 수 있어 수입 오르겠다고 좋아했답니다."

"그것 봐, 너는 엔진이 앞으로 튀어나온 보네트형 버스를 만들자고 했잖어. 엔진을 실내로 잡아넣은 거 뭐시냐 독일의 방개차 폭스바겐에서 나온 상자형 마이크로버스를 본뜨자고 주장한 내 고집이 맞아떨어졌지. 다 같은 크기의 차체에 엔진을 차 밖으로 밀어낸 보네트형을 만들면 그만큼 사람을 못 태울 거 아니여. 차체를 엔진 앞까지 끌어내서 엔진 주위에다 의자를 놓으면 사람을 더 태울 수 있단 말이여."

"사장님! 정말로 바빠지게 생겼습니다."

"이 사람 공장장아, 숨이나 좀 쉬고 말혀. 왜 그리 호들갑인감."

1962년 규격화된 25인승 신진 마이크로 버스.

"우리 마이크로버스가 상공부장관 상을 탔다니 버스업자들이 우리 차를 사겠다고 연락해 와 전화통에 불납니다."

"허허… 그려. 이제야 차다운 자동차 좀 맹글어(만들어) 팔아먹겠구 먼. 그래 가만히 있지 말고 정신 차려 얼른얼른 준비들 하는 기여. 이 제 바빠서 정신없을 거구먼."

부산 전포동에 있는 신진공업사 사장실에서 사장인 김창원과 형인 김재원 형제의 웃음소리가 퍼졌다. 그동안 애쓴 보람이 열매를 맺어 가슴이 벅찬 즐거운 비명이었다.

6·25전쟁을 겪고 난 후 1960년대 초까지 버스가 적어 전국 어느 곳 이든 대중교통이 매우 불편했던 시기였다. 그나마 주류를 이루던 버 스는 지금처럼 70~80인승의 대형버스가 아니라 기껏해야 11~15인승

정도의 미니버스들이었고 이들마저 전국 곳곳의 정비업소나 운수업자들이 미군이 쓰다 버린 쓰리쿼터라는 4분의 3톤 트럭을 이용해 만든 것이어서 그 모양과 크기가 전부 제각각이었다. 그마저도 만들어내는 속도가 느려 버스의 공급은 턱없이 모자랐다.

상공부장관상을 탄 신진공업사의 25인승 마이크로버스는 여객운수업자들에게 폭발적인 인기를 끌었다. 전국으로 불티나게 팔려나가는가 하면, 당시 도로 교통에 일대 혁신을 일으켰다. 1966년까지 무려 2000여 대를 생산하여 신진공업사는 단단한 기반을 닦았고 정부로부터도 실력을 인정받기 시작했다.

우리나라 자동차 공업 개척에 앞장을 섰던 사람은 세 사람이다. 시발의 최무성과 드럼통 버스의 하동환에 이어, 신진의 김창원은 또 한 사람의 선구자였다. 1917년 공주에서 농부의 아들로 태어나 조치원에서 초등학교를 졸업한 후 단신으로 일본에 건너가 고학으로 어렵게 상업학교를 졸업했다. '모든 것을 송두리째 일본에게 빼앗긴 조국을 해방시켜야 한다'는 의지를 품고 8·15 광복이 될 때까지 일본과 중국을 떠돌며 독립운동을 도왔다.

그러다가 8·15 광복 직전에 귀국한 김창원은 못 살던 조국을 부국으로 만들기 위해 값있는 일을 해야겠다고 결심하고 고향인 공주에서 농업개혁에 필수적이었던 농기구 제작공장을 세웠다. 이때부터 그는 자동차에 눈을 돌려 앞으로 조국을 경제적으로 발전시키는 데 절대적으로 필요한 자동차를 자신의 손으로 직접 만들겠다는 꿈을 갖기 시작했다.

6·25전쟁이 나기 전 김창원은 형님 김재원과 함께 마침 대전에서

일제강점기 일본인이 경영했던 조선리연합항공기 기재회사를 인수했다. 이 공장은 일제말기에 설립된 기계공장으로 일본 군용차와 전투기의 부속품을 만들던 공장인데 일본 총리 다나카 가쿠에이(田中角栄)가 청년시절에 근무했던 업체였다.

김창원은 조선리연공장을 인수한 후 한국리연공업사로 이름을 바꾸고 자동차 엔진 부속품을 만들어 미 8군과 국군 창설 이전의 우리 경비대 차량용으로 납품하는 기회를 얻어 군과 인연을 맺게 되었다. 그는 배짱 좋고 사교술이 능한데다가 박력있는 사업가였다. 그러나 그가 사업판도를 늘려 갈 무렵 6·25전쟁이 터지고 말았다.

전쟁이 끝난 후 다행히 그의 대전공장은 폭격을 면해 다시 가동할 수 있었으나 군납을 받는 육군 병기창과 폐차된 미군용 차를 불하하는 미8군 보급창이 부산에 설치되는 바람에 김씨 형제는 의논 끝에 피난을 갔던 부산으로 공장을 옮겼다. 이때가 1954년, 부산으로 내려온 두 형제는 본격적으로 자동차 사업을 벌이기 위해 부산 전포동에 있던 미군 모터풀(정비창)을 불하받아 그곳에 공장을 세운 후 부속품을 만드는 한편 군용차와 민간차의 수리·제작사업을 위해 1955년 2월 신진공업사라는 자동차 공장 간판을 달았다. 이 공장이 지금의 GM대우자동차의 모태이다.

이해 10월 마침 광복 10주년 기념 산업박람회가 열렸을 때 김창원 씨는 전시회를 구경하다가 서울에 살던 자동차 기술자인 이갑부, 이거부 형제가 미국 윌리스지프 스테이션 왜건형의 9인승 합승택시를 만들어 출품한 것을 보고 형인 이갑부를 만나게 되었다. 이때 최무성의 시발차도 전시된 것을 보고 김창원은 상당한 감명을 받았으나 이갑부의 승합차에 더 큰 매력을 느꼈다.

김창원은 그의 탁월한 자동차 기술에 반해 그 자리에서 그를 신진공업의 책임기술자로 초빙하는데 성공하고 이 씨를 부산공장으로 데려와 자동차수리 개조 등 현장업무 일체를 맡겼다.

경기도 시흥 태생인 이갑부, 이거부 형제는 일제강점기부터 자동차 정비업에 종사하던 기술자로 당시 두 형제의 기술을 따를 자가 없을 만큼 자동차 수리, 개조에도 도사급으로 서울에서 통하던 기술자들이었다.

이 신진공업사가 부산에 섰던 최초의 자동차 공장이었으나 바라던 바와 달리 자동차 사업은 그렇게 잘 되지 못했다. 다행히 형님인 김재원이 지금의 자동차공업협동조합의 전신인 대한자동차공업협회의 회장직을 맡고 있었기 때문에 정부의 지원을 받을 수 있는 기회를 잡게 되었다.

6·25의 폐허에서 우리나라를 복구하고 재건하기 위해서 유엔 원조기구인 운크라(UNKRA)가 원조자금을 대량 지원했다. 이중 자동차공업진흥비로 책정된 400만 달러 중 정비업 육성부문 지원금으로 서울의 국제모터스 사장 최재현에게 47만 달러가 돌아갔다. 그중 20만 달러를 대한자동차협회의 도움으로 나누어받은 신진공업사는 새로운 도약을 할 수 있었다.

김창원은 이 돈으로 1958년 현대식 자동차 공장을 착공, 2년 만인 1960년 5월에 완공하면서, 19인승 마이크로버스와 대형버스를 만들기 시작했다. 그러다가 5·16 이후인 1962년 10월 덕수궁 산업박람회에 출품했던 규격화된 25인승 마이크로버스가 상공부장관상을 탄 것을 계기로 정부는 신진공업사의 실력을 인정하고 비로소 자동차를 정식으로 만들 수 있는 대형 및 중형 자동차 조립공장 허가를 내주었다.

신진공업사가 만들어 히트한 마이크로버스는 처음에 노랑색을 칠해 전국으로 팔려나갔다. 1960년대 말 제대로 만든 대형버스가 대량 쏟아져 나올 때까지 신진 마이크로버스는 대도시나 지방 할 것 없이 여객수송 자동차의 주류를 이루었는데 서울사람들은 이 마이크로버스를 노랑머리의 미군이 사용하던 군용차로 만들었다 하여 '노랑차'라고 불렀다. 1950년대 중반부터 나타난 합승택시는 보닛트형으로 처음에 8인승이었다가 16인승으로 커졌으며 이어 엔진을 차체 안으로 밀어 넣은 밴형의 25인승이 가장 컸던 마이크로버스였다. 자동차에서도 남녀가 따로 앉던 관습이 이 마이크로버스의 등장으로 자연스럽게 섞어 앉게 되었다. 젊은 연인들이 마이크로버스 안에서 통금시간 직전 헤어지기 아쉬워 밀어를 주고받던 연애 개방의 풍속도를 만들어준 자동차이기도 했다.

국산 제2호 '신성호'의 탄생

"아우님, 우리도 만날 마이크로버스만 만들 게 아니라 새나라처럼 승용차도 만드는 종합자동차제조회사 허가를 따내야 할 게 아니여."

"그렇잖아도 승용차를 만들어야겠다는 생각을 하고 있습니다. 더구나 요새 한창 인기를 끌고 있는 새나라가 부정이 개입되었다고 사회로부터 질타를 받고 있지 않습니까. 제 생각에는 새나라가 오래 갈 것 같지 않습니다. 이 기회에 순수 국산 승용차를 만들어 우리가 승용차 시장까지 점령할 생각입니다."

"그려, 그건 그런디 차체를 만드는 판금이나 금형기술자가 있어야 헐 것인디."

"걱정 없습니다. 아, 공장장 이갑부가 있지 않습니까! 그 친구 판금뿐만 아니라 자동차에 있어서는 누구도 따라가지 못할 국내 최고 기술자입니다. 그 사람이라면 충분히 해낼 수 있습니다."

"그렇구만. 근디 디자인은 어쩔 텐가?"

"예, 그 문제도 생각해두었습니다. 미국 차처럼 크고 힘이 강한 차를 만들면 값도 비싸고 기름도 많이 먹기 때문에 우리 경제사정에는 맞지 않아요. 택시로 영업을 한다고 해도 관리비 지출이 많아질 것이구요. 그래서 새나라를 그대로 본떠 만들까 합니다."

"새나라? 왜 하필 새나라를 본뜬다는 거여. 인기가 있기는 하지만 나쁜 인상을 받고 있잖여? 그리고 새나라자동차측에서 가만히 있을 리가 있겠는가."

"그건 괜찮습니다. 새나라도 일본 닛산의 '블루버드'를 그대로 들여다가 이름만 바꾸지 않았습니까! 알아보니 디자인 독점계약을 맺지 않았던데, 아마 별문제 없을 겁니다. 그리고 새나라차의 크기나 성능이 우리 실정에 가장 알맞지 않습니까? 새나라차가 많이 굴러다니니까 그것 몇 대 사다가 분해하여 본뜨기도 쉽구요."

"그려. 그럼 말썽 안 나도록 알아서 잘혀."

마이크로버스 만들기에서 자신을 얻은 김창원은 자신의 손으로 진짜 승용차를 만들어 한국의 자동차 공업을 일으켜 세우기로 결심했

1963년 국산세단 1호를 만들고 있는 신진자동차 부산공장.

다. 그런데 가장 큰 문제는 차체의 모양을 내는 금형을 만드는 일이었
다. 새나라는 거의 곡선으로 이루어졌기 때문에 금형 깎기가 힘이 들
것 같고, 그렇게 정교하게 깎아 낼 금형 기술자가 없었다. 망치로 두드
려 차체의 모양을 만드는 판금기술을 이용하는 도리밖에 없었다.

　김 사장은 곧 이갑부를 중심으로 전국의 판금 기술자들을 물색했
다. 만드는 시간은 오래 걸려도 돈이 엄청나게 드는 금형 비용을 절약
하면 차값을 싸게 할 수 있었다. 엔진도 만들고 싶었지만 엔진 주물 기
술자를 구할 수가 없어 우선, 한창 쏟아져 나오는 군용 지프의 엔진과
대후(차축) 변속기를 재생하여 쓰기로 했다.

　이렇게 하여 1963년 11월 드디어 4기통 2200cc 60마력짜리 지프 엔
진을 재생해 얹은 신성호(新星湖)가 탄생되었다. '시발'에 이어 두 번
째의 국산차이면서 세단형 승용차로는 최초의 모델이었다. 비록 미군

이 사용하다 버린 낡은 지프차의 부속품을 재생하고 망치로 철판을 두드려 만든 차체에 국산 유리창과 타이어를 단 '신성호'였지만, 시발보다 훨씬 세련된 승용차여서 김 사장은 상당히 많이 팔릴 것이라 믿었다.

김씨 형제는 우선 신성호가 순수 국산차 임을 과시하기 위해 당시 윤치영 서울시장

신진자동차 창업자 김창원.

의 도움을 받아 1964년 4월 서울시청 광장에서 완제품 차와 완전 분해품을 전시해 국민의 주목을 끌었다. 또한 당시 교통부 육운국장이었다가 상공부 장관이 된 정재석 씨가 신성호를 직접 운전하여 김포가도를 달리는 등 정부에서도 큰 관심을 보였다.

필자가 신성호를 본 것이 이때였다. 1963년 대학을 졸업한 후 자동차 디자인을 공부하기 위해 미국 로스앤젤레스에 있는 세계적으로 유명한 대학인 아트센터 디자인대학(Art Center College of Design)으로 유학 가는 것이 일생일대의 꿈이었다. 하지만 빈약한 경제사정 때문에 장학금을 지원받고자 서울에 있던 유학생 장학재단인 풀브라이드와 아세안장학재단 등을 방문했을 때, 마침 시청 광장에 전시된 신성호를 보고 무척 감명을 받았던 기억이 생생하다. 신성호는 정말 누가 봐도 외형면에서 새나라 자동차와 구분이 안 될 정도로 똑같았다.

"아우님, 우리 신성호를 서울시청 광장에서 선보이는 문제도 해결되었는데 그냥 전시만 할 수 없잖여?"

"전시회만 열면 됐지, 뭘 또 합니까"

"그게 아니여. 전시만 해놓는다고 사람들이 다 알 수 없잖겠어? 길가다 눈에 뜨인 사람들이나 구경하지. 우리가 국산 승용차를 만들었다는 사실을 전 국민에게 알려야 할 것 아닌가. 그러니 이 기회에 신문에다가 전시 안내 선전문을 실어보면 어띠여?"

"글쎄요. 우리 국민경제 수준이 낮으니 자가용을 구입할 형편이 못되는데 구태여 그럴 필요 있습니까?"

"꼭 국민들 상대로 하자는 게 아니여. 운수업체나 택시사업을 하려는 사람들도 있고 정부도 있잖여? 신문에다가 광고를 내면 정부도 우리 신성호를 만만하게 보지 않을게여. 그러니께 국민, 운수업자, 정부에게 우리 신성호가 순수 국산차라는 것을 자신 있게 한번 보여주자이거여. 분명히 판매도 유리해질 것이고."

"네, 생각해보니 형님 말씀에도 일리가 있네요."

신진공업사의 김창원, 김재원 형제는 이렇게 해서 국내에서 두 번째로 만든 국산 승용차 신성호를 신문에 광고했다. 시발과 새나라에 이은 세 번째 자동차 신문광고였다. 1963년 4월 말 『동아일보』에 '국산 승용자동차 전시안내' 라는 제호 아래 다음과 같은 내용의 광고가 실렸다.

"승용 자동차 국산화에 즈음하여! 문명의 이기인 자동차의 이용도는 그나라 문명의 척도가 되는 것이며, 이를 뒷받침하는 종합 기계공업으로서의 자동차 공업은 그 나라 산업의 바로미터라 할 수 있는 것입니다. 오늘날 우리나라의 자동차 공업은 5·16 혁명을 기점으로 하여 과거의 후진성을 탈피하고 본격적인 공업화 단계에 임하는 새로운 양상을 띠게 되었습니다.

이제 폐사에서는 완전히 계열화된 국내의 100여 협력공장 및 관련공장과 기술 제휴하여 1964년 말을 목표로 자동차의 국산화 체제를 갖추게 되었으며, 그 계획 생산의 일환으로서 금번 신성호를 완성하게 되었습니다.

이는 우리나라 자동차 공업인들이 오늘날까지 흘린 피와 땀의 결실이며, 조속한 국산화의 기틀을 마련할 수 있다는 데에 자못 그 의의가 있는 것입니다. 앞으로도 계속적이며 부단한 기술의 혁신과 품질의 향상을 기함으로서 보다 좋고 보다 싼 자동차를 하루속히 국산화하여 여러분에게 보답코저 하는 바입니다. 대표이사 김창원 백.

전시 장소 : 서울 시청 앞 광장 / 전시 기간 : 1963년 4월 22일부터 5월 1일까지 / 본사 및 공장 : 부산시 전포동 / 서울 사무소 : 을지로 3가 초동."

그러나 기대를 부풀렸던 신성호는 잘 팔리지 않았다. 우선 신성호보다 거의 1년이나 먼저 나온 새나라자동차가 큰 인기를 끌어 불티나게 팔려 나갈 무렵이어서 큰 경쟁상대가 된 데다 가격마저 새나라보다 두 배나 비쌌기 때문이다. 새나라자동차는 처음 나올 때 판매가격이 22만 4000원이었는데 신성호는 55만 5000원이었다.

가격도 문제었지만 미군 지프차의 엔진 변속기 등을 재생해 사용한 데다가 철판을 두드려 만든 차체, 국산 판유리 차창, 그리고 국산 재생 타이어 등 거의가 재생 승용차인 신성호는 일제를 그대로 들여와 조립한 새나라 차를 도저히 따라갈 수 없었다. 팔려나간 차도 한 달이 멀다하고 고장이 나기 일쑤였다.

　이래서 신성호는 300여 대를 생산하고 중단해버렸다. 그러나 신진 자동차는 신성호 때문에 상공부로부터 소형 승용차의 제작허가까지 얻어낼 수 있었다. 이에 따라 신진자동차는 소형, 중형, 대형 자동차의 제조허가를 모두 얻어 실질적으로 우리나라 최초의 종합자동차회사가 되었다.

　"우리도 이제 종합 자동차 제조업체가 되었으니 자동차 사업을 본격적으로 해야잖겠어?"

　"그렇고 말구요. 이 기회에 일어서야겠는데 정부한테 원조자금 계속 달랄 수도 없고 해서 새나라처럼 일본에서 자금과 기술을 들여오는 게 어떨까 생각 중입니다."

　"그것이 잘 될까? 한일 간 국교도 정상화가 안 되어 있는데."

　"그렇지만 가능할 것 같습니다. 지금 새나라가 4대 의혹사건에 말려 올해를 못 넘길 것 같습니다. 만약 그렇게 된다면 새나라 제휴선인 일본의 닛산이 한국 상륙에 실패하는 셈이죠."

　"그려. 닛산은 자금과 기술을 투자한 것이 아니라 저희들 물건만 팔아먹고 있잖여."

　"바로 그것입니다. 1년 동안 새나라자동차가 한국시장에서 엄청나게 팔리니까 도요타나 미쓰비시, 이스즈 등이 한국시장에 잔뜩 눈독을 들이고 있다는 소식입니다. 그러니 이번에는 우리가 일본 물건을 사오는 게 아니라 그들이 우리 회사에 돈을 투자하도록 만들어야 합니다. 제 생각엔 성사될 것 같습니다. 정부도 일본한테 피해보상을 받아내려는 움직임을 보이는데, 일본 메이커의 자본 도입을 눈감아줄 것 같습니다."

"잘 될까?"

"어쨌든 밑져야 본전이니까 부닥쳐보는 거지요."

신진자동차는 종합 자동차 메이커가 되자 새나라 자동차처럼 새로운 자동차 공장을 세우기 위해 자본과 기술력을 투자할 일본의 자동차 메이커들을 물색하기 시작했다. 마침 일본 메이커들이 한국시장에 침을 흘리고 있을 때였기 때문에 도요타, 미쓰비시, 이스즈 등이 김창원 사장에게 앞다퉈 방문 초청장을 보내왔다.

"형님, 거 보십시오. 내 장담이 맞지 않습니까!"

"그려, 무어가 되는 것 같구먼."

"이 기회에 형님하고 일본으로 건너가 그곳 자동차 공업계도 살펴보고 협상도 해보는 것이 어떻겠습니까?"

일본의 도요타, 미쓰비시, 이스즈 등 유명 메이커들은 닛산이 '블루버드' 기종인 새나라 자동차를 통해 한국에 진출하려는 시도가 실패로 돌아가는 것을 보자 다시 상륙할 기회를 엿보기 시작했다. 자동차 불모지나 다름없는 한국 시장은 일본 자동차회사들의 야망을 충족시킬 수 있는 가장 손쉬운 시장이었기 때문이다. 그러나 그때까지 한일간에 국교 정상화가 이루어지지 않고 있어 지금처럼 본격적으로 드러내놓고 협상할 만한 형편이 안 되었다. 그래서 일본 자동차회사들은 한국의 시발자동차나 신진자동차, 하동한자동차 등에 추파를 보내는 한편 업계의 유력 인사들에게 방일 초청장을 보내 미끼를 던졌던 것이다.

이 기회를 타고 신진자동차의 김창원 형제와 한국자동차공업협동

조합 이사장 윤준모 씨가 이끄는 업계 대표단이 대거 일본으로 건너갔다. 그들은 푸짐한 대접을 받으면서 일본의 유명 자동차 공장을 두루 구경하는 한편 일본 메이커들이 한국 진출에 얼마나 혈안이 되어 있는지를 알게 됐다. 때를 놓치지 않고 김창원 사장은 일본 제일의 도요타 자동차를 선택하여 기술과 자본제휴 협상을 벌였고 업계의 대표단도 신진자동차와 도요타의 협상을 적극 지원한 결과 1965년 신진과 도요타의 제휴가 성공, 같은 해 경기도 부평의 새나라자동차 공장을 인수하는 데도 성공하여 사명을 신진자동차공업주식회사로 바꾸었다. 그리고 1966년부터 부평공장에서 도요타의 1500cc급 소형차 코로나를 생산하기 시작하면서 승승장구하기 시작한다.

제 **8** 장

자동차 신화의 탄생

불굴의 창업주, 기아산업의 김철호

이제는 자동차가 너무 많아서 자전거가 그 빛을 잃어 가지만, 1970년대까지만 해도 자전거는 각 가정의 소중한 자가용 역할을 했다.

1952년 우리나라 최초의 국산 자전거인 '삼천리' 호를 만들어 낸 자전거 왕이면서 지금의 기아자동차 창업자인 김철호는 세발 자동차를 만들기 위해 1959년 일본의 유명한 3륜 트럭 메이커였던 도요고교(동양공업)의 마쓰다 주지로(松田重次郎) 사장을 만나기 위해 일본으로 건너갔다.

"어서 오십시오, 김 사장님. 우리 회사 간부들 통해 이야기 많이 들었습니다. 반갑습니다."

"예, 초면입니다만 나도 마쓰다 사장님 이야기는 익히 들어 잘 알고 있심더. 우리 인사나 서로 하입시더."

기아자동차 창업자 김철호.

"배타고 현해탄 건너오시느라고 수고 하셨습니다. 배멀미 하셨습니까? 자, 우선 목욕부터 하시지요."

"목욕하고 뭐고 마쓰다 사장님은 내가 온 이유를 알겁니다. 단도직입적으로 사업 이바우부터 물꼬를 틉시더."

"급할 것 없습니다. 김 사장님, 아무리 급해도 아직 기아산업은 자동차 기술과 경험이 전혀 없지 않습니까. 그것이 걱정입니다. 목욕하시고 천천히 의논하시지요."

"아니 마쓰다 사장님. 우리 한국의 기술 수준을 어찌 보고 그런 섭섭한 말을 합니꺼. 못 들었는교? 우리나라에서 처음 맹근 한국산 시발차 엔진을 우리 한국 기술자가 주물을 부어가지고 거뜬하게 깎아 맹근 사실 말입니다. 자동차를 당신네들 머리 갖고 맹글어냈는교? 다 미국 차, 영국 차 보고 원숭이질 해가지고 하나씩 하나씩 맹글어낸 거 아닌교. 와 이케샀소? 처음부터 자동차 맹근 나라가 있으믄 나와보라카소! 다 배워가믄서 맹글어냈제."

"아이고 김 사장님, 제가 너무 과한 말씀을 드렸나봅니다. 미안합니다. 그렇다고 우리 일본 사람들이 제일 듣기 싫어하는 원숭이질 가지고 반격을 하십니까? 저는 그런 뜻이 아니고 자동차는 다른 기계와 달라서 매우 복잡할 뿐 아니라 4000가지 이상의 각종 부속품을 조립하는 기술이 기아에는 전혀 없어서 걱정된다는 이 말입니다."

"마쓰다 사장님, 그건 걱정 마이소. 우리 기아산업은 달리는 자전거를 거뜬하게 만들어냈심더. 우리나라에도 지금 외국계 자동차 많이 굴러다닙니다. 그래서 자동차가 어떤 것인지 잘 알고 있심더. 그라고 우리 기아산업은 자전거에 만족하는 회사가 아닙니다. 앞으로 오토바이하고 세발자동차 맹근 다음, 네발 승용차도 맹글고 장차는 비행기까지 맹글라캅니더."

"글쎄 기술을 가르쳐드리는 건 어렵지 않습니다만 한국의 경제 수준이 약하니, 많이 팔리기나 할 것인지 의심입니다. 투자했는데 시장성이 없으면 서로 손해보는 것 아닙니까?"

"시장 걱정은 마이소. 그래서 우선 값이 싼 오토바이하고 세발도라꾸부터 맹글라 카는거 아닌교. 그리고 우리나라도 해방이 되고 전쟁이 끝났으니까네 폭격으로 부서진 나라 건설할라카믄 필요한 수송수단이 뭔교? 자동차 아닌교! 자동차는 지금 우리나라에서 한시라도 빨리 필요한기라요. 아따 이웃사촌 좋은기 뭔교. 먼저 배웠으니께 좀 가르쳐달라카는데 무슨 걱정이 그리도 많은교! 자동차 잘못해 갖고 망하믄 내가 망하제 마쓰다 사장님이 망하겠는교. 그런 쓸데 없는 근심은 접어뒀버리고 도와줄랑교, 안줄랑교? 딱 뿌러지게 담판 냅시더."

"하하 좋습니다. 긴 사장님 패기 믿고 우리 도요고고 기아산업과 결혼해보겠습니다. 그런데 바람피우시면 절대 안 됩니다!"

"마, 걱정 놓으소. 이쁘게 봐주신께 고맙심더. 바람은 마 피우지 않고 일부종사 할긴게 잘하거든 나중에 열녀문이나 하나 세워주이소."

이렇게 하여 김철호 사장은 삼륜트럭 생산을 위해 도요고교와 기술협력을 맺고 1962년 초 새나라자동차가 쏟아져 나오기 직전 배기량 360cc에 2기통짜리 공냉식 휘발유 엔진을 얹어 앙증스럽게 생긴 세발 미니트럭 K-360을 처음으로 생산하는 데 성공했다.

김철호는 1906년 경상북도 칠곡군에서 가난한 농부의 5남매 중 장남으로 태어났다. 아버지는 호쾌하고 의협심이 강해 불의를 보면 참지 못하는 성품이었다. 그래서 일제가 식민지 정책의 하나로 우리나라 농토를 수탈할 때 왜놈들과 맞서 싸우다가 제일 먼저 농토를 빼앗겨 땅 한 평 없는 신세가 되었다.

농토를 빼앗긴 울분을 풀길이 없는 아버지는 술과 노름으로 세월을 보냈고 김철호는 어려서부터 남의 일을 해주고 가족을 이끌던 어머니를 도와 동생을 보살폈다. 그러면서 구한말 한학자요 시인이었던 할아버지에게 한문을 배워 열두 살 때 한시를 지을 줄 알게 되었고, 열일곱 살 때 보통학교를 졸업했다.

열여덟에 결혼을 한 김철호는 가장의 역할을 하게 되었는데 폐인이 되다시피 한 아버지를 비롯해 전 식구를 먹여 살려야 했다. 그는 어떻게 하면 찢어지게 가난한 굴레에서 벗어날까 생각한 끝에 고향을 떠나 일본으로 건너갈 것을 결심했다. 당시 왜놈들에게 농토를 빼앗긴 우리 동포들 중에는 일본으로 건너가 막노동을 하던 사람들이 많았다.

아내를 맞이한 지 넉 달 만에 맨주먹으로 집을 나서는 김철호에게 어머니는 남몰래 한두 푼 모아둔 돈과 아는 집을 다니며 빌린 돈을 합해 8원 30전을 여비로 쥐어 주며 눈물을 흘렸다. 세상에 나가거든 마음을 크게 먹고, 열심히 노력하며 친구를 많이 사귀라는 아버지의 교훈을 안고 부산에서 관부연락선을 탄 철호는 일본 시모노세키에 도착한 후 우리 동포들이 가장 많이 산다는 오사카로 갔다.

일본 제일의 상공업 도시인 오사카를 보고 공업의 발전이 없이는 부강한 나라가 될 수 없다는 것을 느낀 김철호는 기계기술을 배우기로 결심했다. 그러나 며칠을 헤매도 일자리를 주는 공장이 없어 우선 먹고살기 위해 부두하역장과 공사장 등에서 막노동을 했다. 열심히 일하는 김철호가 마음에 들었던지 공사장의 일본인 작업반장이 볼트, 너트를 만드는 어느 철공소의 견습공으로 취직을 시켜주었다. 이곳에서 김철호는 밤낮을 가리지 않고 열심히 일한 결과 6개월 만에 월급 20원을 받는 정식공원이 되었다.

생활의 기반이 어느 정도 잡히자 김철호는 이마마야공업학교 야간부에 입학해 기계를 공부하기 시작했다. 그런데 학교에 입학했던 1924년 7월 동생에게 아버지가 별세했다는 비보를 받고 서둘러 고향으로 돌아왔다. 아버지의 장례를 치루고 나자 너무나 고생을 한 어머니가 병석에 누워버렸다. 김철호는 어머니 때문에 일본으로 돌아갈 것을 단념하고 가족을 돌보기 위해 고향 부근 시립학교의 교사로 취직을 했다.

다행히도 반년 만에 어머니가 병석에서 일어나자 열네 살이 된 첫째 동생 명호를 데리고 일본으로 건너가 전에 일하던 철공소를 찾았다. 그러나 철공소는 휴업 상태였다. 자식이 없던 공장 주인이 김철호가 없는 동안 병으로 갑자기 죽어버려 그의 아내가 공장을 맡았으나, 여러 가지로 경영이 어려워 얼마 못 가 문을 닫고 말았던 것이다.

"김 상, 우리 공장으로 다시 돌아온 것이 감사합니다만 여자의 몸으로 더 이상 공장을 운영하기가 어렵습니다. 미안하지만 다른 공장에서 일자리를 찾아보세요."

"아닙니다. 옥상(부인), 내가 일본에 와서 기술 공부를 할 수 있었던 것은 말입니더, 이 공장 덕분 아입니꺼. 나를 살려준 공장이 문을 닫았다고 그냥 못 본 체할 수 없심니더. 내가 열심히 일해 갖고 일으킬랍니더. 그렁께 내보고 나가라 카지 마이소."

철호는 그날부터 동생과 볼트, 너트를 열심히 만들어내는 한편 거래처를 찾아다니며 물건을 팔고 일거리를 맡아오는 등 눈코 뜰 새 없이 뛰었다. 그리고 아버지의 별세로 중단했던 공부를 다시 계속해 1926년에 이마마야공업학교를 졸업했다. 쓰러졌던 공장을 다시 살려낸 김철호의 집념과 열성에 감복한 여주인은 그를 공장의 지배인으로 승진시키고 모든 경영을 넘겨주었다.

그러나 제1차 세계대전 후 몰아친 경제대공황과 1923년에 일어났던 일본 관동대지진으로 일본의 모든 경제는 혹심한 불황의 늪으로 빠져들었고, 김철호도 역시 경영에 곤욕을 겪었다. 이런 불황을 극복하기 위해 철호는 볼트와 너트를 만드는 한편 자전거를 외상으로 가져와 팔기 시작했다. 대지진으로 동경의 교통수단이 대파되어 자전거가 잘 팔려나가 공장도 생활도 안정되기 시작했다. 이때부터 김철호는 자전거에 깊은 관심을 갖기 시작했다. 그리고 언젠가는 직접 만들어내겠다고 결심했다. 생활이 안정되자 철호는 동생을 고향으로 보내 가족들을 전부 일본으로 데려왔고 오래간만에 빈곤을 벗어나 행복을 맛보게 됐다.

불경기 중에서도 그런대로 잘되어 가던 1928년 여름 엉뚱한 사태가 벌어졌다. 고향 출신의 항일독립투사 장진홍이 찾아와 숨겨주기를 간청한 것이다. 장진홍은 중국으로 망명해 광복군에서 활약하다가 1년 전 조국으로 잠입해 조선은행 대구지점을 폭파한 혐의로 일본 경찰에 쫓겨 오사카로 망명했다가 김철호의 소식을 듣고 찾아왔던 것이었다.

김철호는 초면이었지만 고향의 독립투사를 괄시할 수 없어 약 1년간 숨겨준 후 자금까지 마련해 탈출하도록 도왔다. 그러나 불행히도 장진홍은 그를 끈질기게 따라붙던 일본 형사에게 붙잡히고 말았다. 장 의사는 오사카에서 대구로 압송되었고 결국 옥중에서 자결하고 만다. 이 사건에 관계된 것이 발각되어 김철호는 일본 경찰에게 갖은 시달림을 당했다. 다행히 공장 여주인의 도움으로 가까스로 풀려나기는 했지만 이 일로 그는 더 이상 공장에서 일할 수 없게 되었다.

뜻하지 않은 사건으로 직장을 잃은 김철호는 남의 밑에서 다시 일하기보다는 차라리 자신의 공장을 세워 독립하기로 결심하고, 그동안 모아둔 돈과 고향친구 두 사람의 도움으로 오사카에 '삼화제작소' 라는 볼트 너트 공장을 세웠다. 이때가 1930년이었는데, 이무렵 일본 경제는 최악의 불황이었기 때문에 사업하기가 무척 힘들었다.

막다른 골목에 도달했던 일본 경제는 엉뚱한 데서 돌파구가 열리기 시작했다. 일본이 중국 대륙을 송두리째 삼키겠다는 야욕으로 1931년의 만주사변을 필두로 상해사변, 중일전쟁을 잇따라 일으킨 것이다. 전쟁을 치르기 위한 군수물자 수요가 경기회복을 가져왔다. 김철호의 삼화제작소에도 행운이 찾아왔다.

그의 공장에서는 일본군의 하청을 받아 볼트 너트를 대량생산하게 되었고 날이 갈수록 주문량이 늘어나 공장은 크게 번창했다. 1938년 태평양전쟁이 임박할 무렵 일본 군부는 삼화제작소를 일본군의 전속 공급 공장으로 지정해 온갖 볼트 너트를 만들어냈다. 이렇게 탄탄대로를 달린 김철호는 태평양전쟁이 터진 1941년에 1000만 원이라는 거금을 모으게 되었다. 자신의 공장을 경영한지 만 10년만의 일이었다. 당시 쌀 한 가마니에 28원 남짓했으니, 1000만 원은 쌀 35만 가마니에 해당하는 돈이었다.

그러나 태평양전쟁이 터지고 세계가 제2차 세계대전에 휘말리자 김철호도 전쟁의 영향을 벗어날 수 없었다. 1943년에 들어서면서 일본군의 전세가 불리해지기 시작하고, 미군이 일본 본토를 폭격하자 많은 산업시설들이 파괴되어 생산이 불가능해졌다. 물론 국민경제도 파탄에 빠져들어 생활이 마비될 정도였다.

김철호는 종전이 가까워 옴을 직감하고 귀국할 것을 결심한 후 동생 명호를 불렀다.

"명호야 인자 일본을 떠날 때가 된기라. 내가 막내 연호를 데리고 먼저 귀국해갖고 사업 기반을 맹글낀게 널랑 여기 남아서 회사를 정리해갖고 귀국해라."

"형님 전황을 좀 더 보고 떠나능기 안 좋겠심니꺼? 오사카에 벌려놓은 사업도 커서 이걸 정리할라 카믄 형님이 계셔야 할낀데에!"

"아이다. 사업 정리는 니가 얼마든지 할 수 있다. 그리고 내가 일본에 앉아 왜놈들 망하는 꼴을 당하믄 내 꿈이 깨지는기라. 왜놈들이 망하문 나를 가만이 두겠나. 내가 일본에 처음 와갖고 철공소 직공이 될 때부터 꿈이 있었능기라. 만약에 내가 돈을 벌믄 조국에 돌아가서 공장을 큼지막하게 지갖고(지어서) 기계공업을 일으킬라 했다. 그래갖고 젊은이들한테 일자리를 주고, 열심히 일해서 못 사는 우리나라도 잘살도록 하고, 가난한 학생들한테 얼마든지 공부할 수 있도록 하고 싶었다. 다행히도 열심히 일해서 왜놈들의 돈을 끌어모아갖고 왜놈들한테 복수한 기분도 나고, 귀국해갖고 공장 한 개라도 지을 수 있게 됐으니께 얼마나 기쁘노. 그래서 왜놈 망하기 전에 귀국할라 칸다."

"그라믄 귀국하시가꼬 내내 볼트 너트 맹길깁니꺼?"

"아이다. 전쟁이 끝나믄 우리나라에는 평화가 올 거 아이가. 의식주 문제를 해결할라카믄 경제가 발달해야 하는기라. 그랄라카믄 무엇보다도 우리 동포들이 부담없이 타고 다니믄서 경제활동을 쉽게 할 수 있는 탈 것이 필요한기라. 그래서 자전거를 맹글어 볼라칸다. 길 사정이 안 좋은 조국 농촌에 가장 알맞는 교통수단이 될기라."

18세의 청년으로 홀홀 단신 일본에 건너와 청운의 뜻을 이룬 김철호 사장은 조국이 해방되기 1년 전인 1944년 39세의 재벌 사업가로 변신하여 막내 남동생 연호를 데리고 귀국했다. 조국으로 돌아온 김 사장은 서울에서 사업을 하기로 작정하고 '경성정공주식회사'를 설립하면서 영등포에다 공장을 짓고 우선 자전거 부속품부터 만들기 시작했다.

해방을 맞은 서울에는 일본, 중국 등지에서 귀국하는 우리 동포들의 수가 날로 늘어났다. 해방 직전 96만이던 인구가 1945년 말에는 126만으로 폭증했으나, 교통수단이 턱없이 부족해 큰 혼잡을 일으켰다. 시민 교통의 주역을 담당했던 100여 대의 전차가 '해방만세'를 외치는 군중들이 매달려 다니는 통에 50여 대나 부서져 나갔고, 50여 대 정도였던 목탄택시와 목탄버스도 너무 낡은데다가 부속품마저 구할 길이 없어 움직이지 못했다.

자전거는 서울에 있는 3000여 대를 포함해 전국에 60여 만 대정도가 있었으나, 이들 역시 고물들이라 많은 자전거포가 생겨나 성업을 이루었지만 부속품이 귀해 수리업자들이 큰 고통을 겪었다. 이 때문에 경성정공에는 부품 주문이 밀려들어 공장을 네 곳이나 증설하는 호황을 맞이했다. 1950년까지 김철호의 정비공장에서는 자전거 부품의 90%를 국산화했다. 그러나 뜻하지 않게 터진 6 · 25전쟁으로 6년 동안 일으켜 놓았던 사업은 송두리째 잿더미로 변하고 말았다.

부산으로 피난을 간 김철호와 경성정공은 그곳에 다시 새 공장을 짓고, 일본에서 16만 5000달러어치의 신형 시설장비를 도입해 생산시설을 현대화했다. 그리고 1952년 '경성정공'을 '기아산업'으로 이름을 바꾸었다. 김철호 직접 작명한 '기아'의 뜻은 '아세아에서 일어나 세계로 진출한다'는 것이었다. 기아는 발음이 자동차의 상징인 기어(Gear)와 비슷하고 한글, 한문, 일어, 영어에서 모두 발음이 같아 국제화시대에 알맞은 상호라서 선택했다고 한다.

상호를 기아(起亞)로 바꾼 한 달 뒤인 1952년 3월, 드디어 대망의 국산 자전거를 완성했다. 전쟁의 와중에서 탄생한 국산 자전거 1호를 놓고 적당한 이름을 물색하던 중 당시 우리 사회의 분위기가 자유와 통일을 갈구하는 것이 지상 최대의 목표였기 때문에 첫째 남동생 명호의 뜻을 따라 '삼천리호(三千里號)'라 정했다. 김철호 사장은 당시 부산으로 피난 왔던 서울의 저명한 모 교수와의 대화에서 "이 자전거 한 대를 맹글어낼라고 내가 20년 동안 모은 돈 1000만 원을 몽땅 털어넣었구마"라고 했을 만큼 그의 집념이 이루어낸 일생일대의 작품이었다.

정부와 함께 부산으로 피난 와 있던 이승만 대통령이 삼천리호 자전거 소식을 듣고 1952년 4월 유엔한국경제원조단(UNKRA)의 콜트단장을 대동하고 부산공장을 방문해 김 사장을 비롯한 현장 직원들의 노고를 치하하며 사기를 북돋웠다. 그러나 만들어낸 자전거는 전쟁의 혼란 속에서 극히 어려웠던 경제 상황 때문에 잘 팔리지 않았다. 외려 팔리는 것보다 더 어려웠던 것이 자재구입이었다. 돈이 있어도 철재를 구입하기가 어려운 상황이라 김 사장은 생각다 못해 전쟁의 부산물인 빈 드럼통을 갈라 펴서 자전거를 만든 뒤 주로 관공서 업무용으로 조금씩 팔았다.

휴전협정이 성립되어 정부가 서울로 다시 옮겨오자 기아산업도 뒤따라 올라왔다. 그러나 잿더미를 헤치고 다시 옛 공장을 복구하기가 불가능해 지금의 시흥지역에 새로운 공장을 지었다. 1957년 5월 시흥공장을 준공하면서 기아산업은 자전거에서 가장 중요한 파이프를 생산하기 위해 서독에서 최신형 파이프 생산시설을 도입하면서 자전거 공업을 완전히 기계화하게 되었다.

한편 전쟁이 끝나고 복구공사가 한창일 때라 각종 건설용 파이프의 수요가 크게 늘어나자 김철호 사장은 이에 착안해 건축, 공업, 수도용 파이프를 개발·생산하여 큰 성공을 거두었다. 한때는 자전거를 제치고 기아산업의 주생산품이 되었을 정도였다. 파이프산업은 기아산업의 자전거 공업을 양적으로나 질적으로 크게 발전시키면서 기반을 닦아주었다. 1958년 김철호 사장은 고향인 칠곡에서 주위의 권고로 제4대 국회의원 선거에 출마했으나 자유당 정권의 횡포로 낙선하고 말았다. 그의 출마는 정치적 야망보다는 농촌을 부흥시키겠다는 일종의 애향심에서였고 자유당의 부정부패에 대한 항거였다.

6·25전쟁으로 젊은 남자들이 수없이 전장에서 사라지거나 군대에 입대하는 바람에 당시 농촌에는 거의 부녀자들이 농사를 짓고 있었다. 선거운동을 하면서 여자들이 지게로 퇴비나 농작물을 지어 나르느라 고생하는 것을 본 김철호 사장은 리어커를 만들어 농촌에 공급하는 한편, 우리나라 실정에 맞게 대형트럭보다는 소형트럭을 만드는 자동차 공업을 계획했다.

김 사장은 우선 소형 오토바이와 일본에서 많이 사용하는 세 바퀴 미니트럭부터 만드는 것이 이상적이라 생각했다. 일본에서 만들기 시작한 이 삼륜 미니트럭은 일제 강점기인 1930년대 초부터 우리나라에 들어와 용달차로 많이 사용되었다. 자동차 사업을 구체화시킨 다음 그는 오토바이를 만들기 위해 일본의 혼다와 제휴를 맺고, 삼륜 미니트럭을 만들기 위해 도요고교와 기술제휴를 맺었다. 그러나 오토바이와 삼륜차 생산을 위한 과대한 투자, 1960년 부정선거 때문에 일어난 4·19혁명으로 우리나라 경제가 막대한 타격을 입자 기아산업은 적자 수렁에 빠졌다. 기아산업이 최악의 경영난에 허덕이던 1960년 9월, 더 이상 지탱하기 힘들어지자 김철호 사장은 주종 산업인 자전거 생산을 한성자전차공업회사에 임대하여 대리생산을 하도록 넘겨주었다.

그러나 적자를 조금이라도 덜어보려는 노력도 아무 성과를 거두지 못했다. 외채를 빌려 쓰고 돌아오는 어음을 막을 길이 없어 결국 부도를 내고 산업은행의 관리로 넘어가는 비운을 맞았다. 이렇게 어려운 여건 속에서도 김철호 사장은 착수한 오토바이와 삼륜 미니트럭 생산만은 포기하지 않고, 세상에 내놓기 위해 심혈을 다해 준비하고 있었다. 하지만 1961년 일어난 5·16 군사정변으로 또다시 좌절의 시련을 겪어야 했다.

군사정부의 국가재건최고회의는 재건사업을 추진하면서 부정 축재한 기업에 대해 막대한 벌금을 물게 했다. 기아산업도 여기에 말려들어 5000만 원의 벌금을 물었다. 상황이 악화되자 회사를 살리기 위한 마지막 수단으로 종업원을 감원하자는 임원과 간부들의 권고를 받게 되었다. 그러나 김 사장은 "먹을 것이 없다고 생사고락을 같이한 가족을 우째 내쫓노, 말도 안 된다. 죽어도 같이 죽고 살아도 같이 살아야 한데이"라며 고개를 저었다. 그러자 김 사장의 결심에 감복한 일부 종업원들이 자진해 회사를 떠났다.

기아산업은 이러한 고통을 겪으면서 종업원이 450명에서 200명으로 줄었지만 1961년 드디어 C-100이라는 배기량 100cc짜리 오토바이를, 이어 1962년 1월에는 K-360이라는 삼륜 미니트럭을 처음으로 만들어내는 데 성공했다. 그러나 당시 1인당 GNP가 90달러에도 못 미치는 매우 빈곤한 수준이었고 정치적 격동기 상황까지 겹쳐 경제가 전반적으로 침체되어 있었기 때문에 오토바이와 삼륜트럭은 잘 팔리지 않았다.

김철호 사장은 누적된 막대한 적자를 오토바이와 삼륜 미니트럭으로 해결하려던 뜻을 이룰 수 없게 되자, 다시 자전거와 파이프 산업으로 돌아왔다. 다행히 시운이 맞았던지 이를 통해 기아산업은 적자에서 차츰 벗어났다. 이렇게 회사가 안정되어 가자 오토바이와 삼륜 미니트럭 사업의 실패를 거울삼아 기아산업은 다시 자동차 사업에 도전하기 시작했다. 1967년 T-2000이라는 중형 삼륜트럭을 내놓았는데, 역시 도요고교의 제품으로 배기량 2000cc 4기통 가솔린엔진에 2톤의 화물을 실을 수 있는 트럭이었다.

이 차가 바로 적자수렁에서 헤매던 기아산업에게 6년간 총 640여억 원이라는 매출과 함께 오토바이와 삼륜 미니트럭 사업의 실패를 만회시켜준 '기적의 삼륜트럭'이었다. T-2000트럭이 히트할 수 있었던 것은 정부가 주도한 제2차 경제개발 5개년계획의 활발한 추진으로 물동량이 급속히 늘어남에 따라 장거리 화물수송용 자동차의 필요성이 절박했고, 당시 도로 사정이 좋지 않았던 우리나라의 실정과 어려운 경제사정에 알맞은 모델이었기 때문이었다. 이어 시내 용달 물동량 역시 계속 늘어나 K-360 삼륜 미니트럭이 각광을 받게 되자 적재량과 출력을 높인 제2세대 K-360인 T-600을 출시하였고 역시 인기를 끌어 K-360으로 입은 적자를 만회했다. 이렇게 기아산업은 오토바이와 삼륜트럭을 생산하면서 익힌 조립기술에 자신을 얻어 1971년 처음으로 중형 사륜트럭 '타이탄' 등을 잇달아 생산해내며 자동차 메이커로서의 기반을 착실히 굳혀갔다.

1969년 경인고속도로 개통을 계기로 우리나라도 고속도로 시대가 열리면서 전국이 1일 생활권이 되자, 자동차 공업이 국가의 기간산업으로 등장해야 할 필요성이 대두되었다. 이를 절실히 느낀 김철호 사장은 대규모 종합자동차 공장의 건설을 결심했다. 그래서 시흥 근방의 소하리에 20여만 평의 땅을 구입하여 공장을 짓기 시작했다. 1973년에 들어서자 기아산업은 창사 이래 최고의 매출액인 200여억 원을 돌파해 순이익만 그해에 10억여 원을 올렸다.

이러한 사업의 번성과는 달리 김철호 사장의 생명은 종점을 향해 급히 달리고 있었다. 그는 만년에 지병인 천식 때문에 고생하다가 치료와 수술이 잘못되어 마지막 8개월 동안 병원에 입원하여 투병생활을 했다. 하지만 김철호 사장은 건강이 급속도로 악화되어 가는

1974년 기아 첫 승용차 브리사 생산 개시.

상황에서도 여전히 업무를 계속했다. 드디어 자신의 시대가 끝나가고 마지막 촛불이 타들어 가고 있음을 자각했던 것일까. 의사의 간곡한 만류로 업무에서 손을 뗀 그가 병실 창문을 통해 남산을 바라보며 떠날 준비를 하고 있던 어느 날이었다. 그는 문득 자기가 지은 시 한 수를 조용히 읊었다.

"漢陽城外漢江淸 江水無心送幾生, 時事奔忙苦海裡 南山依舊聾塵聲(한양성 밖 푸른 한강의 무심한 강물은 몇 해난 흘렀는고, 분망한 시절 고달픈 세상에도 남산은 예대로 속세를 떠나네)

김철호 사장은 1973년 6월 소하리 종합자동차 공장의 준공을 본 것을 마지막으로 이해 11월 세상을 떠났다. 그의 나이 68세였으며 유언은 다음과 같았다.

"나는 이제 죽어도 여한이 없다. 맨주먹으로 사업을 시작하여 오늘의 기아산업을 이룰 수 있었던 것은 모두가 나라와 내 민족의 덕이다.

나라가 독립되고 국력이 신장되지 않으면 아무 사업도 할 수 없다. 내가 좀 더 조국의 발전에 기여하지 못하고 떠나는 것이 한스럽다. 온 겨레가 잘살아보자고 일으킨 새마을운동에 적극 참여하길 바란다."

현대자동차 왕국을 이룩한 뚝심의 사나이 정주영

"이 형, 계시요?"

"어이구, 정 형께서 이 기름쟁이를 다 찾아 주시구, 웬일이시오?"

"그저 심심해서 이 형이나 보고 자동차 고치는 구경이나 하려고 왔소."

"듣자니 왜놈들의 쌀 배급제 때문에 정 형 쌀가게까지 못하도록 만들었다는 소식 들었는데… 앞으로 어떡하실려우?"

"글쎄, 무엇이든지 해야겠는데. 왜놈들 발악하는 통에 아무것도 못하게 생겼으니 답답하오."

"그래도 살기 위해서는 무엇이라도 할 거리를 찾아야 하지 않겠소."

"배운 거라고는 농사일하고 쌀장사하는 것밖에 모르니…. 기술이 있어야 이 형처럼 공장이라도 취직할 게 아니오."

"가만 있자, 정 형 그러지 말고 자동차 공장 한번 해보려우?"

"자동차 공장이오? 이 형 나를 놀리는 거요? 기술도 없고 돈도 변변히 모아둔 것이 없는데 어떻게 그런 공장을 한단 말이오!"

"아따, 정 형의 두둑한 배짱과 근면성이면 얼마든지 해낼 수 있소."

"그러나 저러나 어떻게 그 어려운 자동차 공장을 할 수 있는지 이야기나 어디 들어봅시다."

"마침 내 잘 아는 친구가 북아현동(서울)에서 아도서비스라는 자동차 수리공장을 경영하고 있는데, 계속 꾸려 나가기가 힘들어 내놓을까 하는 소리를 들었소. 그리 큰 공장은 아니라서 많은 돈 들지 않아도 인수할 수 있을 게요. 또 왜놈들의 통제 정치에 걸릴 염려도 없는 사업이니 좋지 않소? 자동차는 전쟁을 치르나 안 치르나 필요하고, 지금 서울바닥에 굴러다니는 차들이 하나같이

현대자동차 창업주 정주영.

고물이라 부서지고 고장 나기를 밥 먹듯이 하니, 정 형 같이 배짱 두둑하고 부지런한 사람이 자동차 수리공장을 하면 틀림없이 성공할 것이오."

"글쎄, 말은 고맙소만 자동차 기술이라곤 한 조각도 없는 내가 어떻게 해나갈 수 있을지 의문이고, 무엇보다 쌀가게해서 겨우 조금 모은 돈으로 되겠는지가 걱정되오."

"정 형만 결정한다면 수리하는 기술 걱정일랑 붙들어 놓으시오. 내가 도와 드리리다. 이래 뵈도 장안에서 엔진 수리로는 내가 한 가닥 하니까 말이오!"

"그렇다면 아도서비스 공장을 얼마에 내놓을 것인지 한번 알아봐 주구려. 너무 비싸게 달라면 못 하는거요!"

현대자동차를 일궈낸 정주영. 그는 1915년 강원도 산골에서 가난한 농사꾼의 8남매 중 맏아들로 태어나 아버지의 농사일을 도우며 자라났다. 아버지는 맏아들인 주영이가 장차 일등 농사꾼이 되어 집을 이끌고 동생들의 뒷바라지를 하도록 간곡히 부탁했다. 장성하면서 주영은 농사일이 고된데다가 아무리 열심히 해도 살기가 어렵자 싫증이 나기 시작했다.

열입곱 살이 되던 때에 정주영은 마침 『동아일보』에서 연재하던 이광수의 소설 『흙』을 읽고 크게 자극받아 도시로 나가 성공하겠다는 청운의 꿈을 꾼다. 그러나 가정형편 때문에 실패하고 열아홉 살이 되던 해에 가출에 성공하여 도시에서 겨우 막노동일을 시작할 수 있었다.

처음에 정주영은 인천에서 부두 하역 노동을 했다. 그리고 서울로 올라와 철도 건설 공사장에서 막노동을 하는 등 한 1년간 전전하다가, 스무 살 때 다행히 서울 신당동에 있던 '복흥상회' 라는 쌀 소매가게에 배달꾼으로 취직해 겨우 자리를 잡았다.

주영은 이 가게에서 먹고 자며 열심히 일했다. 새벽같이 일어나 가게 안팎과 거리를 말끔히 청소한 후 쌀을 정돈하고 손님을 항상 친절하게 대했다. 게다가 배달도 무척 빠르고 정확해 쌀집 주인은 이내 주영을 신뢰했다. 얼마 안 가서 주영은 쌀 한 가마 12원일 때 18원이라는 후한 월급을 받았고, 조금씩 돈을 모으기 시작했다.

23세 되던 해인 1938년 여름 어느 날 가게주인이 정주영을 불러 앉히고는 난봉꾼 아들 때문에 더 이상 쌀가게를 할 수 없어 걷어치워야겠다며, 이왕이면 자기 가게를 맡아 장사해 보는 것이 어떠냐고 제안했다. 뜻밖의 행운에 주영은 복흥상회를 인수받고 상호를 경일상회로 바꾸었다. 그리고 소매만 하는 것이 아니라 황해도, 경기도 등 쌀 생산지로 직접 트럭을 가지고 다니며 쌀을 가져와 도매도 했다.

천성적인 근면성과 신용으로 열심히 장사를 한 덕분에 주영은 첫 사업에서 큰 성공을 거두었고 꽤 많은 돈을 벌었다. 고향에다 30여 마지기의 논을 사들일 정도였다. 그런데 잘 되어 가던 경일상회가 장사한 지 2년째 되던 1939년, 왜놈들이 태평양전쟁을 터트리기 위해 모든 경제를 통제하기 시작하면서 큰 타격을 입었다. 쌀까지 자유판매를 금지시켜 배급제를 실시하는 바람에 경일상회는 문을 닫아야 했다.

청년 주영은 그냥 주저앉을 수 없었다. 그렇다고 청운의 날개를 접고, 다시 고향 농사꾼으로 돌아가기도 싫었다. 적은 자본으로 높은 이익을 얻을 수 있고 왜놈들 통제에 걸리지 않는 사업을 찾아야 했다. 주영은 평소에 자신의 쌀 운반용 트럭을 단골로 정비해주어 알게 된 정비기술자 이을학을 찾아갔다.

이을학과의 인연으로 정주영은 북아현동에 있던 아도서비스라는 조그만 정비공장을 3500원에 인수해, 1940년 초 25세의 나이에 자동차공업에 첫발을 들여 놓게 된다. 정주영은 아도서비스를 인수할 때 돈이 모자라 친구와 고리대금업자에게 이리저리 돈을 빌려 일을 시작했다. 인수 당시 적자에 허덕이던 공장은 주영의 열성과 신용으로 일거리가 꾸준히 들어와 당장에 흑자로 올라서기 시작했다. 개업 2개월 만에 빌린 돈의 절반과 인수 잔금을 갚을 만큼 잘되었다.

그런데 인수 잔금을 치르고 난 5일 후인 3월 25일 새벽에 공장의 한 직원이 기름투성이 손을 씻기 위해 시너로 불을 지펴 물을 데우다가 그만 공장에 불이 붙고 말았다. 공장은 물론 수리 중이던 트럭 3대와 순정황후의 숙부였던 윤덕영의 미제 자가용 '올스모빌' 등 4대가 몽땅 타버렸다. 공장 밖 길에 세워두고 수리 중이던 트럭 두 대도 반이나 타버렸다. 청천벽력을 맞은 주영은 눈앞이 캄캄했다.

아직 빚도 다 갚지 못한데다가 공장 재건은 차치하고 손님들이 맡긴 자동차가 타버렸으니 막막할 수밖에 없었다. 손님들의 자동차를 배상해줄 돈이 부족하자 생각다 못한 주영은 아도서비스 공장을 인수할 때 모자란 자금을 빌려주었던 고리대금업자 오영감을 찾아가 통사정을 했다. 평소에 주영의 신용과 사람 됨됨을 믿고 있던 오영감은 1만원을 선뜻 빌려주었다.

정주영은 이 돈으로 타버린 자동차를 배상해 주고 부속품 외상도 갚았다. 그러나 공장을 다시 세울 자금이 없었다. 잘 되어 가던 사업이 불운을 만나 없어졌으나 주영은 자동차 정비업에서 미련을 떨칠 수 없었다. 어떻게 하든 다시 일어서야 했다. 정주영의 천성인 배짱과 투지력이 다시 발동했다. 비장한 각오로 며칠간 장소를 찾아 헤매던 그는 신설동 뒷골목의 조그만 빈터 하나를 빌릴 수 있었다.

주영은 이곳에다 겨우 자동차 앞머리만 들여놓고 엔진을 수리할 수 있는 닭장만한 목조공장을 지어 무허가 정비업을 시작했다. 다행히 주영의 신용을 믿던 고객들이 그의 딱한 사정을 알고 일거리를 주었다. 그런데 개업한 지 며칠 안 가서 동대문 경찰서의 무허가 단속에 걸려 또 어려움에 처했다. 일본 경찰이 시도 때도 없이 찾아와 당장에 철거하지 않으면 잡아넣겠다고 그를 협박했다. 하는 수 없이 주영은 담당관인 일본인 보안주임을 새벽마다 찾아가 봐달라고 매달렸다. 보안주임은 그의 끈덕진 애원을 견디다 못하고 주의할 점과 숨어서 영업을 계속하는 방법까지 가르쳐주었다.

이렇게 다시 재기한 정주영은 살아남기 위해서는 '경성서비스' 나 '경성공업' 같은 큰 정비공장들보다 더 빨리 고쳐주어 손님들이 자동차를 곧바로 사용할 수 있도록 해야 한다고 생각하고 이를 실천했다. 그래서 일이 밀릴 때는 종업원들과 함께 자정이 넘도록 소매를 걷어붙이고 기름투성이가 되어 일했다. 이렇게 자동차와 접목된 젊은 사업가 정주영은 어느덧 자동차의 기계원리와 기능을 거의 터득한 기술자가 되었고, 언젠가는 자기 손으로 직접 자동차를 만들겠다는 꿈을 갖기 시작했다.

정주영의 아도서비스는 하루가 다르게 번창해, 새 곳으로 옮긴지 1년 만에 350여 평의 새 공장과 60여 명의 종업원을 거느리는 큰 서비스공장으로 성장했다. 이렇게 차분히 커가던 아도서비스 앞에 또 한번 절망의 늪이 기다리고 있었다. 1941년에 태평양전쟁을 일으킨 일제가 전쟁에 사용할 물자와 인력을 닥치는 대로 징발해가면서 군소 기업체들을 합치는 '기업정리령'을 선포하는 바람에 아도서비스는 1943년 서울 종로에 있던 '일진공작소'에 강제로 합병당해 공장을 잃고 말았다.

정비업에서 손을 뗀 정주영은 아도서비스 공장 당시 부업으로 하던 운수사업용 트럭 4대로 식산은행(상업은행) 총재의 아들이 운영하던 광산업체 보광광업사에서 광석운반 하청을 맡았다. 그러다가 보광광업의 배신으로 해방 직전에 그만두고 고향으로 잠시 내려가 해방을 맞이했다.

일본이 패망하여 해방된 이 땅에 미군이 진주하자 정주영은 다시 정비업을 하기로 결심했다. 미군 병기창에서 군용차 수리를 청부받아 조금씩 일할 즈음, 미군정청이 국내에 있던 일본 재산 일부를 불하하자 정주영은 재빨리 서울 중구 초동(현재 한국자동차보험 본사 건물) 옆에 있던 땅 200여 평을 불하받았다. 해방 전 아도서비스의 재건을 노리던 정주영은 이 땅에 정비공장을 짓고 이름을 '현대자동차공업사'로 바꾼 후 다시 자동차 정비업을 본격적으로 시작했다. 이렇게 그의 자동차에 대한 집념은 끈질기게 이어졌고, 미군용 차는 물론 민간용 차를 수리하는 한편 해방이 되자 일본군이 비축해둔 휘발유가 시중에 유출되면서 전쟁 중에 사용하던 목탄차들을 휘발유차로 개조하는 일도 했다.

제2차 세계대전을 겪으면서 일본군의 징발로 거의 폐허가 되다시피한 국내 자동차 교통은 해방되면서 자동차 수요가 급격하게 늘어나 현대자동차공업사는 날로 번창했다. 정 사장은 자동차 정비사업에 그치지 않고 해방된 조국을 경제부국으로 만들기 위해서는 틀림없이 건설사업이 필요하다는 결단을 내리고 자동차 서비스에서 모은 돈으로 '현대자동차공업'과 함께 '현대건설회사'를 설립하여 건설 쪽에도 눈을 돌렸다. 그러나 1950년에 터진 6·25 전쟁은 그의 발목을 잡았고 잠시 고전의 세월을 보냈다.

6·25전쟁을 겪고난 현대건설이 5·16혁명정부가 시작한 국가 경제 개발 대역사의 흐름을 타고 경부고속도로 등의 굵직굵직한 건설공사 참여로 급성장하자 정 사장은 공사금액이 큰 건설 쪽에 주력하면서 자동차에서 손을 떼고 동생인 정세영에게 자동차를 맡겼으나 자동차에 대한 꿈은 버리지 않았다.

1960년대에 들어와 국내 굴지의 건설업체로 성장한 현대건설이 거대한 자본을 축적하게 되자, 가난을 벗겨주었고 기업인의 자질을 키워주었던 자동차의 꿈을 정 사장은 드디어 구체화시키기로 결심했다. 그러나 애써 모은 돈을 기술도 없는 처지에서 자동차 제조 사업에 투자하는 것은 무모한 짓이라며 정 사장의 결심을 주위 참모들이 적극 만류하고 나섰다.

"자동차 서비스가 아닌 자동차 공업은 기하급수의 대자본을 투입해야 하는 고도의 기술산업인데 자동차 공업에 대한 경험이 전혀 없는 건설업체가 뛰어들었다가 잘못될 경우 어쩌시려고 그러십니까? 지금까지 땀 흘려 이룩해 놓은 건설업을 망치려는 처사이십니다. 사장님께서 해방 전후에 하신 자동차 수리기술과는 전혀 그 차원이 다릅니다. 그러니 자동차 공업만은 제발 깊이 고려하셨으면 좋겠습니다."

"내 나이 20대부터 자동차 기름을 묻히며 수리업을 했기 때문에 자동차에는 누구보다 깊은 애착을 가져왔어. 그래서 자동차 공업을 해보겠다는 욕망을 버리지 않고 있지. 또 자동차 수리공장과 건설중기 공장을 경영하면서 배운 자동차의 기계원리에 대해서는 나를 따를 자가 없다고 자부해. 물론 생산기술에 대한 경험은 없지만 미국이나 영국 같은 선진국들의 도움을 받으면 될 것 아니야. 그래서 우리가 경험이 있느냐 없느냐 하는 것은 큰 문제될 것이 없어. 처음부터 풍부한 기술을 가지고 한 나라가 어디 있어. 배워서 열심히 하면 되는 게야."

정 사장의 의지는 너무나 확고했다. 이래서 1967년 드디어 '현대자동차공업주식회사'라는 자동차 종합 메이커를 탄생시킨 후 오늘날의 현대자동차 왕국을 건설하여 그의 꿈을 이루어냈다.

1979년 국산 고유 모델 1호 포니 수출 선적.

이후 현대는 1975년에 최초의 국산 고유모델 포니와 1976년 국산 승용차 최초의 수출 등으로 차분히 성장하여 우리나라 자동차 산업의 견인차 역할을 하고 있다. 정주영 회장은 2000년 6월 김대중 전 대통령이 비행기를 타고 평양으로 직항해 북한의 김정일 국방위원장을 만나면서 남북교류의 길을 열자, 그해 10월 남북 분단 50년 만에 소 1000두와 국산 트럭, 고급 승용차를 이끌고 민간인으로서는 처음으로 군사분계선을 넘어 북측의 김정일 위원장을 만났다. '왕 회장'이라는 별명으로 통했던 그는 남북의 경제, 관광, 체육, 교통의 물꼬를 트는 데 큰 역할을 한 민족 번영의 태두로 아직도 우리 가슴 속에 남아 있다.

본격적인 국산 자동차들의 경쟁

1965년 부산의 자동차 제조 · 수리 업체였던 신진자동차공업사가 정부의 지원으로 문을 닫았던 새나라자동차를 인수하여 1966년부터 일본 도요타의 소형 세단 1500cc급 '코로나'와 2000cc급 고급 승용차 '크라운'을 생산하기 시작했다. 1966년에는 현대자동차가 울산에 설립되었고 이듬해부터 포드의 영국 자회사 제품 1600cc급 '코티나'와 독일 자회사 제품 2000cc급 고급차인 포드20M을 조립 생산하였다. 1968년에는 아시아자동차가 전남 광주에서 탄생해 1970년부터 이탈리아의 소형차 1200cc급 '피아트124'를 분해(CKD) 형태로 도입해 조립·생산하는 것을 시작으로 한국 자동차 산업이 본격적으로 개막되었다.

1970년대 국내 자동차 시장은 국제 자동차 전시장을 방불케 했다. 자동차 기술과 자본이 없었던 까닭에 초창기 한국 자동차 산업은 이렇게 선진국의 자동차에 의존할 수밖에 없었기 때문이다. 한국 자동차 산업 초기에 신진, 현대, 아시아자동차가 한꺼번에 등장하여 치열한 판매경쟁을 벌이자 이를 당시 '자동차 삼파전'이라 불렀다.

자동차 공학 기술의 불모지였던 우리나라가 일제강점기에 경험했던 자동차 정비기술을 밑천삼아 단숨에 자동차 생산국으로 도약했다는 사실은 한국인의 저력을 보여주는 매우 상징적인 사건이었다. 1970년대 말까지만 해도 서민들의 경제수준은 자가용을 가질 수 있는 능력이 되지 못해 소형차는 주로 택시회사 아니면 연예인, 의사, 변호사 등 중류층이 주고객이었고, 대형 고급차는 권력자들이나 기업체 사장들의 전유물이었다.

어쨌든 삼파전에서 기선을 제일 먼저 잡은 신진이 1970년대 초까지는 우세했다. 신진자동차의 코로나는 택시로, 대형트럭은 국토 재건을 위한 수송용으로 불타나게 팔려나갔고, 얼마 후에는 프리미엄까지 붙어 전매될 정도였다. 코로나의 독주체제는 업계나 사회의 반발을 불러 일으킬 정도였다. '정부의 특혜로 외국 차관을 받아 도입한 코로

1966년 신진자동차의 첫 승용차 코로나.

나는 국산화를 외면한 채 폭리만을 취한다'고 시비에 휘말리거나, 당시 집권당인 공화당의 원내총무가 '코로나 도입은 탈법적 밀수행위'라고 강력히 규탄하자 신진자동차 회장 김재원이 '사실이라면 본인을 총살에 처해도 좋다'고까지 반박했다.

삼파전의 과열 경쟁 때문에 자동차회사 간에는 서로 헐뜯기가 팽배했다. 코로나는 폭리 사건에 휘말렸고, 피아트124는 엔진소리가 요란하다 해서 오토바이차라 펌훼했다. 하지만 가장 고통을 당한 것은 코티나였다. 현대가 야심 차게 내놓았던 코티나는 막상 시판이 되자 외형이 코로나에 비해 투박하고 연료소비가 많은데다 잔고장이 많고 부품 값이 비싸다는 불평을 받았다. 게다가 1970년 여름 대홍수가 났을 때 부산 시내의 코티나 택시 100대가 발전기 불량으로 시동이 잘 안 걸려 반품소동을 빚는 사태가 벌어지기도 했다. 때문에 택시업계에서는 '코티나'를 '고치나' 혹은 '골치나' 등으로 비꼬아 불러 현대 측을 당황스럽게 만들었다. 이런 원인은 근본적으로 기술부족과 성급함에서 온 결과였으며, 현대는 결국 1968년에서 1971년까지 8000여 대의 코티나를 생산하고 1971년 말부터 새 모델인 뉴코티나를 대체 출시했다. 이렇게 해서 1970년대 초반은 신진, 아시아, 현대 3사가 각축전을 벌이며 국내 승용차 시장이 넓어졌고 이 땅에 승용차 대중화 시대가 개막되었다.

1967년 현대자동차 최초의 승용차 코티나(위)와 1970년 아시아자동차의 첫 승용차 피아트(아래).

고속도로 시대 개막

명절 때나 휴가 때 마다 겪는 고속도로 교통체증은 고질병이 되어버린 지 오래다. 그러나 이 고속도로가 없었다면 우리의 자동차 교통은 어떻게 되었을까. 막히든 뚫리든 간에 이 고속도로는 한국을 선진국 대열에 올리는 데 큰 공적을 남겼다.

고속도로 건설계획이 시작된 것은 1964년 박정희 대통령이 서독을 방문했을 때였다. 전쟁의 폐허에서 경제를 빠르게 일으켜 세운 '라인

1970년 경부고속도로 개통식.

강의 기적'과 독일의 고속도로 아우토반에 감명을 받은 박 대통령은
귀국 즉시 고속도로 건설을 계획했다. 빈궁한 조국을 빨리 경제대국
으로 일으켜 세우기 위해서는 고속도로의 건설이 급선무라고 판단했
기 때문이다. 총공사비 430억 원이 투입된 단군 이래 민족 최대의 역
사인 경부고속도로(428km) 건설공사는 1968년 2월에 시작되었고
1970년 7월, 2년 5개월 만에 전면 개통되었다.

거의 맨주먹으로 건설한 경부고속도로는 세계 고속도로 역사상 놀
라운 두 가지 기록을 남겼다. 2년 5개월이라는 세계에서 가장 짧은 공
사기간과 1km당 1억 원이라는 가장 저렴한 건설비용이 바로 그것이
다. 당시 일본의 고속도로 건설비가 1km당 8억 원인 것과 비교하면
경부고속도로는 일본의 8분의 1밖에 들지 않았다.

고속도로가 개통되자 외국제 고속버스가 대거 등장해 고속도로의

여왕으로 군림했다. 개통 초에는 13개의 고속버스 회사가 설립되었고, 이들은 외국산 고속버스 도입 경쟁을 벌였다. 호화롭게 꾸민 고속버스는 마치 '달리는 응접실'과 같았다. 미국제 반 이층버스인 그레이하운드, 독일제 벤츠, 일본제 히노 등 우리 고속도로는 외국제 고속버스들의 전시장을 방불케 했다. 특히 그레이하운드는 화장실까지 설치되어 있고, 밑 부분의 화물칸이 어찌나 큰지 송아지 두어 마리를 실을 수 있을 정도였다. 관계 당국은 그레이하운드 회사만이 유료 탁송을 할 수 있는 특혜까지 주어 업계의 거센 반발을 몰고 오기도 했다.

고속도로의 등장은 국민의 경제성장과 자동차 수요를 증대시켜 한국의 자동차 산업을 가속화하는 데 한몫했다. 고속도로 개통 초기에는 고속버스 전량을 외국에서 도입했지만 1971년부터는 신진자동차에서 생산해낸 최초의 국산 고속버스를 시작으로 점차 국산 고속버스가 늘어났다.

우리가 지금 내륙 어디서나 즐길 수 있는 활어, 생선회도 고속도로가 가져다준 혜택이다. 부산이나 강릉, 목포, 여수, 등의 항구에서 활어를 고속버스로 서울까지 운반하는데 6시간이면 충분했다. 또 사회에서 좋은 대접 못 받던 운전기사와 안내양들이 고

호남고속도로 개통식에 참석한 박정희 대통령.

경부고속도로를 달리는 미국제 고속버스 그레이하운드.

속버스 등장으로 최고의 인기를 누렸다. 고속버스 운전기사로 자리를 옮기려는 경쟁이 치열해졌다. 공군 장교복 같은 멋진 유니폼과 모자를 쓴 고속버스 기사들은 지상의 파일럿이라 불렸다.

고속버스 안내양은 여고 졸업생들의 최고 인기직종이었다. 대학 진학이 어렵거나 대학 가기 싫은 여고생들은 지상의 스튜어디스라 부르던 고속버스 안내양을 지망해 전문학원들이 문전성시를 이루었다. 고속버스 안내양들은 회사마다 디자인과 컬러는 다르지만 한결같이 미니스커트 유니폼에 모자를 썼으며, 젊은 여성들 사이에 미니스커트를 유행시키는 데 큰 몫을 담당했다. 당시 젊은 남성들 중에는 명절 때 고향에 내려가거나 여행할 때, 미니스커트의 예쁜 안내양을 보기 위해 일부러 고속버스를 타는 이들도 많았다.

각 도시마다 고속버스 터미널이 여기저기 산재해 있던 초기에는 손님을 끌기 위해 버스마다 사탕, 과자, 음료수 서비스로 경쟁을 벌였고, 시골에서는 연세 높은 부모님에게 고속버스 효도관광을 시켜드리기 위해 '고속버스계'가 유행했다. 이렇게 인기 있던 안내양들도 고속버스터미널 통합, 직행노선, 인건비 절약이라는 이유 때문에 1980년대 중반부터 하나둘 사라졌다. 고속도로 전국시대로 발전하면서 기하급수로 늘어난 차량과 물동량의 폭증 때문에 지금은 고속도로가 아니라 '저속도로'가 되어버렸지만, 초기 고속도로는 시속 100km이상 거침없이 달리다가 일어나는 교통사고도 매우 많았다.

1970년대 말 우리나라 고속도로 총연장거리는 경인·경부를 합해 452km이며 13만 대의 차가 이 길을 달렸다. 그러던 것이 40년 후인 2009년 말 현재 고속도로의 길이는 약 3300km로 7배가 늘었지만, 자동차는 1700만 대로 100배 이상으로 폭증하여 고속도로 확장이 자동차 증가량을 못 따라가고 있다. 고속도로 확장의 걸림돌은 부지매입비의 폭등과 기하급수로 오른 건설비 때문이다. 2009년 현재 왕복 4차로 고속도로의 경우 1km당 공사비가 대략 320억 원 이상 소요되며 왕복 6차로의 경우 1km당 400억 원이 넘게 든다고 한다. 최초의 1km당 건설비 1억 원의 281배나 오른 셈이다.

과속으로 인한 고속도로상의 교통사고도 만만찮게 늘어났다. 1970년대 말 총 712건의 사고가 1994년 말 7800건으로 약 11배나 늘어났다. 이를 해결하기위해 1993년부터 고속도로에 버스전용차선제가 실시되면서 차츰 원기를 회복했으며, 우등고속버스까지 등장해 24시간 운행하고 있다. 고속도로 개통은 우리 경제·산업·관광·교통·도

1980년대 명절 귀향 고속도로의 차 홍수.

로를 엄청나게 발달시켜 왔다. 2009년 1월 현재 기준으로 고속도로 총 연장은 25개 노선에 3211km이며 그중 8차로가 340km, 6차로가 439km, 4차로가 2277km, 2차로가 155km이다. 여기에 민자고속도로 236km를 포함하면 26개 노선에 총 3447km로 늘어났다.

마이카 붐, 그리고 빨간 머스탱의 톱스타

우리나라 경제의 성장과 자동차생활시대를 앞당겨준 것은 고속도로의 건설이었다. 1969년부터 고속도로가 차례로 개통되면서 육상수송 물동량이 급속히 늘어났다. 관민의 적극적인 경제개발 활동이 만들어낸 엄청난 물량을 기차가 미치지 못하는 전국 구석구석까지 수송하기 위해 많은 자동차가 필요했다. 이런 현상은 한국 자동차 산업을 호황으로 이끌었다. 고속도로에는 호화스런 외제 고속버스들이 등장하여 전국 최장 7시간 시대의 거리로 좁혔다. 국민의 경제수준이 높아지고 고속도로가 전국으로 뻗어가자 서서히 '마이카 붐'이 일어났다.

고속도로의 건설은 관광개발에도 한몫을 했다. 전국 곳곳의 명승고적과 절경을 가깝게 연결했고, 여행하다 쉴 수 있는 고속도로 휴게소 또한 명물로 등장했다. 1974년은 한국 자동차 산업에서 매우 뜻 깊은 해였다. 1970년대 초 우리 정부는 외국산 자동차만 생산해서는 도저히 우리의 자동차 기술이나 자동차 제품이 발전할 수 없다하여 한국 고유의 자동차 모델을 개발할 것을 자동차회사에 적극 권장했다.

그 결과 1974년 말 국산 고유모델 1호인 현대자동차의 '포니'가 탄생했다. 우리의 경제실정과 도로조건에 맞는 포니는 본격적인 마이카 시대와 국산차 수출의 길을 열어주었다. 같은 시대에 등장한 소형 승용차인 기아의 브리사, 그리고 새한자동차(신진자동차의 후신)의 제미니와 더불어 마이카 시대의 주역을 담당했다.

그런데 1970년대 두 차례나 불어닥친 석유파동으로 한국의 자동차회사들은 극심한 불황을 겪었다. 석유파동의 후유증으로 900여 억 원이라는 사상 최악의 적자 수렁에 빠져 국내 자동차회사들은 생사의 갈림길에서 헤맸다. 이런 자동차 산업을 살리기 위해 정부는 1981년 자동차공업 합리화정책을 수립해 당시 현대, 대우, 기아, 동아 등 4대 자동차 메이커들을 차종별 전문 생산업체로 구조를 바꾸기도 했고, 업체는 업체대로 피나는 노력으로 1983년부터 다시 정상화되기 시작했다. 이때 도산의 위험이 가장 컸던 기아자동차가 '봉고'라는 밴형

차량을 처음 개발해 기사회생하는 '봉고 신화'를 만들어내기도 했다.

이렇게 늘어나기 시작한 자동차는 1985년 드디어 총 보유 대수 100만 대를 돌파하면서 집 장만보다는 자가용 갖기가 우선이라는 풍조를 만들어냈다. 1986년에는 국산 자동차가 수출에 경이적인 기록을 세웠다. 최초의 국산 앞바퀴 굴림 차인 현대의 '엑셀'이 수출 1년 만에 세계 최대의 자동차 시장인 미국에 20여만 대 상륙이라는 쾌거를 이루었다. 단일 차종으로는 그때까지 세계 자동차 수출사상 최고의 기록이었다. 1985년 자동차 보유 대수 100만 대를 출발점으로 이후 우리나라는 매년 100만 대씩 증가하는 자동차 홍수시대를 맞았다. 그러나 국민의 교통질서 의식이 이를 따라가지 못해 '교통사고 지옥'이라는 오명을 뒤집어쓰기도 했다.

외제 고급차 파동이 불기 시작하던 1960년대 말, 인기 정상에 있던 청춘스타 신성일이 미국 포드의 빨간 머스탱 스포츠카를 타고 서울 장안에 나타나 영화팬과 카 마니아들에게 한껏 부러움을 사기도 했다. 당시는 신진자동차의 코로나, 크라운, 퍼브리카, 현대자동차의 코티나 등 최초의 국산차들이 마구 쏟아져 나올 무렵이었지만, 경제수준이 낮은 서민들은 감히 쳐다볼 수도 없었다. 돈 많은 부자들이나 권력자들이 하나둘 국산차를 구입해 이 땅에 서서히 '마이카 붐'이 일기 시작했다.

그런데 1968년부터 최상류층에서 외제 고급차 마이카 붐이 일어났다. 정부에서는 경제난국에 허영과 사치, 과소비를 조장한다며 법적제재를 가했다. 이른바 '고급차 파동'으로 이런 현상은 1970년 초까지 계속됐다. 그래서 돈이 있어도 고급스런 외제차를 구입할 수 없는 사람들은 주로 이런 방법으로 욕망을 충족시켰다. 바로 정부가 연간 200만 달러 이상 수출한 업체에게 주는 '외산품 수입쿼터' 특혜를 이용해 외산차를 들여오거나 외국공관들이 현지에서 타다가 들여온 차를 구입하고, 주한 미군가족들이 타던 차를 인수하는 등의 방법이다.

최고의 인기 영화배우 신성일도 이러한 방법의 하나를 이용해 빨간 머스탱을 구입했다. 신성일은 1967년경 신진자동차에서 생산한 고급차 크라운을 자가용으로 타고다녔다. 그런데 스피드광인 그는 1968년 서울 중앙극장에서 상영하던 미국영화 〈불렛(Bullet)〉에 나온 1964년형 머스탱의 날렵한 스타일과 폭발적인 힘, 스피드에 반해버렸고 오매불망 그리워하게 되었다. 그는 꿈에 그리던 머스탱을 1년 후인 1969년에 손에 넣는다. 이 머스탱은 V형 8기통 5600cc 엔진에 290마력의 폭발적인 힘으로 최고 시속 200km를 냈다.

1970년 신성일의 빨간 머스탱.

머스탱은 80년대 초 부도난 크라이슬러 회생의 신화를 만든 리 아이아 코카가 1964년 포드의 부사장으로 있을 때 개발한 자동차로 미국 젊은이들 사이에서 선풍적인 인기를 끌었던 스포츠카이다. 포드는 머스탱을 처음 생산할 때 판매 대수를 20만 대로 잡았으나 모두의 예상을 뒤엎고 1965년 출시 첫해에 46만여 대가 팔려나갔다. 이렇게 머스탱은 1960~1970년대까지 미국에 '머스탱 제너레이션'을 형성했던 명차였다.

무수한 화제를 만들어냈던 신성일의 빨간 머스탱은 어딜가나 빛과 그림자처럼 그와 함께했다. 오히려 머스탱의 인기가 더 높았을 정도였다. 소문에 따르면 당시 쌍벽을 이루던 톱스타 신영균도 머스탱을 구입하려 했으나, 재고가 없어서 갖지 못하고 머스탱과 흡사하게 생긴 V형 8기통 250마력의 빨간색 스포츠카 '머큐리 쿠거'를 구입해 탔다. 이 차 역시 포드사가 만든 스포츠카였다.

신성일의 머스탱과 신영균의 머큐리는 인기스타인 두 사람의 주가를 더욱 높여주었는데, 이는 우리나라뿐만 아니라 미국에서도 마찬가지였다. 할리우드에서도 자동차는 스타의 인기를 끌어올리는 데 큰 역할을 해왔다. 클라크 케이블과 케리 쿠퍼는 미국제 듀센버그, 마릴린 먼로는 포드의 선더버드, 그레타 가르보는 롤스로이스, 마를렌 디드릭히는 미국제 오번, 제임스 딘은 포르쉐를 애용해 더욱 이름을 날렸다.

신성일의 머스탱은 새빨간 색이라 유난히 눈에 잘 띄었다. 그래서 어디든지 이 머스탱만 보이면 톱스타 신성일이 그곳에 있다는 표시였다. 틈 나는대로 이 멋진 머스탱을 몰고 동분서주하던 어느 날, 이 차의 실력을 발휘할 절호의 찬스가 날아들었다. 다름 아닌 경부고속도로의 완전 개통과 함께 박정희 대통령이 부산에서 개통 테이프를 끊고 서울로 첫 시주를 한다는 소식이었다.

슬며시 오기가 발동한 신성일은 박 대통령이 부산에서 출발한 시간에 맞추어 서울 톨게이트를 출발했다. 시속 200km에 육박하는 스피드로 경부간 중간 지점인 영동을 지나 구름도 쉬고 넘는다는 추풍령을 뒤로한 채 약 20분쯤 더 달렸을 때, 헤드라이트를 번쩍이며 달려오는 박 대통령의 자동차 일행을 만났다. '내가 이겼다'며 쾌재를 부른 신성일은 냅다 엑셀러레이터를 밟았다. 이로서 그는 최초로 경부고속도로를 달린 민간인이라는 기록도 세웠다.

며칠 후 신성일은 평소에 알고 지내던 대통령 경호실장을 만난 자리에서 뜨끔한 소리에 등골이 오싹했다고 한다. 박 대통령이 "저 빨간차를 몰고 휙 지나가는 자를 당장에 잡아오라"고 호령을 했다는 말을 들었기 때문이다. 그러나 국가원수에 대한 이런 무례함도 당시 최고의 유명배우라는 인기 때문에 용서받을 수 있었다. 그 후 신성일은 1972년 석유파동 때문에 애마 머스탱과 이별하고 국산차로 카 라이프를 이어갔다.

폭발적인 자동차 증가와 레저 붐

한국 모터스포츠는 1982년 겨울에 시작되었다. 레이서가 되기로 결심한 자동차광 박희태는 기본 실력은 물론 모터스포츠에 대한 정보가 어두워 뜻을 이루지 못하고 방황하다가 필자를 찾아왔다. 당시 『일간 스포츠』와 『스포츠 동아』에 각각 '자동차 야사'와 '세계의 모터스포츠'를 연재하던 중이었는데 박희태는 필자의 자동차에 관한 지식과 정보, 인간적인 조언과 후원에 용기를 얻어 1983년 봄 일본으로 건너가 일본자동차연맹이 주관하는 지방경기에 출전해 경험을 쌓고 아마추어 레이서 자격을 얻어 귀국했다.

박희태는 우선 단독경주를 결심하고 1983년 7월 7일 KBS와 『일간 스포츠』의 후원으로 서울-동해안-남해안-서해안을 연결하는 전국일주 논스톱 최단시간 주파에 피아트132로 도전해 2000km를 28시간에 완주하는 데 성공했다. 비록 단독 레이스였지만 이것이 한국모터스포츠의 시작이었다.

여기서 자신을 얻은 박희태는 곧 '아리랑 모터스포츠클럽'을 조직해 동호인을 모집하는 등 활발하게 움직였다. 1984년 8월 아리랑 모터스포츠클럽은 '한국모터스포츠클럽'으로 이름을 바꾸고 『월간 자동차생활』, 현대자동차, 윤활유 메이커인 발보린의 후원을 받아 LA올림픽 승전 축하 겸 교통캠페인을 목적으로 정식 전국일주 레이스를 열었다.

레이스라기보다는 일종의 카퍼레이드로 6대가 참가하여 총 1560km를 이틀 동안 주파해 국민들에게 모터스포츠의 기운을 불어넣었다. 이후 아마추어 경기를 산발적으로 벌여오다가 1987년 드디어 경기다운 레이스가 처음으로 열려 한국 카레이스가 정식으로 출범했다. 이해 박희태가 대표로 있던 한국모터스포츠클럽 주최로 제1회 한국자동차경주대회가 강원도 진부령-용평 간 오프로드에서 열려 18대가 출전했다.

이를 선두로 카레이스는 점차적으로 퍼져나가 동호인들끼리 클럽 또는 팀을 조직하기 시작했으나 정식 서킷이 없어 인천 송도, 영종도, 또는 몽산포 같은 곳에서 오프로드 경기를 주로 N 그룹[양산형(量産型)승용차]급의 승용차로 하는 것이 전부였다. 팀은 계속 생겼지만 사회의 이해 부족으로 튼튼한 스폰서가 나타나지 않아 영세성을 벗어나자 못했다.

그동안 아마추어 경기방식을 벗어나지 못하던 국내 카레이스는 1989년부터 국제자동차연맹(FIA)의 규정을 조금씩 도입하였고, 1990년부터는 FIA의 한국지부인 한국자동차협회(KAA)가 경기를 통솔하고 주관하기 시작했다. 1995년 들어 레이스 주관단체인 KAA는 한국자동차경주협회(KARA)로 양분되었으며 KARA는 1996년 FIA로부터 정식으로 인정을 받아 국내 카레이스를 관장했다.

그동안 국내 모터스포츠는 재정, 기술, 시설, 인재, 사회와 정부의 관심 빈약 때문에 국제적으로 뚜렷한 진출을 못하고 있었지만, 한편으로는 자동차 메이커들이 1980년대 후반부터 꾸준히 국제적인 레이스에 도전하여 조금씩 두각을 나타내고 있다. 더디게나마 국내 모터스포츠는 꾸준한 발전을 했지만 1992년까지는 우물 안 개구리 신세였다. 그러다가 1993년 들어 한국 모터스포츠를 한층 도약시키는 경사가 생겼다. 그동안 카레이서들이 갈망하던 포장 서킷이 그것이었는데 경기도 용인에 일주거리 2.13km인 '에버랜드 스피드웨이'가 문을 열어 국내 모터스포츠계에 생기를 불어넣었다.

1995년, 1996년에는 쌍용의 무쏘가 세계 최고로 손꼽히는 지옥의 경주 파리-다카 랠리에 출전, 2년 연속 종합 8위라는 기록을 세워 국산

1993년 한국 최초 서킷인 용인 모터파크.

4륜구동차의 우수성을 세계에 과시했다. 같은 해 1995년에는 기아의 세피아가 세계랠리 챔피언십(WRC) 시리즈인 호주랠리에서, 1999년에는 현대의 티뷰론이 WRC의 유럽랠리에서 두 번이나 우승해 국산 승용차의 성능을 인정받았다.

1999년 11월에는 우리 모터스포츠 역사상 처음으로 국제급 레이스 포뮬러3(F3)의 연간 시리즈 중 마지막 경기를 경남 창원 서킷에서 열어 국제경기 진출의 교두보를 마련한 것을 시작으로, 국가적 염원인 세계 최고 권위의 포뮬러 원(F1) 그랑프리를 2010년 10월 3,047km의 국제 규격 서킷과 부대시설을 완공한 전남 영암에서 7년간 개최하는 개가를 올려 우리 모터스포츠도 본격적으로 국제 무대에 진출하게 됐다. 또한 현재 전국에 산재한 30여 개의 국내 레이싱팀이 기량을 발휘

파리-다카 랠리서 1995년, 1996년 연속 종합 8위의 성적을 기록한 쌍용자동차의 무쏘.

하여 국내 모터스포츠를 국제급으로 끌어올리는 데 성공했다.

자동차 폭증은 명절, 휴가 때마다 고속도로 정체현상을 빚으며 교통혼잡과 각종 교통사고 등의 문제를 안겨주고 있지만, 마이카의 증가에 따라 자동차는 이제 타는 것에서 즐기는 것으로 의미가 달라지고 있다. 바로 자가용 관광여행과 여름의 오토캠핑, 카레이싱과 같은 '자동차 레저 붐' 현상이다. 전국 유명한 명승고적지마다 대형 주차장이 생기고, 해변과 명승지에는 오토캠핑장이 등장하여 마이카 레저문화가 대중화 되고 있다.

현재 우리는 자동차 풍요의 시대를 맞이했다. 매년 160여 종의 각종 국산 자동차들을 300만 대 이상 생산해 내수시장과 수출시장을 공략하고 있으며, 1987년부터 외산차 수입도 허용하여 소비자들의 선택 폭을 더욱 넓혀주고 있다. 또한 좁은 국토에 비 산유국, 천정부지로 올라 가는 연료가격 등을 감안해 1991년부터는 경승용차까지 생산하기 시 작했다.

그런대로 순조롭게 발전하던 한국 자동차 산업은 1997년 말에 발생 한 IMF 외환위기에 한바탕 몸살을 치러야 했다. 산업, 경제, 사회의 전 반에 걸쳐 부실기업 정리, 인원 감축, 경비절감, 기업 합병 등의 일대 개혁이 일어났고, 국내 5대 재벌 간의 통폐합과 해외 매각이 진행됐 다. 자동차 산업도 예외가 아니어서 대우가 쌍용자동차를 흡수했고, 현대가 기아자동차를 흡수했으며 삼성자동차가 프랑스 르노자동차 에 매각되는 등 국내 자동차는 과거 7개 업체에서 3개 업체로 축소됐 다. 1999년 대우자동차 부도로 대우에 흡수됐다가 떨어져나간 쌍용자 동차는 그 후 중국에 매각 됐고, 남은 제2의 대우자동차 처리 문제는 진통을 겪다가 2002년 GM으로 넘어가면서 지루하게 끌어오던 자동 차 산업 구조조정은 일단락됐다.

본격적으로 자동차 산업이 출발했던 1962년부터 오늘날까지 한국 의 자동차는 그동안 여러 차례의 굴곡을 겪었지만 그것을 딛고 비약 적으로 발달하여 이제는 1가구 1대의 자동차생활 시대를 구가하고 있 다. 연간 300만 대 이상을 생산하며 내수 150만대, 수출 170만 대로, 현 재 생산에서는 세계 6위, 수출에서는 세계 5위를 기록하고 있다. 한국 자동차 산업은 1995년까지는 양(量) 위주였으나 이제는 질(質) 위주로 돌아서 고품질 자동차 생산국인 유럽이나 미국에서도 한국산 자동차 의 품질을 인정받아 세계시장을 점령해 나가고 있다.

무더기로 탄생하는 국산 자동차

1990년대는 기술도약에 힘입어 국산 고유모델들이 줄줄이 탄생했던 시기였다. 1991년 5월 대우자동차가 처음으로 에너지 절약형 800cc 엔진을 얹은 '티코'를 출시해 우리나라에 경차시대를 열었다. 일본 스즈키자동차의 경차인 알토를 베이스로 개발한 티코는 대형차를 선호하는 국민성 때문에 판매가 저조했으나 에너지 절약과 주차면적 절감, 저렴한 가격 등의 장점을 살려 국민차라는 콘셉트를 강조했다. 또한 정부의 경차 우대정책으로 1996년 복수 소유 허용, 등록세 인하, 면허세 할인, 공채 인하, 고속도로 통행료 50% 할인 등이 시행되어 수요가 꾸준히 늘기 시작했다.

1997년 들어 현대도 경차 '아토즈'를 출시하고, 대우는 1998년 4월 티코의 후속 모델인 '마티즈'를 내놓았다. 1999년에는 기아가 '비스토'를 내놓으면서 경차시장에서 삼파전을 벌였다. 특히 마티즈는 모든 것을 절약하는 IMF시기에 등장해 유럽형의 아담하고 산뜻한 스타일로 경차시장에서 베스트 셀링 카의 자리를 잡았다.

1991년 9월 현대 계열인 현대정공에서 지프형 4륜구동차인 '갤로퍼'를 내놓으면서 그동안 4륜구동차 시장을 독점하던 쌍용의 코란도에 도전했다. 갤로퍼는 출시되자마자 직선형의 깔끔한 왜건 스타일에 세계 최악의 랠리인 파리-다카랠리 4연승이라는 인기를 업고 판매에서 당장 코란도를 추월했다. 이어 1993년 7월에는 기아가 유선형이 볼륨감 있는 '스포티지'를 출시하고, 이후 아시아자동차가 1998년에 지프형 '레토나'를 출시하여 4륜구동차 시장에 불이 붙었다. 이에 따라 레포츠를 즐기는 젊은 수요층에 4륜구동차 선택의 폭이 넓어졌으며,

1995년 서울 모터쇼 전시장.

특히 스포티지는 미국에서 꾸준한 인기를 끌었다.

그간 독점해 오던 4륜구동차 시장을 갤로퍼에게 빼앗긴 쌍용은 1993년 벤츠엔진을 얹은 '무쏘'와 디자인을 완전히 바꾼 1997년생 소형 '뉴 코란도'를 데뷔시키며 치열한 경쟁을 벌였다. 다양한 국산 4륜구동차의 등장으로 1990년대의 자동차시장에는 'RV(Recreation Vehicle)'라는 새로운 장르가 생겼고, 여기에 가세한 모델이 세미 밴 타입의 1995년생 산타모(2wd), 1997년생 스타렉스(4wd, 2wd), 1998년부터 줄줄이 등장한 2wd인 기아의 카니발, 카스타, 카렌스, 현대의 트라제와 산타페 그리고 대우의 레조이다. 특히 1999년 들어 가격이 적당하고 다용도성에 7~11인승 패밀리카로서 경유·휘발유·LPG 연료를 쓸 수 있는 이들 세미 밴형 RV는 그동안 상용차 기준의 저렴한 세금을 내다가 2005년부터 승용차 기준 자동차세 인상을 앞두고 폭발적인 수요를 기록했다.

국산 정통 스포츠카 불모지대였던 국내시장에 92년 쌍용이 영국의 전통적인 세미 클래식 스포츠카를 국산화시킨 '칼리스타'를 젊은 수요층을 겨냥해 내놓았으나 실패작이 되어 2년 만에 생산을 끝내고 말았다. 고색이 창연한 클래식 스타일에 비싼 차 값이 문제였다. 스마트

한 첨단 스타일의 소형 스포츠카를 원하는 젊은이들의 진취성에 맞지 않았던 것이다.

이어 1996년 현대에서 고유 디자인의 '티뷰론' 을 내놓았고, 그보다 3개월 늦게 기아에서 영국의 2인승 신형 스포츠카를 국산화한 '엘란' 이 나왔으나 4인승의 티뷰론에 밀려 엘란 역시 실패작으로 끝났다. 이후 국내 스포츠카 시장은 티뷰론의 후속 모델인 '투스카니' 의 독무대였는데, 특히 레이싱카로 인기를 끌었다.

한국의 승용차시장은 1980년대에서 1990년대를 거치면서 진화에 진화를 거듭했다. 외산차 복사판인 구시대에서 고유한 디자인의 신세대로 탈바꿈했다. 특히 1990년대는 고유 모델 고갈을 면치 못하던 대우와 기아가 이 부분에서 힘차게 약동하던 시기였다. 각 사가 내놓은 고유 모델은 주로 소형과 중형들이 대부분이었고, 대형 고급차 고유 모델은 수요시장이 좁아 현대의 에쿠스와 쌍용의 체어맨, 기아의 오피러스 외에는 외제 고급차 조립 생산을 벗어나지 못했다.

소형급 고유 모델이 없던 기아가 1992년에 세피아를 시작으로 아벨라(94), 슈마(97), 리오(99)를, 현대는 엑셀의 후속모델인 액센트(94), 아반떼(97), 베르나(99)를, 대우가 라노스(96)와 누비라(97)를 각각 출시했다. 이들 중 액센트가 가장 많이 팔렸고 세피아는 국제랠리에서 두각을 나타내기도 했다. 준중형급으로는 기아가 현대에 통합된 후 2000년대에 들어와 스펙트라와 옵티마, 현대는 소나타 II (93)와 EF소나타(98)를 내놓았다. 그중 소나타는 버전을 업그레이드 해가며 꾸준히 출시하고 있으며 국내 준중형 시장에서 베스트 셀링 카로 자리를 지키고 있다. 중형급으로는 대우가 프린스(91), 레간자(97), 매그너스

(2000)를, 현대는 그랜저XG를, 삼성은 첫 작품으로 일본 닛산의 막시마를 베이스 모델로 개발한 SM5를 각각 출시했다.

대형 고급으로는 기아가 엔터프라이즈(97), 현대가 그랜저(92), 대우가 아카디아(94)를 내놓았지만 전부 일본제 복사판이었다. 1990년대에는 각 회사들이 고유모델을 쏟아내어 수요자들에게 선택의 폭을 크게 넓혀주었다. 이렇게 수많은 모델들을 소비하기 위해 자동차회사에서는 각양각색의 판매기법을 구사했으며, 이로 인해 수요자들은 평균 3년 반마다 모델을 바꾸어 중고차 시장에서는 '새 중고차 홍수'를 이루어 왔다.

자동차 이름 짓기 경쟁

체어맨, 오피러스, 에쿠스 등 자동차는 나면서부터 이름을 얻는다. 소비자들을 유혹하고 매력적으로 보여서 빨리 '정복' 당하기 위해서이다. 자동차는 지구촌 사람들이 얼마나 부르기 쉽고 귀품이 있고 제격에 맞느냐에 따라 판매수명이 좌우된다. 특히 우리 국산차는 지금 전 세계로 수출되기 때문에 국제적 유행 감각과 세계인들에게 쉽게 어필될 수 있고, 다른 차와 중복되지 않는 이름이라야 한다. 그래서 새 차 개발만큼이나 짓기 어려운 것이 차 이름이다.

세계 자동차 이름의 변화 과정은 대략 창업자와 유명인의 이름, 동물, 회사이름, 그리스 신화의 주인공 이름, 신선미를 가진 명사, 별, 합성어 등으로 변해왔다. 우리 국산차의 이름 변천 과정을 보면 대개 4세대로 나눌 수 있다.

제1세대는 1950~1960년대의 국산차 초창기로서, 국산 1호인 시발(始發)을 선두로 새나라, 신성호(新星號)등 한문과 우리말 이름을 사용했다. 1960년대 후반에 생산된 외제 조립형 국산차는 원산지의 이름 그대로 코로나(별), 코티나(지명), 피아트(사명)라고 불렀다.

제2세대는 1970~1980년대의 국산 고유모델 개발기로서, 포니(조랑말), 프라이드(자부심), 엑셀(우수한), 스텔라(별 같은), 로얄(왕실), 캐피탈(수도), 브리사(산들바람), 코란도(Korean-can-do)등의 일반적인 영어 이름이 유행했다.

제3세대는 1990~2000년대의 국산차가 세계로 도약하는 시대로서, 스쿠프(스포츠+쿠페), 세피아(스타일+경제성+성능+첨단기술+이상형+자동차), 엘란트라(불어의 정열+영어의 수송), 스포티지(스포츠+움직임) 등의 합성어 이름이 유행했다.

자동차 이름 짓기 경쟁.

제4세대는 2000년 이후 지금까지 IMF 외환위기로 인한 구조조정의 홍역을 겪어 내며 거듭난 국산차가 세계를 정복하는 시기로서, 감성적인 단어가 많고 뉘앙스가 부드러운 유럽의 라틴계 언어와 합성어 이름이 유행하고 있다. 스페인어로는 에스페로(희망하다), 아반떼(발전), 티뷰론(상어), 마티즈(느낌), 다마스(좋은 친구), 비스토(경쾌하게)등이다.

그 중에는 우리말 이름을 사용하여 국제화시킨 모델도 있다. 맵시를 한껏 뽐내라는 뜻을 가진 1980년대 대우의 맵시나, 우리말 무소를 더욱 튼튼하고 강인함을 나타내기 위해 지은 쌍용의 무쏘, 전 세계를 누빈다는 의미로 정한 대우의 누비라 등이다.

국산 최초의 고유모델 리무진인 쌍용의 체어맨도 국제적 VIP인 의장·회장·총수들이 타는 품격 높은 최고수준의 차라는 의미로 '회장'이라는 우리말을 국제화시키면서 부르기 쉬운 영어의 체어맨으로 정한 것이다.

쌍용은 체어맨을 개발했을 때 이 차의 높은 품격에 어울리는 국제적 이름을 정하기 위해 사내외로 공모를 했는데, 많은 응모작품들 중에 '체어맨'이 가장 적합해 경영진이 서슴없이 만장일치로 결정했다고 한다. 실제로 이 이름이 국내외 상류층 인사들로부터 한 점의 거부감 없이 받아들여져 체어맨은 더욱 주가를 올리고 있다. 얼마 전에는 영국의 엘리자베스 여왕이 내한하여 체어맨을 타고 안동을 방문해 체어맨의 주가를 더욱 높여주기도 했다.

이탈리아어로는 베르나(청춘+열정), 레조(산들바람), 레간자(우아함과 힘의 합성어), 쏘나타(음악의 악곡) 등이며, 라틴어로는 스텔라(별 같은, 우수한), 에쿠스(개선장군이란 뜻의 합성어), 매그너스, 라노스(즐거움과 우리의 합성어), 아벨라(갖고 싶은+그것의 합성어) 등이다.

세계의 유명한 지명을 따온 것도 있다. 대우의 르망은 프랑스 파리 서남쪽에 있는 도시로 세계 최고 권위의 그랑프리 F1 레이스의 발상지이며, 현재 세계 5대 자동차 경주중의 하나인 르망 24시간 내구력 경주가 열리는 곳이다. 기아의 오피러스는 '우리들의 여론을 위한 지도자' 라는 합성어이면서 '보석의 땅, 황금의 땅' 이라는 전설속의 땅 이름을 빌린 것이다. 현대의 산타페는 레저와 휴양지로 유명한 미국 뉴멕시코주의 인디언 마을 이름이다.

외국차, 특히 미국과 유럽의 자동차 이름 짓기는 우리처럼 화려하거나 복잡하지 않고 단순하다. 제일 많은 것이 창업자나 유명인의 이름을 이용한 것이다. 포드, 크라이슬러, 닷지, 뷰익, 올즈모빌, 시보레, 벤츠, 오펠, 포르쉐, 루노, 푸조, 시트로앵, 롤스로이스, 페라리, 람보르기니, 란치아, 알파로메오 등이 창업자의 이름이다. 또 링컨(미국 대통령), 캐딜락(디트로이트를 발견한 프랑스 장군), 마이바흐(명 기술자) 등은 유명인의 이름이다.

이들 자동차회사들은 길면 1세기 이상, 짧아도 반세기 이상의 역사를 가지고 창업자의 정신과 기업이념을 존중하기 위하여 생산 차의 이름을 일본이나 우리처럼 다양화하지 않고 있다. 등급별 브랜드 네임을 단순화시켜 전통을 잇는다는 방침에 따라 창업자의 이름을 그대로 쓰고 있는 것이다. 앞 머리글자를 조합한 이름도 있다. 토리노의 이탈리안 자동차회사라는 뜻의 피아트(FIAT), 독일 바이에른의 자동차회사라는 뜻을 가진 BMW, 스웨덴의 항공기와 자동차회사라는 뜻을 가진 사브(SAAB), 4개의 자동차회사 연합체라는 뜻의 아우디(AUDI) 등이다. 이외에 재규어(맹수), 머스탱(미국 당나귀), 파이어 버드(붐새), 폭스바겐의 비틀(딱정벌레), 선더버드(천둥 새), 지프(전설속의 만능 꼬마동물), 영미 합작 슈퍼 스포츠카인 셸비 코브라(독사), 닷지 바이퍼(독사) 등의 동물 이름도 즐겨 쓴다.

제 9 장

달려라, 한국 자동차

달라진 자동차 생활, 자동차 문화

우리나라는 석유 한 방울 나지 않는 완전 비산유국이다. 자동차 연료 100%를 석유에 의존하고 있는 국내 차량들이 증가할수록 그만큼 석유 수입액도 기하급수적으로 늘어난다. 1999년에는 석유 수입에 230억 달러를 지출했고 이 중 약 20%를 자동차가 먹어치웠다.

1991년 정부가 유류 판매가를 정부 고시제에서 주유소 자율화로 변경하면서 기름값이 제멋대로 춤추기도 했으며, 그해 9월 걸프전의 영향으로 국제유가가 올라가자 에너지 절약 방안으로 처음 10부제 운행을 6개월간 실시하다가 이후 유가가 안정되어 10부제 운행을 자율화했다. 1993년 1월에는 날로 심해지는 자동차 매연공해를 줄이기 위해 무연 휘발유 사용을 의무화했다. 매년 한두 번 오르던 휘발유 값이 1998년부터는 시도 때도 없이 월중 행사처럼 널뛰기를 시작했다. 1991년 말 휘발유 리터당 477원, 경유 179원 하던 것이 1995년에는 휘

자동차 연료비 폭등에 증가하는 셀프 주유.

발유 624원, 경유 225원으로 큰 변동이 없었으나 2004년 10월에는 휘발유 1400원, 경유 1000원으로 10년 만에 2.5배나 껑충 뛰어올랐다. 이후 2010년 초 휘발유는 리터당 1600원, 경유는 1500원으로 연료비는 계속 상승했다. 그래서 기름 값이 오르기 전날 밤은 주유소가 북새통을 이루고, 자동차 신규 구입자들은 휘발유차, 경유차, LPG차를 놓고 건너뛰기 하기에 정신이 없었다.

그동안 4륜구동 지프형 차는 전쟁 시 동원 차량이라는 명목 아래 저렴한 상용차 세금 부과와 경유 사용 등의 이유로 급증했지만, 1994년부터는 일반 승용차와 4륜구동 지프형 차의 세금이 동일해져 4륜구동 차의 매력이 다소 반감되었다. 게다가 1993년부터 디젤차는 매연공해의 주범으로 낙인 찍혀 고액의 환경개선 부담금이라는 세금까지 물게 했다.

2009년 12월 말 현재 운전 면허증을 가진 사람이 2600만 명, 자동차 총 보유 대수가 1732만 대로 자동차 1대당 면허소지자 평균 1.5명, 국민 2.9인당 자동차 1대 꼴인 셈이다. 앞으로 개인소득 상승과 면허소지자 증가세로 자동차 내수는 더욱 늘어날 전망이라 몇 년 안 가 자동차 보유 2000만 대 시대를 맞이하게 될 것이다. 문화인의 3대 조건은 외국어, 컴퓨터, 운전면허인 것은 벌써 오래된 이야기지만, 운전면허증은 이제 주민등록증을 대신하고 있을 만큼 대중화되었다.

1992년 운전면허 소지자 1000만 명을 돌파하면서 자동차 내수시장은 계속 확대되어 집보다 자가용이 먼저라는 풍조가 생겼고, 이어 국내 총 보유 대수도 500만 대를 돌파했다. 한편 바가지요금, 합승, 난폭운행, 불친절 등으로 사회에 물의를 일으켜오던 택시를 정화시키기 위해서 서울에 기본요금 3000원짜리 고급형 모범택시를 등장시켰고, 이로써 소비자들은 요금은 조금 더 비싸지만 안전하고 서비스가 친절한 택시를 탈 수 있게 되었다.

1990년대로 들어서면서 신차 결함으로 인한 피해와 리콜 조치가 적극적으로 이뤄져 국산차의 신뢰도를 높였다. 그동안 해당 메이커는 신차 결함에 대한 책임을 기피해 소비자들에게 피해를 주었는데, 1995년 현대자동차가 처음으로 엘란트라 9만 대를 공개적으로 회수하여 보수하면서 국내에서도 '리콜(Recall)제'가 자리 잡았다.

1997년에는 메이커의 출고 차 보증기간이 종래 1년/2만km이던 것을 차의 성능과 품질의 발전으로 2년/4만km로 연장하면서, 새 승용차의 배출가스 보증기간도 5년/8만km에서 10년/16만km로 바꾸었다. 정부에서는 이와 함께 1998년부터 자가용 차 최초 검사를 3년에서 4년으로 바꾸고, 4년 이후부터는 매 3년마다 검사를 받도록 해 수요자를 위한 각종 자동차 관련 제도 개선에 나섰다.

우리도 자동차 선진국으로 발돋움하기 위하여 국산차를 세계에 홍보하고, 세계의 첨단 차들을 국내로 끌어들여 정보와 기술을 교환하는 모터쇼가 필요했다. 따라서 1995년 제1회 모터쇼를 서울에서 처음

2006년 부산국제모터쇼.

개최한 이후 2년마다 서울모터쇼를 열기로 했으나, 1999년 제3회 모
터쇼의 경우 외국차 불참으로 집안 잔치라는 원성을 듣기도 했다.

　자동차 생활시대로 접어들면서 스피드를 즐기는 젊은 자동차 폭주
족들도 나타나 사회에 물의를 일으키기 시작했다. 이들은 야간에 일
반도로에서 현금이나 자동차를 걸고 위험천만한 도박성 자동차 경주
를 벌여 선량한 운전자들의 안전을 위협하는데, 서울의 경우 차량이
뜸한 새벽 2시경 자유로에서 통일동산 쪽으로 굉음을 내며 쾌속 질주
하는 게임이 자주 벌어졌다. 과속을 하기 때문에 자동차의 종류를 분
간하기도 어려울 뿐만 아니라 휴대용 스피드건에 찍힌 속도는 놀랍게
도 260km를 넘나들었다. 보통 두 대가 경주를 하기도 하지만, 때로는
10여 대의 자동차가 집단으로 경주를 벌이기도 한다.

　자동차 총알 경주족 K 씨에 따르면, 당초 총알 경주는 자동차 마니

아들이 서로의 개조 솜씨나 드라이빙 테크닉을 겨루는 '명예게임' 으로 시작했다. 그러나 언제부턴가 돈이나 차가 걸린 도박 경주로 변질되고 있다는 것이다. 총알 자동차를 만들기 위해 개조 비용으로 새 차 값의 3~4배에 달하는 돈을 쓰는 것은 이 세계에서는 이미 놀랄 일이 아니다. 한 투스카니 개조차는 출력이 650마력으로 개조 전 150마력에 비해 무려 4배 이상 강한 힘을 갖게 되었는데 여기에 장장 1억 원에 가까운 돈을 투자한 것으로 알려졌다. 총알경주는 서울 자유로 외에도 외곽순환도로나 각 고속도로를 비롯해 차량통행이 뜸한 국도 구간에서 토요일 밤과 일요일 새벽에 걸쳐 거의 전국적으로 벌어지고 있다. 이런 위험한 질주는 사고가 났다 하면 대형사고로 이어지기 때문에 경찰도 골치를 앓고 있다.

경기도 성남 남한산성길 등 커브가 많은 도로는 서스펜션의 성능과 드라이빙 테크닉을 겨루기에 알맞아 거의 시속 100km로 코너링을 하는 총알차를 만나면 일반 운전자들은 화들짝 놀라며 간담이 서늘해진다. 경찰도 속수무책이다. 순찰차로 총알 경주차를 쫓는 것은 초등학생과 대학생의 달리기 시합과도 같기 때문이다.

총알 경주차는 개조를 통해 경주차급으로 출력을 높인 국산차들이 대부분이지만 최근엔 포르쉐 911 카레라, BMW Z3 등 고가의 수입차들도 경주에 끼어든다. 대전에서는 수입차 운전자가 국산차에 섣불리 '차내기' 를 제의했다가 지는 바람에 꼼짝없이 차 열쇠를 넘겨준 적이 있다고 한다. 총알 경주족은 미국이나 일본에서도 똑같이 골칫거리로서 혈기 왕성하고 사회와 가정에 대한 불만이 크거나 자동차에 대한 관심이 많은 젊은이들이 대부분이라고 한다.

'외제차 피해 가기 신드롬'도 생겼다. 차를 운전하다 보면 운전경력 10년 이상의 베테랑들 중에는 끼어들기 명수들이 있다. 차량 간격이 아무리 좁아도 잘도 비집고 들어간다. 그런데 신기한 것은 이런 사람들일수록 다른 차량이 끼어드는 것은 결코 용납하지 못한다는 사실이다.

그런데 운전 중에 어떤 차도 감히 그 앞을 끼어들지 못하고, 순순히 끼어들기를 허용하게 되는 차가 있다. 바로 고가의 외제 승용차다. 길거리에서 외제차를 만나면 대부분 사람들은 공격적인 운전태도가 얌전해지며 안전거리 확보에 총력을 기울인다. 외제차 마니아라서가 아니라 극도의 피해의식 때문이다.

끼어들기 명수인 K 씨는 한번은 끼어들기를 하다가 추돌사고를 일으켰다고 한다. 피해차량은 1억 원이 넘는 외제 승용차로, 오른쪽 앞 범퍼부분만 살짝 들어간 정도여서 대수롭지 않게 여겼는데 500만 원대의 견적서를 받아보고는 기절초풍했다고 한다. 수입차가 늘어나면서 이와 비슷한 피해는 연일 꼬리를 물고 있다. 그래서 항간에는 외제차 피하기 3대 철칙까지 등장했는데, 바로 "외제차를 발견하면 무조건 100m이상 거리를 둔다. 외제차와는 결코 같은 차선을 달리지 않는다. 외제차가 끼어들면 무조건 양보한다"는 것이었다.

외제차가 급증하면서 국산차 운전자들 사이에 이처럼 '외제차 기피 신드롬'이 생긴 가장 큰 이유는 잘못해 충돌사고라도 나면 엄청난 배상 말고도 향후 보험금 납부에도 큰 불이익을 당하는 등 이중고를 치러야 하기 때문이다. 일단 외제 승용차와 사고를 낼 경우 보험사에서 지급되는 차량손실 관련 보험금이 국산차의 3배를 넘고, 가해차량 운전자는 국산차의 사고 때에 비해 보험료 할증률이 평균 10% 포인트나 더 높아진다.

이처럼 외제차 보험금이 국산차에 비해 훨씬 비싼 이유는 환율변동과 물류비용 등이 포함된 부품과 고가의 도장가격 때문으로 알려지고 있다. 그래서 "도로에서는 폭주족보다 더 무서운 게 외제차"라는 신종 유행어가 생겨날 정도였다.

'카파라치' 출현에 피해를 입는 운전자들도 생겨났다. 날로 급증하는 교통 위반자를 막기 위해 경찰은 2001년 3월부터 사진촬영고발 포상금제도를 시행했는데, 이후 운전자와 '카파라치'라 부르는 고발자 간에 웃지 못할 신경전도 펼쳐졌다. 사진 고발로 범칙금 통지서를 줄줄이 받은 운전자들의 조심성이 아주 높아져 고발 수가 줄어들자 고발꾼들은 포상금을 올리기 위해 경찰의 함정 단속에 버금가는 위장 적발도 불사했다.

운전자 또한 위반 적발 방법이 교묘해지거나 조금만 낌새가 이상하면 신호를 지키는 인내심을 발휘하여 야외의 한적한 교차로에서도 신호가 바뀌기를 기다리는 '나홀로' 차량들이 늘어났다. 도시의 한적한 주택가 도로 교차로에서도 사정은 마찬가지다. 한적한 도로에서 주변에 아무도 없다고 안심하는 것도 금물이다. '카파라치'들은 대부분 군사작전을 하듯 지형지물 등을 이용해 눈에 잘 띄지 않는 곳에 숨고는 고성능 카메라로 촬영하기 때문이다. 고발꾼들이 보유한 카메라는 100m이상 떨어진 곳에서도 고해상도 촬영이 가능한 고성능인 경우가 많아 대부분 눈에 잘 띄지 않는 곳에 숨어 있다.

일부 '전문 고발꾼'들은 아예 생활수단으로 삼아 돈벌이 위장단속에 나서기도 하는데, 대개 단독촬영에서 2인 1조로 기업식 팀을 조직하는 경우가 많다고 한다. 고발꾼들은 운전자들이 쉽게 위반하는 곳에 카메라 앵글을 고정시켜 숨겨놓은 뒤 자동으로 셔터를 누르는 방법을 사용한다. 특히 이들은 비오는 날 우산으로 카메라를 감추고 서로 이야기를 하는 척하거나 핸드폰 통화를 하는 시늉 등 운전자를 안심시키는 심리전을 펼치기도 한다. 교통법규 위반 시 고발자(일명 카파라치)에게 건당 2000원씩 지급하던 보상금 지급은 2년간 실시하다가 카파라치의 난무와 횡포 때문에 운전자들이 입는 피해가 늘어나자 2003년 1월부터 중단했다.

신종 직업으로 '대리운전' 도 생겼다. 대리운전은 술 마시는 사회가 만들어낸 신종 직업이다. 술은 마셔야 하지만 자동차도 포기할 수 없는 이들에게 대리운전은 구세주와도 같다. 경찰의 음주운전 단속이 엄격해지면서 대리운전에 대한 수요도 날로 늘고 있다. 대리운전이 법적으로 허용된 것은 2001년 초부터였는데, 너무 급격히 확산되어 손해보험협회 통계에 따르면 2001년 말 기준으로 서울에만 200여 개의 대리운전 업체가 성업 중인 것으로 나타났으며 그 수가 지속적으로 증가해가고 있다고 한다.

초창기엔 대리운전 차가 보험적용을 받을 수 없어 문제가 되기도 했으나, 요즘엔 보험에 드는 경우가 많아져 대리운전은 어느덧 주변에서 쉽게 접할 수 있는 친숙한 직업으로 자리 잡았다. 대리운전은 무직자 또는 투잡을 원하는 면허소지자의 인기직종으로 하루 10만 원 이상의 수익을 올린다는 소문 때문에 지원자들이 급증해 요즘에는 고용하는 업체도 까다로운 조건을 걸고 사람을 고용한다. 깔끔한 외모에 무난한 성격으로 나이는 30세 정도를 선호하고 있다. 대리운전 업체 관계자는 "한번 좋은 인상을 받은 고객이 단골로 계속 이용하는 편"이어서 "운전기사를 뽑을 땐 외모와 성품 등을 까다롭게 보는 편이다"고 채용기준을 밝혔다. 젊은 운전자들은 술 취한 손님들에 대한 대응이 세련되지 않아 잘 고용하지 않는다고 했다.

대리운전은 부업으로 하는 사람이 많다. 고정적으로 근무하는 직장이 있지만 부족한 생활비를 보충하기 위해서다. 업체 수가 많아지면서 경쟁도 뜨거워지고 있다. 사용자가 요구하는 서비스 수준을 유지하고 타 업체와의 차별성을 위해 보험가입은 물론 친절교육도 실시한다. 일부 업체는 호텔이나 일반 회사와 계약을 맺으며 대리운전을 활성화시키고 있다.

정장차림으로 대리운전을 하는가 하면 비즈니스를 도와주는 외국어에 능통한 대리운전자가 등장하기도 한다. 술에 취한 고객이 규정요금에 보태 팁을 듬뿍 얹어주는 일이 가끔 있어 즐거움을 주지만 업무 특성상 야간운전 때문에 위험이 높다는 약점도 있다는 것이다.

운전 중 휴대폰 사용금지도 법제화되었다. 무절제한 휴대전화 사용 습관이 교통사고 발생요인의 하나로 떠오르면서 모든 차량의 운전자들의 운전 중 휴대전화 사용을 금지하는 법이 2000년에 마련되었다. 물론 예외조항이 있다. 정부 규제개혁위원회가 마련한 도로교통법 개정안은 모든 자동차 운전자의 운전 중 휴대 전화 사용을 금지하되 신호대기나 교통체증으로 차가 멈춰 있는 경우, 구급차와 소방차 등 긴급차 운전자, 범죄 및 재해신고를 할 때, 핸즈프리나 스피커폰 등의 장치를 사용한 경우는 예외적으로 허용했다.

반세기 만에 개통된 남북 교통

2000년 6월 13일 김대중 대통령이 비행기를 타고 평양으로 직항해 분단 반세기 만에 남북 정상이 만났다. 두 정상이 만나 남북교류의 물꼬를 트자 그해 10월에 현대 그룹의 정주영 회장이 남한의 소 1000두와 국산 트럭, 고급 승용차를 이끌고 처음으로 북한에 들어갔다. 분단된 지 55년만의 일이었다. 이를 시작으로 남북 간의 교류가 활발해졌다. 바다를 통한 금강산관광이 시작됐고 남한의 카레이서들이 금강산에서 랠리를 열어 남북의 자동차들이 자유롭게 왕래할 날을 앞당겨주었다.

남과 북을 잇는 첫 자동차 경주인 '통일염원 금강산랠리'가 2000년 12월 27일에 열렸다. 해금강 만물상 등 금강산 주요 관광지역에서 치러진 이 경주는 남북화해 무드를 무르익게 했다. 행사기간 중 연인원 250여 명이 입북해 역대 대북사업 행사 가운데 최대 인원이 동원되는 기록을 남겼다. 주최 측은 통일염원 랠리를 앞으로도 계속 열 계획을 세우며 남북문화 교류의 구심점으로 자리매김하기를 원했으나 지금까지 지속되지 못하고 있다.

반세기 만에 버스가 휴전선을 넘어 화제가 되기도 했다. 강원도 고성을 떠난 관광버스가 동해선의 비포장 임시도로를 따라 군사분계선(MDL)에 다다른 것은 2003년 12월 5일 오후였다. 눈발이 흩날리는 가운데 육중하게 버티고 섰던 금강 통문(通門)의 3중 철책이 열리면서, 금강산 육로 관광 답사에 나선 우리 일행이 드디어 북한 땅에 들어섰다. 분단 반세기 동안 막혔던 남북 간 버스교통이 뚫리는 순간이었다. 이후 남한의 금강산 관광버스 행렬은 그 꼬리를 이었다.

2000년 김대중 대통령이 북한 방문 때 탔던 북한의 링컨 컨티넨탈 리무진.

자동차 도로만 소통하게 된 것이 아니다. 반세기만에 철길도 열렸다. 2007년 5월 17일 낮, 그토록 달리기를 염원했던 철마가 남북을 관통했다. 그날 남북의 경의·동해선 열차는 분단 이후 처음으로 오가며 끊어진 한반도의 허리를 다시 하나로 이었다. 남북 인사 150명을 태운 경의선 남측 디젤열차는 오전 11시 30분쯤 경기 파주시 문산역을 출발해 도라산역을 거쳐 낮 12시 18분쯤 군사분계선을 통과한 뒤 총 27.3km를 달려 오후 1시쯤 종착역인 개성역에 도착했다. 같은 날 역시 남북 인사 150명을 태우고 동해선 금강산역을 출발한 북측 기관차도 이날 낮 12시 21분쯤 군사분계선을 넘어 25.5km를 달려 낮 12시 30분쯤 환영 인파로 가득한 우리 측 강원도 제진역에 모습을 드러냈다.

반세기 전 남북의 열차가 마지막으로 군사분계선을 넘은 것은 경의선의 경우 1951년 6월 21일로서 서울—개성 간 운행이 중단된 이후 56

북한 개성으로 가는 남한 관광버스.

년 만이며 동해선은 1950년 이후 57년 만이다. 이날 남북철도 시험운
행에 탑승했던 남북 인사 300명은 열차 운행에 앞서 역사적인 순간의
감격을 "긴 기다림의 시간만큼 참으로 가슴 벅차고 감격스러운 순간",
"한반도의 심장이 다시 뛰는 것"이라고 표현했다. 북측 철도상도 "동
해선 열차는 제진역에서 멈춰 서지만, 머지않은 앞날에 삼천리 강토
를 내달리는 통일열차가 될 것"이라고 기대했다.

이날 문산역에는 주민 수백 명이 나와 한반도기를 흔들며 남북철도
시험운행을 한마음으로 축하했다. 동해선 시험운행에 참가한 북측 열
차 내연 602호는 남측 인사들의 환송을 받으며 오후 3시쯤 북측 인원
50명을 태우고 제진역을 떠나 북으로 되돌아갔다.

경의선 시험운행에 투입된 남측 새마을호 열차는 개성 자남산 여관
에서 오찬 행사를 마친 뒤 남측 탑승자 100명을 태우고 오후 2시 40분
개성역을 출발해 오후 3시 30분쯤 군사분계선을 넘어 문산역으로 귀
환했다. 이후 남북협력 산업단지인 개성공단의 물류수송과 관광을 목

2007년 동해선 남측 제진역에 도착한 북한 열차.

적으로 남한의 기차, 트럭, 버스가 수시로 왕래하기 시작했다.

그런가 하면 2000년에는 분단 이후 처음으로 북한 항공기가 서울에 오기도 했다. 2000년 6월 13일 김대중 대통령이 비행기로 직항로를 통해 평양의 순안공항에 도착한 이후 양측의 합의에 따라 이산가족 방문, 남북 정치·군사·경제회담·문화교류 등을 위한 인사들의 방문에 직항로를 이용하기로 했다.

그 첫 번째로 2000년 8월 15일 북한의 민항기인 고려항공의 특별기가 북측 이산가족 방문단 150명을 태우고 평양의 순안공항을 이륙해 1시간여 만에 직항로를 날아 김포공항에 내린 뒤 다시 남측 방문단 150명을 태우고 평양으로 갔다. 이로서 분단 후 최초로 서울-평양 간

2000년 8월 북측 여객기 처음으로 김포공항에 도착.

에 남북 직항로가 개통된 것이다.

직항로는 평양 순안공항에서 서해로 일직선 비행하다가 공해상에서 기수를 남으로 돌려내려 온 뒤 다시 인천공항으로 기수를 돌리는 'ㄷ'자형 직항로인데, 김대중 대통령이 처음으로 평양을 방문했던 코스이다. 이후 장관급회담, 예술인 방문, 부산아시안게임, 이산가족 방문 시에도 마찬가지였다. 이 김포-순안공항 직항로를 이용해 왕래했다.

2002년 7월 두 번째로 흥남 근방의 선덕공항을 출발, 강원도 양양 간 동해안 직항로가 개통 됐다. 이 항로는 대북 경수로 건설을 위한 인력과 물자를 수송하는 것이 목적이었다. 7월 20일 개설 첫날 북한의 고려항공 소속 JS-802편이 남쪽의 강원도 양양공항에 도착해 휴가를 마친 한국전력 관계자 등 남측 인사 8명을 태우고, 선덕공항으로 돌아가 양양-선덕 간 동해안 직항로의 첫 시험비행을 마쳤다.

자동차 생산 세계 5위와 IMF 외환 위기

1990년대의 한국 자동차는 기술도약과 일본의 엔고에 힘입어 수출 호황을 누렸다. 하지만 1997년 외환 고갈과 산업계 부실 경영이 드러나자 자동차를 비롯한 국내 모든 산업체들은 혹독한 구조조정이라는 수난을 겪어야 했다. 1980년대 말에 일어난 환율 하락, 국제유가 상승, 극심한 노사쟁의 등이 몰고 온 불황은 1990년대로 이어져 내수 부진으로 나타났고 각 메이커마다 재고가 누적되기 시작했다.

1992년 국내 총 보유 대수 500만 대를 넘어서면서 국내시장은 확장 속도가 느려졌는데 이러한 내수시장의 저속상태를 돌파하기 위해 메이커들은 1992년부터 본격적으로 해외 진출의 돌파구를 찾았다. 주로 동남아, 동유럽, 아프리카 등 개발도상국에 해외 생산공장들을 세우고 국내 잔여 물량들을 소비하는 한편 이를 토대로 수출을 강화시켰다. 이런 노력을 활성화시켜준 것이 바로 일본의 엔고였다. 1995년에 일어난 엔고는 국산차 수출이 한 단계 도약할 수 있는 계기를 마련해 주었다. 그 결과 1995년 자동차 생산 세계 5위와 수출 100만 대라는 기록을 올렸는데, 이는 33년이라는 짧은 자동차 산업의 역사를 가진 우리나라로서는 비약적인 발전이었다.

그러나 1997년 국내 총 보유 대수 1000만 대를 돌파했을 때 기아자동차의 부도로 시작된 '환란 태풍'은 IMF를 몰고 오며 성장속도를 1999년 초까지 제자리걸음으로 만들었다. 여기에는 환란이 직접적인 영향을 끼쳤지만 1000만 대 시점부터는 1가구 1차량 보유, 신구 모델의 교체로 수명이 길어져 내수시장이 포화단계에 접어들었다는 이유도 한몫했다.

곧이어 문어발식 재벌기업들의 부실기업 도려내기, 동종기업 통폐합, 기업 맞바꾸기, 외환 확보를 위한 기업의 해외 매각 등 산업 재편 태풍이 엄습했다. 그 중에서 가장 큰 수술을 받은 것이 자동차 산업이었다. 정부는 국내 자동차 산업을 대우와 현대 투톱으로 정리하기 위해 쌍용, 기아, 아시아자동차를 해외에 매각하고 삼성자동차를 대우가 인수하는 대신 삼성은 대우전자를 인수한다는 원칙을 세웠다. 그러나 상호 이해관계와 해외 원매자들의 이해 차이, 근로자들의 거센 반발 등으로 많은 시행착오를 겪어 뜻대로 이룰 수 없었다.

결국은 현대가 기아를 흡수하고 대우가 쌍용을 인수하여 우선 정리는 되었으나, 대우가 삼성자동차를 인수할 무렵 대우그룹의 부실경영이 크게 돌출되어 해체의 위기를 맞는 바람에 삼성자동차는 공중에 뜨고 말았다. 이후 2000년대 초에 와서 프랑스의 르노자동차가 삼성자동차를 인수하게 된다.

대우자동차는 2002년 밀고 당기는 지루한 협상 끝에 결국 미국 GM으로 넘어 갔고, 쌍용자동차는 2004년 후반 들어 중국의 상하이 자동차가 인수 협상을 벌였다.

소비절약, 기업 통폐합, 부실기업 정리, 기업 해외 매각, 외자유치, IMF 끌어들이기 등으로 국내 자동차업계는 1년여의 시련을 극복하고 1999년부터 다시 제자리로 돌아왔다. 서서히 자동차 내수시장도 회복되어 구조조정의 여파가 꼬리를 감추기 시작했다. 이런 와중에 자동차 수출은 국내 환란과는 역으로 꾸준한 신장세를 보여 2003년에는 역사 이래 최다인 170만대 수출을 기록했다. 자동차 생산도 1997년까지 세계 5위를 고수했다.

IMF는 한국 자동차 산업 40여 년의 역사 중에서 가장 엄청난 고난과 시련을 안겨 주었다. 국내 자동차 산업이 허약체질로 변하기 시작한 것은 1993년 삼성자동차가 새로 자동차업계에 뛰어들면서부터였다. 엄청난 설비투자와 생산규모 늘리기 경쟁으로 재고가 누적되었고, 이를 해결하기 위해 무이자 장기 판매와 재고 밀어내기 등의 방법을 동원해 수익성이 날로 악화되어 결국 은행 돈과 계열사의 지원 등으로 적자를 메우게 된 것이다. 이런 상황에서 당연히 부채는 눈덩이처럼 불어날 수밖에 없었다.

이렇게 질보다 양 중심의 경영으로 흘린 과도한 출혈 때문에 총 7개의 한국자동차메이커들이 해외 매각, 합병 등으로 이제는 현대-기아, 르노-삼성, GM대우 등 3개 메이커로 줄었고, 쌍용자동차는 2005년 중국의 상하이자동차에 흡수됐다가 2009년 자신들의 실속을 채운 상하이자동차가 약삭빠르게 철수해버려 나시 세기하기 위해 몸부림치고 있는 형편이다.

국내 최대 메이커인 현대는 긴축 경영과 제품 개발,

치욕의 IMF 시대.

적극적인 마케팅으로 살생부에서 제일 먼저 이름을 지웠다. 그리고 IMF의 발단이 됐던 기아를 발 빠르게 인수하여 소생시킨 결과 21세기 한국자동차 산업의 주역을 고수하면서 2004년 당시 세계 7위의 자동차회사로 급부상했다.

현대가 이렇게 뿌리를 단단히 내릴 수 있었던 이유 중의 하나는 정부의 구조조정에 따라 가장 빨리 그룹에서 떨어져 나와 독자적인 경영의 길을 선택했기 때문이다. 또 2000년 6월 지분의 10%를 다이믈러-크라이슬러에 내주면서 월드카 공동개발을 포함한 포괄적인 제휴를 추진하여 글로벌 기업으로 나가는 길을 택하기도 했다.

1998년 4월부터 시작된 기아자동차의 법정관리는 노사 간의 협력을 바탕으로, 피땀 흘려 노력한 결과 1년 10개월만인 2000년 1월 17일에 해제됐다. 기아자동차는 1998년 12월 초 현대자동차에 인수되면서 1년 만에 재무구조가 우량기업으로 회복되어 국내 법정관리 역사상 최단기간 내 해제라는 기록을 낳았다. IMF를 불러오는 데 결정적인 역할을 했던 기아가 법정관리에서 조기 졸업을 했다는 사실은 한국의 부실기업들이 노력만 하면 경영정상화 될 수 있다는 청신호였다. 기아의 회생은 1999년 연말결산에서 확실히 드러났다. 매출 8조 6000억 원에 1800억 원이라는 창사 이래 최고의 흑자를 기록한 것이다.

이로서 기아는 자본의 800%를 넘던 부채비율을 1년 만에 정부 기준 아래인 172%로 낮추는 기적을 만들어냈다. 기아가 이처럼 단기간에 정상화를 이룰 수 있었던 것은 아시아자동차 등 계열회사 5개 업체를 하나로 통합·축소하여 수익성을 높였고, 4조 8000억 원의 부채탕감 조치, 현대의 1조원 출자전환 등으로 금융 비용의 부담을 크게 줄일

수 있었기 때문이다. 게다가 유지비가 적은 LPG 미니밴인 카니발, 카스타, 카렌스의 히트에 따른 내수점유율 2위 확보와 연구개발 분야 통합, 현대차와 플랫폼 공용화 등으로 4조 5000억 이상의 시너지효과를 거둔 것 등을 전문가들은 그 이유로 꼽고 있다.

위기를 기회로 바꾼 자동차 강국

　　　　1999년부터 점차적인 경기 회복세에 힘입어 국내 자동차 산업도 소생되었다. IMF로 위축됐던 소비가 다시 살아나고 자동차 회사들의 피나는 자구책으로 국내 자동차업계의 연간 생산 대수는 2000년 말 사상 처음으로 300만 대를 돌파해 총 311만 대를 생산했다. 2001년 혹독했던 구조조정이 끝난 후 2003년에는 358만 대를 생산하여 수출만 183만 대라는 사상 최대 호황을 맞아 세계 자동차 수출국 5위권으로 비약했다.

　이렇게 내수와 수출이 호조를 보일 수 있었던 것은 필요 없는 것을 최대로 줄여 생산비용을 절약하고, 낭비성 시설과 부실업체들을 통합·축소해 생산성을 극대화했기 때문이다. 또한 여기에 한 가지 촉매제가 된 것은 미니밴 같은 실리적이고 경제적인 차량을 다양하게 개발하여 국제시장 추세에 맞춘 것이라 하겠다.

　우리 기업들이 구조조정이라는 어려움 속에서도 매날 평균 신 차종을 하나씩 내놓을 만큼 새로운 차종개발에 열을 올렸던 것은 소비자들의 다양한 입맛에 맞는 상품을 출시해서 매출을 늘리고 금융난국을 해결해보겠다는 노력의 일환이었다. 이렇게 나온 신형 모델들은 거의

가 시장에서 성공을 거두었다. 특히 환란의 빌미를 제공했던 기아자동차는 일찍 현대에 흡수되면서 IMF 와중에서도 카니발, 카스타, 카렌스 등 차별화시킨 미니 밴을 줄줄이 내놓아 과거의 '봉고 신화'를 재현하는 듯 착각할 정도였다. 이들 상품은 기아의 재무구조를 견고하게 만드는 데 효자노릇을 했다. 대우의 미니 밴인 레조와 현대의 도시형 4륜구동차인 산타페가 가세하여 2002년부터 이 땅에는 본격적인 미니 밴 시대가 시작되었다. 승용차 위주의 자동차 생활이 미니 밴과 레저자동차(RV)로 이동해 한국인의 자동차 생활은 한층 더 실리적으로 발달·변화하게 되었다.

1987년부터 용도별로 정부가 정한 순서 따라 수입차 개방이 허용되면서 유명하다는 미국 및 유럽 자동차들은 거의 다 수입되었다. IMF 전인 1996년에는 수입 자동차 판매량이 최대 1만대를 넘어섰으나, 이후 외환위기로 판매고가 급강하해 수입 자동차업체들이 고전을 면치 못했다. 1990년대 말까지 국내 자동차시장은 사실 수입 자동차에 대한 수요의 폭이 매우 좁은 고급차 경쟁구도였기 때문이다.

1990년대 초반에만 해도 수입차는 수요 폭이 넓은 서민차 시장을 침투하지 않았다. 외국 메이커나 수입업체들이 고가 차 투입에 매달렸던 이유 중의 하나는 수송비 부담이다. 국내 수입관세는 배기량 따라 다소 차이는 있지만 값싼 저 배기량이나 값비싼 고 배기량 차량이나 대당 수송비는 별 차이가 없었기 때문이었다.

그러나 그동안 개방에서 묶여있던 일본 차도 최근 수입이 전면 허용됨에 따라 유럽과 미국 자동차들이 신경을 곤두세우고 있다. 그 큰 이유가 수송비 부담인데, 이 부분에서 한국과 거리가 가까운 일본을 따라잡을 수 없기 때문이다.

2000년 들어 수입 업체들은 국내 소형차 시장도 침투하기 위해 소형부터 대형 고급차까지 모델을 다양화시키기 시작했다. 2004년 현재를 기준으로 뉴 비틀 같은 3000만 원대의 저가 차부터 벤츠의 마이바흐 같은 7억 원대에 달하는 최고급 고가 차까지, 세계적인 명 스포츠카인 페라리와 포르쉐, 4wd RV, 밴, 픽업트럭 등 다국적의 다양한 수입차들이 상륙하여 우리나라는 국제 자동차 전시장으로 변해 사진이나 잡지 속에서만 볼 수 있던 세계의 명차들을 앉아서 볼 수 있게 됐다.

2004년 현재 17개 수입차 업체가 미국, 영국, 독일, 프랑스, 이탈리아, 스웨덴, 일본 등 7개국으로부터 19개 브랜드 78개 모델을 완성차로 들여와 시판하고 있다. 1990년대 말까지는 국내 대행업체들이 수입하다가 점차 한국의 수입차 시장이 번성하자 2000년부터는 각국 메이커들이 직접 들어와 국내 딜러들을 밀어내고 있다. 그러나 아직까지는 돈 많은 부유층이 고객들이라 수입차는 사치품의 역할을 벗어나지 못하고 있다.

우리나라 기업들은 대개 보수주의적 폐쇄성이 강한 경영을 해왔다. 소비자를 위한 제품보다는 기업을 위한 제품이었다. 그래서 제품상의 메이커 측 결함을 숨겨와 소비자들을 골탕 먹였다. 자동차도 예외가 아니었다. 자동차는 단순 제품이 아닌 복잡한 기동성 제품이라 결함은 바로 생명의 위험과 직결된다.

1988년 서울 올림픽을 기점으로 세계의 경제, 문화, 사람 들과의 교류시대가 본격적으로 열리면서 선진 외국 기업들의 소비자를 위한 제품 도덕인 '리콜 철학'의 의미를 우리 소비자들도 알아가기 시작했

2003 서울 수입차 모터쇼.

다. 이런 소비자 보호에 눈을 뜬 국내 메이커들은 1990년대 중반 들어
리콜(Recall)제도를 적극적으로 실시했다.

리콜 서비스야말로 제품의 신용도를 높이면서 시장을 확대할 수 있
는 길임을 깨달은 것이다. 그 중에서 자동차 메이커들이 앞장을 서고
있는 것을 수요자들은 크게 환영하고 있다. 특히 국산 자동차를 미국
시장에 대거 수출하면서 느끼고 체험한 것이 바로 미국의 철저한 자
동차 리콜제도라는 것을 우리 메이커들이 피부로 경험한 것도 그 이
유라 할 수 있다.

리콜이란 상품의 결함으로 소비자들에게 피해가 생길 경우 제조업
체가 자발적으로, 또는 정부의 시정 명령에 따라 결함 상품을 수거하
여 교환해주거나 결함 부분을 수리해주는 법적 제도를 말한다. 각 자
동차회사들은 리콜을 많이 한다고 해서 손해가 커지는 것은 아니다.

자동차회사는 새 차를 생산하여 판매할 때 일정 기준의 리콜 비용을 아예 판매가에 포함시키기 때문에 제조업체들은 손해를 보지 않는다. 그래서 유럽이나 미국의 경우 리콜을 잘 해줄수록 그 회사의 신용도가 오히려 높아진다.

국산 자동차의 경우 리콜상에 나타난 중요한 불만은 부품의 결핍, 차체 소음, 진동, 시동이 잘 꺼짐 등이다. 국산차 리콜 빈도를 보면 1999년과 2000년에 가장 많이 발생했다. 각 차종별 리콜 대수는 적으면 2만 대 많으면 6만 대를 넘나들고 있다.

이런 차종들은 대개 IMF 이후에 나온 신차들인데, 결함이 많은 이유는 우선 구조조정에 따른 통폐합으로 종업원들의 심적 불안정이 커졌고 이 때문에 생긴 부품들의 품질 조잡성과 조립상 불성실, 그리고 타사와의 경쟁의식 때문에 신차를 조기 출고한 것이 큰 원인으로 분석됐다.

새로 나온 차들이 이렇게 연달아 리콜되자 현대자동차의 경우 정몽구 회장은 연구개발, 생산, 마케팅부문의 임직원들로부터 새 차에 제품상 결함이 발생할 경우 어떤 처분이라도 감수하겠다는 각서를 받고 양산을 시작한 후 전 차량에 대해 최장 2개월간의 정밀 검증을 거친 다음 시판하는 제도로 바꾸었다고 한다.

세계 최초의 양산 차 리콜은 미국에서 시작했다. 1960년대 초에 미국 GM이 개발한 최초의 리어엔진 소형차 콜베어(Corvair)는 차체의 결함과 불안정성 때문에 원성을 사고 있었다. 이에 소비자보호 운동의 투사였던 젊은 변호사 랄프 네더가 콜베어를 타깃으로 『어떤 속도에서도 안전하지 않은 자동차』라는 책을 출판하여 돌풍을 일으키자 미국의 빅3가 리콜에 눈을 뜨기 시작했다.

네더는 이를 계기로 자동차의 안전을 강조하는 대정부 로비를 벌인 결과 자동차 안전법이 통과되어 전국 도로교통 안전국이 설치되었고, 그 뒤 10년 동안에 50여 개의 안전 법규가 제정되었다.

1970년대 초에 미국의 포드는 경제형 소형차인 핀투(Pinto)의 78년형 모델을 생산해 첫 출시를 앞두고 연료탱크 결함을 발견했으나 약속한 출시를 지연시킬 수는 없었다. 따라서 시간과 비용이 많이 드는 리콜보다 발견하는 고객에게만 배상금을 지불하는 것이 이익이라는 판단아래 출시했다가 한꺼번에 결함이 들통나 양산 차 최초로 리콜을 했다. 이후 자동차가 전자화, 자동화, 편의화로 발전하면서 차의 메커니즘이 복잡해지자 미국은 물론 유럽 일본 등 선진 자동차 메이커들은 수시로 리콜 돌풍에 휘말리고 있다. 2010년 초 가장 큰 물의를 일으켰던 세계 최대의 자동차 메이커인 일본의 도요타를 예로 들 수 있다. 철저한 품질관리와 사후관리로 국제적 신임을 얻었던 도요타였지만 너무 자만한 나머지 얻은 결과였다.

대우자동차의 영욕에서 배우는 자동차 경영

구조조정 시작 이후 대우의 국제 매각은 난항을 겪었다. 최종 낙찰자로 무르익어가던 포드가 인수 실사 과정에서 대우의 정보만 빼가고, 2000년 9월 인수 포기를 발표하여 업계에 충격을 주었다. 거기다 노조의 구조조정 불응으로 2000년 11월 대우자동차는 최종 부도 처리되어 우리 국민에게 큰 충격을 안겨주었다. 포드가 인수에서 철수하자 포드와 동반했던 GM도 대우 인수에 미온적인 태도를 취하면서 알짜만 싸게 인수하려 벌이던 협상을 중단한 채 고자세를 취했다.

대우자동차는 1978년 정부의 권장으로 신진자동차의 후신인 새한자동차의 지분에 참여한 것을 시작으로 자동차제조에 뛰어들어 한국 제2의 메이커로 성장했다. 모체는 1950년대 미군 폐차로 재생자동차를 만들던 신진자동차가 도요타와 결별하면서, 1972년 새 파트너인 GM과 손잡고 설립한 신진자동차의 후신인 GM코리아였다. 그러나 1970년대 불어 닥친 석유파동의 불황과 판매 저조로 GM코리아는 1976년 부도가 나 산업은행 관리로 넘어 가면서 새한자동차로 사명을 바꾸었다. 그리고 1978년 자수성가의 신화를 창조해낸 대우그룹의 김우중 회장이 자의 반 타의 반으로 산업은행에 넘어간 새한자동차의 신진지분을 인수하여, 1983년 대우자동차주식회사로 상호를 바꾸었다.

그 당시 GM은 지분을 그대로 지속하여 대우와 파트너로 공동 경영을 했으나, 둘 사이의 관계는 상당히 껄끄러웠다. 대우는 GM과 합작품으로 월드카인 '르망'을 개발하기도 했으나 GM은 사사건건 간섭하며 자기 몫만 챙기기 바빴다. 결국 대우가 1992년 GM의 지분을 인수함으로써 20년간의 끈질긴 인연에 종지부를 찍고, 세계화를 위한 독자적인 길을 걸었다.

이후 김우중 회장은 마음대로 세계에 공장을 짓고 해외 업체를 인수하는 등 세계경영을 향해 힘차게 발진했으나 자금 사정이 갈수록 악화되었다. 은행 돈을 무한정 빌리기가 여의치 않자 해외 생산망을 통해 자금을 끌어들여 위기를 넘기려 했지만, 1998년 거세게 불어 닥

무모한 세계경영이 '침몰' 재촉

대우후-모험과 좌절의 역사

70년대 국내1위 車 업체서
오일쇼크맞아 '은행관리'로
GM 결별뒤 해외공략 불구
'차입경영'에 발목 그룹해체

몰락을 부른 대우그룹의 세계 경영.

친 환란으로 국가가 경제 위기에 몰리자 더 이상 대우는 자금조달을 할 수 없게 됐다. 김우중 회장은 정부의 구조조정을 이용하기로 하고, 쌍용자동차와 삼성자동차를 인수하는 대가로 정부에 지원을 요청하는 한편 한국시장의 매력을 떨쳐버리지 못하고 구조조정을 기회로 다시 접근하던 GM에 구원을 요청했다. 그런데 한창 협상을 진행 중이던 1998년 6월 GM의 북미공장에서 대규모의 파업이 일어나자 GM은 협상을 중단하고 철수해 버렸다. 대우는 극도의 자금압박을 견디지 못하고 계열사들과 함께 1999년 8월 워크아웃 선고를 받고 말았다.

한편 인수하려던 삼성자동차는 대우가 워크아웃되는 바람에 공중에 떴다가 다행히 르노자동차가 인수하였고, 조기에 인수한 쌍용자동차도 역시 대우의 워크아웃 때문에 사실상 독립경영 형태로 들어갔다. 이후 쌍용은 자체적인 구조조정과 적극적인 판매활동으로 2001년 최대 생산과 최대 판매 실적을 올리며 흑자를 기록, 경영환경이 좋아졌지만 정부의 방침대로 해외 분리 매각이라는 운명에서 벗어나지 못했다.

삼성자동차는 의외로 빨리 해결을 보았다. 일본의 닛산자동차를 인수한 프랑스의 르노자동차는 앞으로 아시아 진출에 유리한 교두보로

서 한국을 선택하고 구조조정을 이용해 삼성자동차를 인수하기 위한 협상을 벌였다. 결국 2001년 7월 6200억 원으로 삼성자동차를 인수, 르노삼성자동차로 새롭게 출범한다. 이로서 르노자동차는 구조조정에 따라 국내에 최초로 등장한 해외 업체가 됐다.

반면 대우자동차 매각은 GM과의 오랜 기간 동안 밀고 당기기 끝에 이루어졌다. 대우 채권단은 2002년 9월, 부채 8억 달러를 인수하는 조건으로 대우자동차를 12억 달러에 GM에게 매각하고 말았다. 그러나 여기에는 GM측에 유리한 여러 가지 복잡한 조건이 붙어 있었다. 우선 GM은 창원과 군산공장을 먼저 인수하고, 대우의 본거지인 부평공장은 향후 6년간 위탁생산을 하면서 적절한 시기에 완전 인수하기로 채권단과 합의한 것이다. 이로써 2002년 10월 파란만장했던 대우자동차는 'GM대우자동차' 로 새 출발 했다.

한국 자동차의 과거와 현재, 그리고 미래

1960년대 초 우리나라 현대식 자동차 산업의 선두였던 '새나라' 승용차를 시작으로 선진국 자동차들을 분해해 들여와 조립하면서 제조와 생산기술을 발 빠르게 습득한 한국 자동차는 미국, 유럽, 일본 등 자동차 선진국들이 1세기 만에 이룩한 기록을 반세기라는 단기긴 민에 달성하고 생산과 판매에서 세계 7위권 안으로 올라섰다.

지금 '메이드 인 코리아' 자동차가 세계 최대의 자동차 시장인 미국을 비롯하여 유럽, 아시아, 개발도상국들을 활기차게 점령해 가며 한국산 자동차의 위상을 높이고 있다. 특히 2007년은 한국산 자동차

자동차 수출 세계 3강 돌입.

가 최고 호황을 기록한 해였다. 1990년대 후반 외환위기로 혹독한 구조조정의 진통을 겪은 이후 내수와 수출을 합하여 최다 판매량인 520만 대 매출을 올렸기 때문이다.

국내 판매 120만 대와 수출 402만 대를 포함한 총 520만 대의 판매는 국산차의 세계적 인기를 실감하게 했다. 미국의 세계적 자동차 평가 전문회사인 제이 디 파워(J. D. Power) 등 국제적인 권위를 가진 자동차 전문기관과 자동차 전문지, 경쟁업체들이 한국산 자동차를 세계 자동차업계의 '태풍의 눈'으로 보는 데는 나름의 이유가 있다. 한국 자동차기업들은 IMF 외환위기와 혹독한 구조조정을 이겨냈고 세계 자동차 산업을 좌지우지하던 미국의 빅3인 GM, 포드, 크라이슬러가 부진할 때 북미와 유럽, 중국 등에서 폭발적인 판매 성장을 보여 주었기 때문이다.

이 같은 국산차의 초고속 해외 신장은 해외 생산기지의 확대와 적극적인 현지 밀착식 판매 마케팅 그리고 품질향상, 미래 지향적 디자인과 적당한 가격이 큰 역할을 했다. 현재 국산차의 해외 생산기지인 슬로바키아, 터키, 인도, 중국, 미국 등지에서 연간 180만 대 이상을 생산하여 현지에서 판매하거나 인근 국가로 수출하면서 한국산 자동차의 판도를 무섭게 넓히고 있다.

최초의 국산 태양열 자동차 '해돌이' : 한국 자동차는 현재 석유 자동차 생산에만 집착하는 것이 아니다. 1990년대 초부터 지구촌의 급박한 과제인 무공해 대체에너지 자동차 개발에도 온 정열을 쏟고 있다. 한국 최초의 솔라카(Solar Car)는 1992년 건국대학교 항공우주공학과와 전기공학과, 그리고 KUL비행기제작소가 공동으로 만들어 낸 '해돌이'였다. 태양 전기를 이용해 전기모터로 달리는 솔라 카는 태양이라는 무한한 에너지를 연료로 사용하면서 배기가스가 전혀 나오지 않는 친환경 차이다. 그러나 태양빛이 있는 맑은 낮에만 동력을 얻을 수 있다는 것이 단점인데, 이는 축전 능력을 향상시킨 고성능 배터리를 개발해 낸다면 조만간에 해결될 전망이다.

'해돌이'는 차의 무게를 줄이기 위해 항공기용 신소재인 케블라 섬유, 탄소섬유, 유리섬유, 알루미늄 등 복합재료로 차체를 만들었다. 차 무게 190kg에 2인승으로 태양전지판을 통해 만든 전기를 충전할 수 있는 배터리 3개를 직렬로 연결해 얻은 10마력의 힘으로 최고 시속 42km에 1회 충전으로 120km까지 달릴 수 있었다.

1993년 한 중소기업 연구팀과 홍익대 기계공학과 교수·학생 팀이 10개월간 공동연구 끝에 개발한 태양열 자동차는 1992년 건

최초 국산 솔라카 해돌이.

국대에서 개발한 '해돋이'에 이은 두 번째 작품이다. 약 1200만 원의 제작비가 투입되어 탄생한 한빛 1호와 2호는 국제 태양전기차 랠리에 참가할 한빛 3호를 위한 시험 제작품으로 실제로 운행할 수 있는 태양전기자동차라는 평가를 받았다.

한빛 1호는 전장×전폭×전고가 180×62× 102mm로 1인승이며 태양전지판 2세트를 장착하여 저장된 태양에너지로 시속 10km로 약 3시간 주행이 가능했다. 또, 한빛 2호는 전기자동전환장치, 자동점검 시스템, 유압브레이크 등이 장착되어 있는 2인승 태양전기자동차로 최고 시속 25km의 속도를 내며 4시간 이상 주행할 수 있었다.

공기를 먹고 달리는 자동차: 공기 자동차 PHEV(Pneumatic Hybrid Electric Vehicle)가 2000년대 초 우리나라와 룩셈부르크에 나타났다. 2001년 우리나라의 한 집념의 발명가가 24년간의 연구 끝에 탄생시킨 공압식(空壓式) 엔진은 100파운드의 강한 압축공기로 피스톤을 왕복 운동시켜 달리게 하는 그야말로 기상천외한 창작품이었다. 실용화가 가능한 상품으로 완성하기 위해 계속 보완 수정 중이었던 이 엔진의 핵심 부품은 공기 압축기인 컴프레서와 전기 배터리였다.

배터리의 전기로 컴프레서를 작동시키면 외부 공기를 흡입하여 압축한 다음 공기탱크에 저장한다. 저장된 공기는 파이프를 타고 엔진 속 실린더로 들어가 피스톤을 왕복 운동시켜 나온 동력으로 차를 가게 한다. 분당 최고 5500회전하는 공기 엔진으로, 최고 시속 140km까지 달릴 수 있었다. 또, 이 공기엔진은 열을 거의 만들어내지 않아 이론상으로 고강도 플라스틱으로도 엔진을 만들 수 있으며, 점화와 냉

2001년 국산 공기차.

각장치가 필요 없어 반영구적이라는 것이 발명가 조철승 씨의 설명이
었다. 실제로 지난 2001년 7월 서울에서 시험운전 행사를 벌여 큰 기
대를 갖게 했다.

　　천연가스 버스(Natural Gas Bus): 천연가스 자동차는 1930년대에 이
탈리아에서 처음으로 실용화시켰다. 우리나라에는 1998년부터 시내
버스를 천연가스 엔진으로 바꾸어 왔는데, 서울의 경우 2009년 현제
선제 시내버스 7800대의 70%정도기 액회천연가스(LNG) 버스 또는 암
축천연가스(CNG) 버스로 바뀌었다.
　　천연가스의 장점은 무엇보다도 매연이 적은 에너지라는 것과 석유
매장량이 따라올 수 없을 만큼 땅속에 무진장 묻혀 있다는 점이다. 80

2001년 현대자동차의 천연가스 버스.

년대부터 각국에서 본격적으로 개발하기 시작한 천연가스 자동차는 연료의 저장방식에 따라 3종류로 나눈다.

천연가스를 기체상태에서 고압(200기압)으로 탱크에 저장하는 압축천연가스(Compressed Natural Gas), 천연가스를 액체(-162℃)로 저온 용기에 저장하는 액화천연가스(Liquid Natural Gas), 천연가스를 가스탱크 내의 흡착제에 흡입시켜 저장하는 흡착천연가스(Absorption Natural Gas)가 있으나 현재 우리나라 대도시에서 운행되고 있는 시내버스는 압축천연가스(CNG) 차이다.

CNG차는 가솔린차에 비해서 유해물질인 탄산화물(CO_2)을 30% 정도 줄이는 외에 질소산화물(NOx)을 대폭 억제하며 매연이 거의 배출되지 않는다. 단점으로는 가솔린이나 경유에 비해 연료저장 용적률이 낮기 때문에 운행거리가 짧고 가스탱크가 휘발유나 경유탱크보다 무거워 차량중량이 증가한다는 단점이 있다. 이 때문에 우리나라에서는 출력이 강하고 공간이 충분한 버스에 우선 적용하고 있다.

우리나라는 저공해 석유연료자동차 중 기술적으로 가장 쉬운 천연가스 버스를 1992년부터 개발해 지난 2000년에 본격적으로 보급하기 시작하여 2006년 7월말 약 1만 543대가 보급되었다. 현재 우리나라의 천연가스 차량 보급 수준은 세계 5위(2006년 환경부 발표)수준이다. 환경부에서는 도심을 하루 종일 왕복 운행하는 시내버스를 매연 감소형 천연가스 버스로 교체하여 대도시 대기환경을 개선하고 있다.

특히 천연가스는 액화 석유가스와는 달리 천연적으로 직접 채취한 상태에서 바로 사용할 수 있는 화석연료로서 연소 시 공해물질이 거의 발생하지 않는 무공해 청정연료로 주목을 받고 있다. 뿐만 아니라 불꽃조절이 쉽고 완전연소와 열효율이 다른 에너지에 비해 높아 매우 경제적이다.

이런 이유로 지난 1990년대 초부터 미국과 일본 등 선진국에서는 천연가스 자동차 보급에 주력하고 있으며, 일본은 2010년까지 천연가스 자동차 100만 대 보급 계획을 추진했다. 환경부는 앞으로 2010년까지 전국 시내버스 2만 3000대를 천연가스버스(CNG)로 바꿀 예정이다. 이에 따라 서울시는 2010년 말까지 모든 시내버스를 미세먼지 배출이 전혀 없는 친환경 천연가스 버스로 교체할 계획을 추진하고 있으며 각 지방 시, 도에서도 천연가스버스로 바꾸고 있다.

최초의 국산 전기자동차는 기아 베스타: 1986년 아시안게임과 1988년 서울올림픽 때 마라톤 경기 TV 중계용으로 쓸 전기자동차를 기아자동차가 1986년 국내 최초로 제작했다. 베스타를 이용해 만든 이 전기차는 1회 충전으로 114km까지 달릴 수 있었으며 최고 속도는 72km/h, 등판능력은 0.21, 정지 상태에서 40km/h까지 걸리는 가속 시간은 8초였다. 베스타 전기차는 비록 시판용으로 개발된 것은 아니었으나 마라톤 경기 진행 시 차량의 뒤를 따르는 선수들에게 배기가스나 소음이 없는 쾌적한 조건을 제공해 주기 위한 목적으로 개발했다.

한국 최초의 전기 승용차는 경남 창원에 있던 한국전기의 연구기관인 한국전기연구소가 개발했다. 연구소가 야간에 남아도는 전력을 이용한 전기자동차를 연구하기 시작한 것은 1987년부터였다. 그로부터 3년의 연구 시험 결과 1990년 최초의 전기 승용차를 만들어냈다. 미국 솔랙스사로부터 사들인 왜건형 4인승 전기차 EV 코트의 전지와 직류 모터, 트랜지스터식 속도조절 장치 등을 이용해 만든 이 최초의 전기 승용차는 8시간 1회 충전으로 최고 시속 80km까지 운행할 수 있으며, 정속주행 때는 시속 60km까지 달릴 수 있었다. 엔진룸과 트렁크에는 모두 18개의 납산 배터리가 장착되어 있었는데, 30kg짜리 납축전지 1개에 축전할 수 있는 전기는 시간당 15kw로 약했기 때문에 많은 배터리가 필요했던 것이다.

1992년 현대 전기차.

1992년에는 현대자동차가 쏘나타를 기본 모델로 1990년 1월에 착수하여 1년 11개월에 걸친 연구 끝에 개발한 쏘나타 전기자동차가 등장했다. 기존 쏘나타의 수동변속기를 이용한 전기자동차로 미국 오브닉 배터리사와 공동으로 개발한 배터리를 사용했다. 48V, 7.5KW의 직류 모터를 사용했으며 배터리는 6V, 220AH짜리 납축전지 16개를 탑재했다. 최고 시속은 60km로 1회 충전으로 70km를 주행할 수 있는 성능에 4명이 탈 수 있고 차 무게는 1613kg이었다.

다음 세대 자동차로 자리를 굳히는 무공해 전기차 바람 : 2010년 현재 국내 자동차 메이커들이 하이브리드카에 주력하고 있는 동안 중견기업들은 전기차에 올인하고 있다. 국산 전기차는 일정한 공간에서 사용하는 차량이 대부분이지만 일부업체는 수출도 하고 있다. 청와대는 2009년 7월부터 국산 전기차 3대를 도입해 영내에서 운행하고 있다. 한편 2010년 3월 발의한 '자동차관련법 개정법률안' 이 정기국회에서 통과되었는데 저속(시속 60km 이하) 전기차도 도로에서 운행할 수 있게 되어 전기차 보급에 도움이 될 전망이다.

현재 가장 활발하게 생산하고 있는 국내 전기차 업체는 CT&T이다 이 회사는 10여 종의 도시용 전기차를 생산하고 있다. 대표 모델인 '이존(E-Zone)' 은 저속형 근거리 전기차로서 3~4시간이 걸리는 1회 충전으로 최고 시속 60km에 주행거리 110km까지 달릴 수 있다고 한다.

벤처기업인 에이디텍스가 생산하는 전기차 오로라(Aurora)는 2009년 5월부터 판매를 시작했다. 2인승 세단과 픽업 두 모델로서 폭 1.5m, 길이 3.1m, 높이 1.5m인 소형차다. 최고 시속이 60km인 오로라는 주로 골프장이나 리조트, 학교 등에서 구내용으로 사용하고 있다.

2009년 5월에 결성된 전기자동차 산업협회가 재추진 중인 전기차 'KEV-I' 도 유망주이다. 정부지원으로 고등기술연구원이 1992년부터 2000년대 초까지 추진했다가 보류한 'KEV-I' 을 협회가 다시 실용화하기 위해 추진하고 있다. 이르면 2010년도 말에는 양산할 예정이다. 최대 시속 130km로 출시만 된다면 속도제한 없이 일반도로에서도 운행 가능한 전기차가 될 것으로 보인다.

서울에 나타날 전기버스: 서울시는 2010년부터 CNG 버스 15대를 전기 버스로 바꾸어 운행할 계획이다. 땅콩 모양의 디자인을 한 전기 버스의 엔진은 최고 출력이 322마력이다. 출력이 약 290마력인 기존 시내버스보다 힘이 더 세다. 한 번 충전으로 110km까지 달릴 수 있고, 내리막을 주행할 때는 배터리 용량의 70%까지 재충전하는 시스템을 갖추고 있다. 급속 전기 충전소는 서울타워 정류장과 강남, 여의도 순환 노선 종점에 설치되며 10~20분이면 충전된다.

현대중공업이 전기모터와 급속 충전시설을 개발했고, 차체는 한국화이바에서 제작했다. 차체는 철재보다 가벼우면서 1.5배 정도 더 단단한 강화 플라스틱을 사용해 버스 무게를 기존 시내버스 무게의 80% 수준으로 낮췄다. 정원은 50명으로 크기는 기존 시내버스와 비슷하다. 서울시는 이들 업체에 연구개발 비용을 지원하고 앞으로 2011년까지 모두 80여 대의 전기 버스를 구입하기로 약속했다. 2010년 말까지 보급할 38대는 4억 5000만 원, 2011년에는 4억 2500만 원에 40태를 구입하기로 계약을 체결했다고 한다.

전기자동차 시대를 앞당기는 한국의 첨단 배터리 기술 : 하이브리드카나 전기자동차, 수소연료전지차, 태양전기차등 전기로 달리는 자동차들은 배터리가 생명이다. 지하철이나, 전철, 노면전차 등 일정한 철로를 달리는 철로 전기차량들은 공중에 설치된 전선으로부터 전기를 직접 공급받지만 제 마음대로 아무 곳이나 달리는 자동차는 그럴 수 없다. 그래서 엔진인 전기모터에 전기를 공급하는 축전지, 즉 배터리가 절대 필요하다. 그런데 자동차 관련 부속품 중에 배터리의 발달이 가장 늦다. 지금의 석유 자동차를 능가할 수 있는 가장 이상적인 배터리는 어른 주먹만한 크기에 3분 미만의 빠른 충전으로 최고 시속 150km 이상, 최장주행거리 600km이상을 달릴 수 있는 배터리다. 이러한 첨단 배터리를 향하여 근접하고 있는 첨단 축전지가 리튬이온과 리튬폴리머 배터리이다.

2009년 한국의 LG화학이 GM의 시판용 전기차인 시보레 볼트에 리튬이온 배터리의 공급계약을 맺었다. 세계 최대의 자동차업체인 GM이 2009년 북미 국제 모터쇼에 선 보인 전기자동차 '시보레 볼트'는 보급형 양산 전기자동차이다. 전기자동차는 배터리만으로 구동하기 때문에 석유에너지를 완전히 탈피하는 무공해 무한정 에너지의 미래형 자동차라 할 수 있다. GM은 이 차에 사활을 걸고 있다.

그동안 한국은 미래형 자동차 배터리 부문에서는 일본에 뒤쳐졌었다. 현재 시장에 나오고 있는 하이브리드카용 배터리 대부분은 '니켈 수소 배터리'로서 1990년대 초부터 일본 파나소닉과 도요타의 '파나소닉 EV에너지', 닛산과 NEC의 'AESC', 산요 등 일본 기업들이 선점했다.

LG화학은 일본을 제치기 위해서 리튬이온 배터리로 눈을 돌렸다. 가격은 니켈수소 배터리보다 비싸지만 50%이상의 에너지 증강과 가볍고 안정성이 높다는 점에 착안했다. 우선 LG화학은 1999년 전자제품에 많이 쓰이는 소형 리튬 배터리 양산에 착수한 데 이어 2000년 전기자동차용 중대형 리튬이온 배터리 개발에 본격적으로 착수했다.

그 결과 LG화학은 노키아, 모토로라, 휴렛패커드, 델 등 글로벌 업체에 배터리를 공급할 정도로 품질과 성능을 인정받았다. 이를 바탕으로 2007년 GM사의 전기 승용차인 '시보레 볼트' 용 배터리 입찰에 참여했고 일본 히타치 등 14개 글로벌 기업과 1년간의 경쟁 끝에 배터리 공급업체로 최종 선정됐다.

석유 매장의 한계성과 매연공해, 고유가 등으로 시장이 커진 전기자동차와 하이브리드카, 연료전지차 등 미래형 자동차용 배터리 시장 규모는 2008년 7000억 원 규모에서 2012년에는 3조 2000억 원 수준으로 연평균 47%가량의 폭발적 성장세를 이어갈 것으로 예상되는 가운데 현대·기아자동차가 2009년 7월부터 최초로 시판하고 있는 하이브리드카에도 리튬이온 배터리를 공급하고 있다. LG화학에 이어 삼성 SDI와 SK에너지도 리튬이온 배터리시장을 바짝 쫓고 있다. 지금은 리튬이온을 바탕으로 충전 시간은 줄이고 충전량은 좀더 늘린 리튬폴리머까지 발전하고 있다.

최초의 국산 수소자동차 성균1호: 우리나라 최초의 수소자동차는 성균관대학교 내연기관 연구팀이 개발해 93년 6월 선보인 '성균1호' 로

서 아시아자동차의 타우너 밴을 기초로 만들었다. 성균1호는 타우너 의 800cc 3기통 엔진을 개조해 실린더 내에 수소를 직접 분사하는 방 식으로, 분사밸브는 개발팀이 독자적으로 개발한 볼 밸브 유압구동방 식을 적용했다. 연료는 고압수소탱크 4개를 차의 뒷부분에 얹었다. 성균관 대학교 기계공학과 이종태 교수와 대학원 및 학부생 등 10여 명으로 조직된 내연기관연구실 팀이 수소자동차 연구에 들어간 것은 1987년이었다. 이후 기술 개발과 시행착오를 거치며 7년 만에 한국 최 초의 수소자동차 시험제품을 완성했다.

최초의 국산 수소연료전지 자동차: 현대자동차는 대체에너지 자동차 로 연구 개발해 오던 축전지형 전기자동차가 무거운 배터리 때문에

최초의 국산 수소자동차 성균 1호.

실용가치가 희박한 것을 알고 1999년 수소연료전지 쪽으로 방향을 바꾸어 6개월 동안 165억 원을 들여 한국 최초로 수소연료전지 자동차를 개발해 미국 캘리포니아에서 열린 국제 전시회에 선을 보였다.

미국의 연료전지회사인 IFC사와 공동 개발한 '산타페' 수소연료전지 자동차는 한 번의 수소 충전으로 160km를 달리며 최고 시속은 124km였다. 수소연료전지란 전기를 저장하는 배터리가 필요없이 수소연료를 사용하여 전기를 직접 생산하는 소형 발전소이다. 따라서 수소연료전지 자동차란 달리는 발전소를 뜻한다. 그러나 무공해 무한정의 에너지 자원이라는 묘미는 가지고 있지만 전기를 만드는 수소의 저장과 보급 등의 지원 인프라가 복잡하고 투자비용이 기하급수적으로 불어나 아직 실용화 단계에 이르지 못하고 답보 상태에 머무르고 있다.

최초의 국산 수소연료전지 하이브리드카: 수소를 연료로 사용하는 연료전지 자동차가 순수 국내 기술로는 2004년에 처음으로 개발됐다. 한국에너지기술연구원 수소연료전지연구팀은 독자적으로 수소연료전지 시스템을 제작해 골프장에서 사용하는 5인승 전기자동차에 탑재하는 데 성공했다. 국내 자동차업계에서도 연구가 한창인 연료전지 자동차는 천연가스나 석유, 물, 등에서 추출한 수소를 공기 중의 산소와 반응시켜 동력원인 전기를 얻어 달리는 차로서, 물 이외에 다른 유해 배기가스가 없는 무공해 자동차이다.

연구팀은 "이번에 개발한 연료전지 자동차는 연료전지와 기존의 전기자동차용 축전지를 동시에 사용하는 전지 하이브리드 자동차이

현대자동차의 수소연료전지차 산타페.

며 기존 전기자동차에 비해 주행거리와 충전시간을 200% 이상 향상
시켰고, 연료전지 자동차용 1회 충전 수소량 33*l*로 210km까지 주행
할 수 있다"라고 설명했다.

국내 첫 수소연료전지 버스: 현대자동차가 처음으로, 세계에서는 벤
츠와 도요타에 이어 세 번째로 개발된 수소연료전지 버스가 2006년
11월 정부과천청사 앞 광장에서 첫선을 보였다. 겉모습은 물론 시동
을 걸 때 나는 엔진소리나 승차감 등이 일반 버스와 다르지 않은 수소
연료전지 버스는 행사에 초청된 인사들과 청사 직원들을 태우고 시승
회를 가졌다.

이 버스는 현대차와 기아차가 공동 제작한 국산 수소연료전지를 탑
재했다. 수소연료전지 버스는 수소를 태워 물로 만드는 과정에서 발
생하는 전기를 동력으로 사용한다. 1회 충전 수소량 40kg으로 300km

이상을 달릴 수 있어 현재 운행하고 있는 디젤엔진 버스보다 에너지 이용 효율이 배 이상 높다는 것이다. 다만 내구성이 아직 떨어지고, 영하 20도 이하에서는 시동이 잘 걸리지 않는다는 점과 대당 가격이 30억 원으로 1억~1억 5000만 원인 일반 버스보다 비싸다는 단점이 있다.

다가오는 수소연료전지시대: 물($水$)로 작동하는 전자제품과 수소로 가는 자동차 시대가 빠르게 다가오고 있다. 삼성전자는 2007년 휴대폰을 물로 작동시킬 수 있는 초소형 연료전지 기술과 수소발생장치를 개발했다. 회사 측은 이 장치를 2010년쯤 상용화 할 수 있을 것으로 전망했다. 앞서 미국 GM자동차의 릭 왜고너(Rick Wagoner) 회장은 2007년 독일 프랑크푸르트 모터쇼에서 "올해 말 수소연료전지 자동차 100대를 생산해 미국과 전 세계 지역에서 시범 운영하겠다고"고 말했다. 물로 작동하는 전자제품과 수소로 가는 자동차에 공통적으로 적용된 기술은 연료전지 기술이다. 연료전지는 눈앞에 다가온 석유자원 고갈과 환경오염의 문제를 해결할 수 있는 꿈의 에너지 기술이다.

연료전지(Fuel Cell)의 개념은 1830년 영국에서 처음 나왔으나 실용가능성이 입증된 것은 1932년이었다. 실제로 쓰인 것은 1960년대 아폴로 등 미국우주선의 전원장치로 탑재된 것이 처음이다. 연료전지가 이처럼 오랜 세월 관심을 끈 것은 수소와 공기만 있으면 전기 생산이 가능하고 배출가스가 거의 없는 친환경 에너지원이기 때문이다. 연료전지는 물을 전기로 분해하면 수소와 산소로 분리되는데 이것을 역이용한 에너지원이다. 즉 수소와 공기 중의 산소가 반응하는 과정에서 생긴 전기의 힘으로 전자제품과 자동차를 작동시킨다. 석유를 연료로 사용하면 이산화탄소 등 공해물질이 많이 나오지만, 연료전지는 전기를 생산 한 나머지 배출물은 100% 무공해인 물이다.

실제로 연료전지가 인류를 위해 개발되기 시작한 것은 1970년대 발전분야였다. 이후 미국은 석유를 대체할 수 있는 에너지원으로 연료전지 발전소를 설립하여 운영 중이다. 발전용에 이어 1990년대 초부터는 연료전지가 자동차 동력원으로 개발되기 시작했다.

자동차 업계가 연료전지에 관심을 가지는 것은 두 가지 이유에서다. 우선 석유(휘발유·경유) 가격이 계속 상승하자 이를 대체할 만한 에너지원이 필요해졌다. 천연가스·메탄올·물 등에서 수소를 다량으로 생산하는 기술만 있으면 석유보다 저렴한 에너지가 될 수 있기 때문이다. 두 번째는 환경문제이다. 자동차에서 나오는 이산화탄소가 오존층을 파괴하고 지구온난화의 주범이라는 지적이 높아지면서 이산화탄소를 거의 배출하지 않고 대신 무공해의 물만 나오는 연료전지에 대한 관심이 커졌다.

세계 자동차 업계에서 1990년대 초부터 연료전지에 큰 관심을 가졌던 메이커로는 미국의 GM자동차를 들 수 있다. 이때 개발한 GM의 시험용 연료전지차 '시퀄'은 수소가 공기 중의 산소와 결합할 때 발생하는 전기로 달리는 차량이었다. 배기구에서 나오는 것은 유해 배기가스가 아니라 수증기다. GM의 시퀄은 한 번 충전으로 480km를 갈 수 있었으며 정지 상태에서 시속 100km에 도달하는 시간은 단 10초였다.

국내에서는 현대자동차가 2009년 3세대 연료전지 콘셉트 카인 '아이블루(i- Blue)'를 선보였다. 연료전지차 1세대인 싼타페(2000년)와 2

세대인 투싼(2004년)을 잇는 아이블루는 현대자동차의 일본기술연구소에서 개발된 연료전지 전용 모델이다. 출력이 100KW이고, 1회 충전으로 최장 600km까지 달릴 수 있었다. 최고 시속이 165km로 현재의 휘발유나 디젤엔진 차량과 맞먹는 성능을 자랑한다. 전문가들은 이르면 2020년, 늦어도 2030년쯤에는 연료전지 자동차가 실용화될 것으로 전망했다.

하이브리드카(Hybrid Car): 최초의 국산 하이브리드카는 1993년 홍익대 기계공학과에서 만든 하이브리드카 HHV-1이었다. 이 하이브리드카는 에어로 다이내믹 디자인에 걸윙(갈매기 날개식) 도어가 인상적이었다. 가볍고 튼튼한 드랄루민과 FRP를 사용한 차체에 2.5마력의 전기 모터 2개는 뒷바퀴를 굴리고, 35마력의 자동차 엔진으로 프로펠러를 돌려 구동력을 얻도록 만들었다.

1993년 3월 교내 캠퍼스에서 발표된 이 차는 기계공학과 학생과 교수, KUL비행기 제작소가 힘을 합친 작품이었다. 공해가 심한 도심에서는 배터리를 이용한 모터의 힘으로 달리고, 고속도로나 시골길에서는 엔진을 돌려 달리는 이 하이브리드카는 실용화가 가장 가까운 미래형 차여서 이를 계기로 각 자동차 메이커에서 활발히 연구하기 시작했다.

하이브리드카는 오늘날에 생긴 자동차가 아니다. 20세기 자동차 기술의 지존으로 존경받던 독일의 페르디난드 포르쉐 박사는 전기 기술자였다. 그는 보헤미아 국립기술학교와 빈 공대에서 전기를 공부하고 첫 직장인 독일의 벨라에 전기회사에서 기술을 습득, 1897년에 첫 작품으로 전기자동차를 만들었다. 1900년 빈의 마차 메이커인 자코브

로너(Jacob Lohner)사
의 전기자동차 제작 프
로젝트 책임자로 스카
우트 되어 간 후 가솔린
엔진 자동차의 구동력
을 높이기 위해 앞 두
바퀴에 허브식 전기모
터를 단 앞바퀴 구동식
레이싱 카를 만들어 힐

홍익대학교 학생들이 개발한 최초의 하이브리드카.

클라이밍(산 오르기) 레이스에 출전, 시속 40km로 우승해 두각을 나타
내기 시작했다. 이것이 최초의 하이브리드카였다.

1900년을 넘어서자 가솔린 자동차가 속도와 힘에서 전기차를 추월
하였다. 1901년 가솔린차를 발명한 다이밀러 자동차의 경우 마이바흐
가 설계한 메르세데스는 최고 시속 100km를 넘었다. 포르쉐는 이 차
를 속도에서 제치기 위해 가솔린 엔진으로 발전(發電)하여 앞바퀴 양
쪽에 장치한 허브식 전기모터를 돌려 달리는 세계 최초의 하이브리드
카를 발명해 가솔린차에 도전했다. 이후 페르디난드 포르쉐는 오스트
리아의 다이밀러자동차인 오스트로-다이밀러 자동차회사로 자리를
옮겨 1911년 하이브리드 버스와 군용 대포 견인 하이브리드 트럭까지
개발했다.

현대-기아의 전기 하이브리드카: 현대-기아차 등 국내 자동차 메이
커들도 전기 하이브리드카 개발에 나섰다. 현대자동차는 1991년 쏘나

타를 기본으로 납산축전지를 내장한 전기차동차를 탄생시켰다. 이듬해에는 엑셀을 기본 모델로 한 2호 전기차를 개발했는데 최고 시속 100km에 1회 충전 주행거리는 100km였다. 이어 쏘나타와 스쿠프를 활용한 3~4호 전기차를 계속 개발해 최고 시속 120km, 1회 충전으로 주행거리 140km를 달성했다.

현대-기아자동차는 2000년대 초부터 전기차 실용화의 중간단계인 하이브리드카에 주력한 결과 2009년 7월 아반테와 포르테 LPi 하이브리드카를 시판하기 시작했다. 이어 현대 자동차는 외부전원을 사용하는 충전 장치를 내부에 탑재한 '플러그인 하이브리드카' 개발에도 나섰다. 2009년 4월 서울모터쇼에서 선보인 플러그인 하이브리드 콘셉트 카인 블루윌은 최고 출력 154마력의 1600cc급 엔진과 최첨단 배터리인 리튬폴리머 배터리를 사용한 100kw 모터를 탑재했다. 1회 충전으로 최장 64km까지 주행이 가능하다. 주행 중 배터리 전력이 모두 소모되어 엔진으로 주행할 경우 연비는 21.3~23.4km/l 이다.

하이브리드카는 크게 두 가지로 나눈다. 석유엔진을 주동력으로 하고 전기모터를 보조 동력으로 하는 하이브리드카와 전기모터를 주동력으로 사용하고 석유엔진을 보조동력으로 하는 플러그인 하이브리드카이다. 순수한 전기자동차 직전 단계가 플러그인 하이브리드카로 보면 된다. 현재 시판 되고 있는 국산 아반떼와 포르테는 첫 단계 하이브리드카에 속한다.

하이브리드카는 내연엔진과 전지 모터 등 2개의 동력원을 사용해 연비를 높이고 유해가스 배출을 줄이는 친환경 차량이다. 아반떼 및 포르테 하이브리드카의 시동을 걸면, 가솔린 엔진의 스타트 모터가 아닌 하이브리드 모터가 돌아가기 시작한다. 이 때문에 휘발유나 경유 차량보다 훨씬 정숙하다.

가속 페달을 밟으면 엔진과 모터가 동시에 반응한다. 엔진이 최적의 연비 영역에서 차량을 움직이면서 만드는 여유 구동력으로 발전기를 돌려 배터리에 전기를 저장하는 방식이다. 이렇게 저장된 배터리의 전기는 모터의 동력으로 이용한다. 정속주행 때는 일반 차량과 똑같이 엔진만으로 주행하다가 제동 페달을 약간만 밟으면 하이브리드 시스템이 작동한다. 이렇게 회생제동 장치를 활용하여 에너지를 배터리에 충전한 다음 가속 때 다시 사용한다.

아반떼 및 포르테 하이브리드에는 아이들 스톱·고(ISG) 장치가 기본으로 장착됐다. 이는 정차 때 엔진 시동을 자동으로 껐다가 제동 페달에서 발을 떼면 시동을 켜주는 장치이다. 이 장치 때문에 정차 할 때 소음과 진동이 거의 없다. 아반떼와 포르테 하이브리드의 변속장치에는 'E모드'가 더 추가돼 있다. 도심 주행 때 변속스틱을 E단으로 놓으면 동력 성능이 낮아지는 대신 연료 소모량을 줄여준다.

아반떼와 포르테 하이브리드의 공인 연비는 l당 17.8km이다. 이산화탄소 배출량이 km당 99g으로, 국내 최저 수준이다. 1600cc 114마력의 감마 LPi 하이브리드 엔진과 15KW(20마력)짜리 하이브리드용 전기 모터 그리고 무단 변속기(CVT)를 장착했다. 그러나 국산이나 외산 하이브리드카는 동력원의 이중성 때문에 크게 빛을 보지 못해 마간의 자동차로 전락하고 있다.

친환경 '하이브리드 택시' 서울서 첫 운행: 연료소비효율이 좋고 배기가스 배출이 적은 하이브리드 택시가 서울에서 2009년 12월 처음 운행했다. 서울시와 환경부, 전국 택시운송사업조합, 현대-기아자동차, 대한 LPG 협회는 서울시청 광장에서 하이브리드 택시 시범사업 발대식을 갖고 하이브리드 택시 운행을 시작했다. 전기모터와 액화석유(LPG)로 움직이는 하이브리드 차량인 '아반떼' 6대, '포르테' 4대 등 총 10대가 서울지역 5개 택시회사에서 최장 2년간 운행된다.

환경부는 하이브리드 택시의 온실가스 배출량이 연간 4.9t 수준으로 동급 휘발유 자동차(8.5t)에 비해 적기 때문에 환경개선 효과가 있을 것으로 기대하고 있다. 연비도 *l*당 17.8km수준으로 동급 휘발유차(*l*당 15.2km)보다 높아 경제성에서도 유익할 것으로 기대하고 있다.

지금까지 한국 자동차가 달려온 110년의 역사를 나름대로 최대한 소상히 살펴보았다. 모든 역사는 과거에서 미래로 가고 있다. 한국의 자동차 산업과 문화가 앞으로 세계 8강에 진입하기 위해서는 기업들의 자동차 품질과 기술 향상에의 노력 그리고 철저한 사후관리와 함께 시민들의 질서의식이 정립되어야 할 것으로 믿는다.

참고 문헌

고미숙, 『열하열기』, 그린비, 2003. 3. 15.

까를로 로제티, 서울학연구 옮김, 『꼬레아 꼬레아니』, 숲과나무, 1995. 5. 29.

노형석, 『모던의 유혹 모던의 눈물』, 생각의나무, 2004. 1. 12.

릴리어스 호톤 언더우드, 김철 옮김, 『조선 생활』, 뿌리깊은나무, 1984. 3. 1.

백성현 · 이한우, 『파란 눈에 비친 하얀 조선』, 새날, 1999. 3. 25.

샤를바라 · 샤이에 롱, 성귀수 옮김, 『조선기행』, 눈빛, 2001. 7. 30.

송병기, 『윤치호 일기』, 연세대학교, 2001. 2. 28.

신명직, 『모던보이 경성을 거닐다』, 현실문화연구, 2003. 2. 7.

신복룡, 『이방인이 본 조선 다시 읽기』, 풀빛, 2001. 1. 25.

아손 그렙스트, 김상열 옮김, 『꼬레아 꼬레아』, 미완, 1986. 3. 1.

오원철, 『한국형 경제건설(4권)』, 기아경제연구소, 1996. 5. 27.

이재영, 『사진으로 본 '서울의 어제와 오늘'』, 서지원, 1993. 9. 15.

정연식, 『일상으로 본 조선시대 이야기(1)』, 청년사, 2001. 8. 15.

조르주 뒤크로, 최미경 옮김, 『가련하고 정다운 나라, 조선』, 눈빛, 2001. 7. 30.

조이담, 『구보씨와 더불어 경성을 가다』, 바람구두, 1934. 8. 1.

지그프리트 건테, 권영경 옮김, 『신선한 나라 조선 1901』, 책과함께, 2007. 2. 28.

최운식, 『한국의 육상교통』, 이화여자대학교, 1995. 3. 10.

한국역사연구회, 『100년 동안 어떻게 살았을까1』, 역사비평사, 1998. 11. 5.

한국역사연구회, 『100년 동안 어떻게 살았을까2』, 역사비평사, 1998. 11. 5.

호레이스 N. 알렌, 신복룡 옮김, 『조선견문록』, 평민사, 1986. 2. 20.

호레이스 N. 알렌, 윤후남 옮김, 『알렌의 조선 체류기』, 예영커뮤니케이션, 1996. 11. 15.

J. S. 게일, 신복룡 옮김, 『전환기의 조선』, 평민사, 1986. 2. 20.

ODS 매니지먼트 연구회, 『90년대형 기업의 조건』, 삶과 꿈, 1992. 10. 5.

W. R. 칼스, 신복룡 옮김, 『조선 풍물지』, 집문당, 1999. 9. 15.

『황성신보』

『매일신보』

『조선일보』

『동아일보』

『한국일보』

『현대경제일보』

『산업경제신문』

『대한민국 기록사진집』, 대한민국 정부.

『한국 100년』(화보), 동아일보.

『서울 100년』, 서울시.

『서울 交通史』, 서울시.

『자동차 70년사』, 교통신보, 1975.

『기아 자동차 50년사』(1962~현재).

『현대 자동차 50년사』(1967~현재).

『대우 버스 50년사』(1955~현재).

『한국 자동차 산업 50년사』(1955~현재).

『대우 자동차 광고 20세기 변천사』

『한국교통 법전』, 2004.

『한국자동차 법전』, 2004.

『朝鮮交通史』(日本).

『昔日の韓國』(日本): 上, 下.

『昭和史 中 朝鮮篇』(日本).

『Toyota 自動車 20年史』(1937~1957).

『日本の 自動車 20世紀』